VOYAGE PITTORESQUE

A

POMPEÏ, HERCULANUM,

AU VÉSUVE,

A ROME ET A NAPLES,

AVEC PLANCHES,

PAR ADOLPHE PEZANT,

DÉDIÉ A M. ROSSINI.

> Salve, magna parens frugum, Saturnia tellus, magna virum. *Virg. Geor. liv. II.*

A PARIS,
CHEZ CRETAINE, LIBRAIRE,
RUE DE SEINE S.-G., N. 2.
ET CHEZ L'AUTEUR, RUE GRÉTRY, N. 3.

1839.

VOYAGE PITTORESQUE

A

POMPEÏ, HERCULANUM,

AU VÉSUVE,

A ROME ET A NAPLES.

IMPRIMÉ CHEZ PAUL RENOUARD, RUE GARANCIÈRE, N. 5.

Excavation du Théatre d'Herculanum.

VOYAGE PITTORESQUE

A

POMPEÏ, HERCULANUM,

AU VÉSUVE,

A ROME ET A NAPLES,

AVEC PLANCHES.

PAR ADOLPHE PEZANT,

DÉDIÉ A M. ROSSINI.

Salve, magna parens frugum, Saturnia tellus,
magna virum. *Virg. Geor. liv. II.*

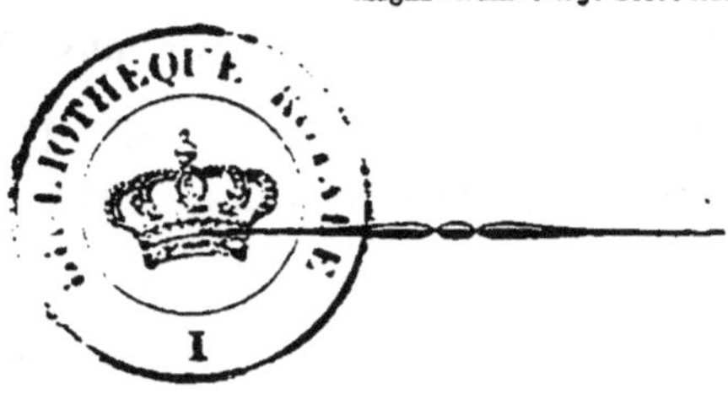

A PARIS,
CHEZ CRETAINE, LIBRAIRE,
RUE DE SEINE S-G., N. 2.
ET CHEZ L'AUTEUR, RUE GRÉTRY, N. 3.

1839.

A

MONSIEUR ROSSINI.

MONSIEUR,

Ce n'est pas la première fois que je ressens l'influence de votre protection; veuillez m'en donner un nouveau témoignage, en me permettant de vous offrir la dédicace de la description d'un voyage que je viens de faire dans la belle Italie, cette terre classique qui produisit tant d'hommes illustres, et qui doit être fière de vous avoir donné le jour.

Daignez agréer, MONSIEUR, le respectueux hommage de la reconnaissance

De votre très dévoué serviteur,

ADOLPHE PEZANT.

PRÉFACE.

Inspiré autant par l'amour de l'antiquité et des beaux-arts, que par le désir de connaître les lieux qu'habitèrent les maîtres du monde, de fouler cette terre que l'histoire, la poésie et la fable ont rendu immortelle, où l'on rencontre à chaque pas des souvenirs historiques ou fabuleux, égyptiens, grecs ou romains, et où, parmi les antiquités de tous genres, on voit des villes entières ensevelies depuis des siècles, je portai mes pas vers Rome et Naples, antiques cités toutes pleines encore d'un grand nom.

La précipitation et l'enthousiasme ne me permirent pas de classer avec ordre dans ma mémoire tant de faits historiques, tant de noms de lieux, de formes de monumens, leurs usages, leurs fondateurs, etc.

Tous ces objets divers y étant avec confusion, pressés, défigurés, m'eussent échappés bientôt, parce que la fréquence des impressions et leur variété sont une sorte d'état violent, qui rejette en débris les images les plus complètes qui aient frappé nos sens ; je résolus donc, pour obvier à cet oubli, d'écrire le journal de mon voyage pour moi, afin d'y rassembler et de garder le souvenir de ce qui m'avait intéressé le plus vivement, et de pouvoir le consulter quand je voudrai rappeler à ma mémoire, les monumens qui ont frappé le plus mon imagination ; les sites variés que j'ai parcourus, les divers sentimens de joie et d'admiration, que j'ai éprouvés à la vue de tant de merveilles de l'art, souvenirs qui seront pour moi la plus belle des jouissances.

J'ai esquissé ces tableaux sur les lieux, j'ai puisé dans divers ouvrages, que j'ai compulsés à la bibliothèque du Vatican à Rome, et dans nos classiques latins, les documens qu'on lira sur les monumens romains que je cite, et ceux de Naples dans plusieurs auteurs italiens, que renfermaient les bibliothèques de différens particuliers de cette ville, qui m'ont été ouvertes pendant mon séjour.

Si cette relation n'a pas le mérite d'une certaine

éloquence, on y trouvera celui de la vérité, mérite assez rare dans des écrits de ce genre, où l'auteur raconte souvent ce qu'il n'a pas vu, quelquefois même ce qui n'est pas, ainsi qu'on le voit dans maints écrivains modernes que je m'abstiens de nommer, et qui certainement ont été induits en erreur par de faux rapports. Le voyageur y trouvera aussi des instructions qui ne lui seront pas inutiles.

ERRATUM.

Page 9, *ligne* 31, Luc V, *lisez* : Luc II.
16, — 2, du balcon, *lisez* au balcon.
19, — 27, le Socrate, *lisez* le soracte.
21, — 6, à Vico, *lisez* au Vico.
21, — 26, liv. I, *lisez* liv. 2.
30, — 11, et du temple, *lisez* et le temple.
47, — 28, de bello cail, *lisez* de bello civil.
64, — 7, Capitolum, *lisez* Capitolinus.
82, — 11, Pline, XXXVI, *lisez* Pline, liv. XXXVI.
93, — 19, que suivaient, *lisez* qui suivaient.
98, — 8, fecit, Ovid, *lisez* fecit, dit aussi Ovid.
106, — 28, qui sont la partie, *lisez* qui sont sur la partie.
108, — 12, par la vive lumière des lampions, *lisez* par leur vive lumière.
206, — 9, du plus agréable, *lisez* des plus agréables.
233, — 6, *supprimez* dit le même auteur.
236, — 25, duc de l'Aponille, *lisez* duc de l'Apouille.
269, — 30, Cicindela, *lisez* Cicendela.

VOYAGE PITTORESQUE

A

POMPEÏ, HERCULANUM, AU VÉSUVE, A ROME ET A NAPLES.

CHAPITRE PREMIER.

Arrivée à Marseille; départ pour Naples; tempête; prière des Napolitains; vue de l'île d'Elbe; arrivée à Naples; première quarantaine dans le port; seconde quarantaine à Nisida; île de Nisida; lazaret; entrée à Naples; processions.

Le 4 avril 1835, je quittai Paris pour me rendre en Italie. Je me dirigeai sur Marseille, le port de mer le plus commerçant de la Méditerranée, où j'arrivai huit jours après mon départ de la capitale.

Je trouvai cette ville plus triste que je ne l'avais vue dans un précédent voyage, et sortant d'essuyer quelques atteintes du choléra, ce qui avait occasionné l'émigration de beaucoup de familles.

Après quelques jours de repos, je traitai avec un capitaine napolitain pour mon passage à Naples. Notre départ étant fixé au 19 de mai, j'allai coucher à bord du navire, le 18 au soir.

1

Le lendemain à quatre heures du matin, notre brigantin portant le nom de la *Madonna della pietà santo Antonio*, leva l'ancre. Le pilote qui devait nous faire sortir, vint à bord, et de suite on mit le cap sur l'embouchure du port.

L'équipage était en bonne santé, et se composait de quatorze matelots, du capitaine et de son second, tous Napolitains.

Les passagers étaient au nombre de dix, dont trois Français, un Suédois avec son domestique, et cinq Calabrais.

Après avoir dépassé la pointe du Pharo, promontoire qui est à l'entrée du port, le brouillard se montra vers les cinq heures, et se dissipa peu de temps après le lever du soleil.

Nous fûmes retenus entre la côte et le château d'If par le vent du sud qui s'éleva de nouveau sur les six heures, et qui nous empêcha de faire route.

Ce château, propre à renfermer des prisonniers d'état, est situé en mer, à une lieue de Marseille. A la hauteur de l'île où est bâtie cette forteresse, le pilote nous ayant quittés, nous courûmes des bordées avec le vent du sud qui régnait encore.

Sur les dix heures il survint un autre brouillard si épais, que nous ne distinguions pas à une demi-portée de canon, les navires marchands sortis du port en même temps que nous, et qui prenaient la même direction.

A six heures du soir, on fit sonner la cloche pour la prière d'usage à bord de la *Madonna della pietà*, dont le capitaine était dévot jusqu'au fanatisme. (J'ai déjà dit qu'il était Napolitain.)

Je ne voudrais pas ennuyer le lecteur par le récit de la manière dont se fait cette prière, mais pour la rareté du fait, je crois que cet épisode doit trouver place dans mon journal. Il jugera par cette narration, si c'est ainsi qu'un cœur vraiment pieux invoque la divinité, et si cette prière n'est pas une dérision, et plutôt l'effet du fanatisme.

Voici comment se fait la prière. A six heures du soir, le

matelot qui est de service au gouvernail et qui a l'horloge marine sous les yeux, avertit que l'heure de la prière est sonnée. Il se sert pour cet avis d'une cliquette en bois. C'est une espèce de machine composée de trois planches de cinq à six pouces de hauteur, sur trois de largeur, et trois lignes d'épaisseur, qu'il agite, et qui produit un bruit assez fort pour être entendu par les matelots qui sont à la proue du navire, qui de suite sonnent la cloche pour réunir tout l'équipage.

Au même instant chaque marin vient sur le pont se grouper autour du capitaine, qui entonne la prière, à laquelle tous répondent en psalmodiant quelques versets de mauvais latin, et sans unité de tons; ce qui ne laisse pas que de faire une discordance qui mettrait à la torture les oreilles les plus barbares.

On sait que l'italien dérive presqu'entièrement du latin, ce qui fait présumer que les Italiens mieux que tout autre peuple, devraient savoir prononcer la langue latine (je parle de la classe inférieure); cependant, comme témoin auriculaire, je me suis convaincu qu'il n'en est rien, et qu'ils ne se font pas plus de scrupule que la majorité de tous ceux qui n'entendent pas le latin, de l'estropier quand ils adressent à Dieu leurs prières, sans savoir ce qu'ils disent.

Aussitôt l'oraison commencée, loin d'être dans un profond recueillement, chaque matelot se livre à une occupation quelconque; les uns raccommodent leur linge, les autres leur veste, ceux-ci s'amusent à épucer les chats, d'autres baillent à côté de ceux qui sont prêts à s'endormir, et toujours en chantant le saint refrain, qui finit par plonger dans le sommeil la moitié de l'équipage, et c'est ainsi que se termine cette longue et ennuyeuse cérémonie qu'ils appellent prière.

L'oraison finie, le repas du soir fut servi. J'avais fait mes arrangemens pour manger à la table du capitaine, mais si jamais un de mes lecteurs se trouve dans le cas de faire le voyage de Marseille à Naples par la voie d'un navire marchand, je l'engage à embarquer des provisions, et à faire son ordinaire, car je doute fort qu'il pût s'accomoder de la cuisine napolitaine.

Le vent ayant un peu varié depuis notre sortie du port, nous fûmes retenus tout le jour par un calme plat entre la tour du Planier (1) et la Ciotat (2).

Arrivés le 23 au soir à la hauteur des îles Porquerolles ou îles d'Hyères (les anciennes Stœchades), nous vîmes sur les sept heures, à l'issue du repas, l'horizon se rembrunir; ce pronostic fit froncer le sourcil à notre capitaine, et à la nuit nous fûmes assaillis par un ouragan épouvantable, qui dura jusqu'à trois heures du matin. C'était la première fois que je me trouvais à pareille fête, et j'avoue que ce ne fut pas sans une certaine impression de joie que je le vis se dissiper.

Les vents soufflaient avec violence de la partie sud-est, et faisaient entendre à travers les cordages des sifflemens aigus et prolongés, la pluie et la grêle d'une grosseur extraordinaire, inondèrent successivement le pont. Une mer en courroux couvrait le bâtiment de l'avant à l'arriere, l'obscurité la plus affreuse sillonnée par des éclairs qui se succédaient avec une rapidité effrayante, régnait par tout le bord; le tonnerre grondait avec force et par coups éclatans sur nos têtes, les vagues étaient tellement accrues, que nous les voyons à la lueur des éclairs, former autour du navire des abîmes prêts à nous engloutir. Notre situation ne peut trouver une image plus fidèle que dans cette description de Virgile :

---

(1) Rocher à 7 ou 8 lieues en mer, aux approches du port de Marseille, sur lequel il y a un phare qu'on éclaire la nuit pour servir de guide aux navires.

(2) Petite ville située sur la côte de la Provence, à quatre lieues de Marseille.

Tum mihi ceruleus supra caput adstitit imber.
Noctem hiememque ferens et inhorruit unda tenebris.
Continuò venti volvunt mare, magnaque surgunt
Æquora: Dispersi jactamur gurgite vasto.
Involvere diem nimbi, et nox humida cœlum
Abstulit: ingeminant abrupti nubibus ignes.
Excutimur cursu, et cœcis erramus in undis (1).

Lorsque tout-à-coup des nuages épais rassemblés sur nos têtes, portant dans leur sein la nuit et l'orage, obscurcissent le jour. Les vents déchaînés soulèvent les flots, le tonnerre gronde, les éclairs redoublés percent la nue, les ténèbres nous égarent de notre route et nous font errer au gré des ondes.

En déferlant sur les flancs du brigantin, le choc des lames était si violent qu'on eut dit qu'il heurtait contre des rochers.

. . . . et jam
Alternum puppis latus evertentibus undis
Arboris incertæ . . . .

Ainsi s'exprime Juvenal Sat. XII. Dejà les vagues frappaient alternativement les deux côtés de la poupe.

Le capitaine inquiet sur son sort, voyant accroître le danger, s'était emparé du timon, et criait à tue-tête pour faire entendre son commandement au milieu de ce désordre affreux.

Telle fut notre situation pendant six heures de temps. Tout l'équipage était dans l'eau, on manœuvra de manière à préserver la voilure, et à gagner au large dans la crainte que la violence des vents qui se contrariaient avec fureur, ne nous jetât à la côte où s'étaient échoués pendant l'hiver vingt ou trente navires marchands, d'après le rapport qu'en avait fait à notre capitaine le consul napolitain à Marseille.

La tempête ayant cédé vers les trois heures du matin, nous allâmes après une secousse aussi terrible, nous livrer au

(1) En. liv. III.

repos jusqu'à l'heure du repas. Le restant du jour la mer fut houleuse. Le 26 nous entrâmes dans le golfe de Gênes pour cingler droit au cap Corse.

Nous avions perdu de vue les villes de Fréjus, d'Antibes et les terres de France, lorsque nous aperçûmes de grand matin les montagnes bleuâtres de la Corse à travers les vapeurs qui brouillaient l'horizon.

Parvenus à la hauteur de l'île de Capraïa, dans le canal de Corse, le capitaine fit charger à boulet ses deux canons et la mousqueterie qu'il avait à bord. Lui ayant demandé le motif de ces préparatifs hostiles, il me répondit que ce canal était semé d'îlots et d'écueils qui parfois servaient de refuge à des écumeurs de mer, et que prudemment il se mettait sur la défensive.

Nous restâmes dans ces parages tout le jour et toute la nuit, contrariés sans cesse par les vents du sud. Ils régnaient avec tant de violence entre Bastia et l'île d'Elbe que nous fûmes contraints à louvoyer pendant trois jours auprès de cette île. Ne pouvant enfin parvenir à en doubler le cap, le capitaine fit diriger le navire vers le port de Porto Ferrajo, chef-lieu de l'île d'Elbe, pour y relâcher et attendre le vent favorable.

Pendant ces trois jours de croisière, nous eûmes le temps d'observer de près le lieu du premier exil de l'empereur Napoléon. Ces fortifications que nous ont retracées nos grands peintres pendant son séjour dans cette île, qui furent gardées par les restes de ces vieilles et immortelles phalanges qui avaient porté la France à un si haut degré de gloire, et qui avaient suivi ce héros pour partager son infortune. Ces bastions sont occupés aujourd'hui par des troupes toscanes, ainsi que la maison que Napoléon habita.

Elle est bâtie sur une hauteur au milieu de la forteresse et paraît être la résidence du gouverneur.

A peine arrivés dans la baie de l'île, nous étions sur le point d'entrer au port, lorsqu'il s'éleva une légère brise qui nous favorisa et dont notre capitaine profita de suite pour en sortir, et gagner la côte orientale de l'île, au lieu de revenir sur ses pas. Nous en fîmes le tour par la partie nord et poursuivîmes notre route : un vent du nord-ouest enflait nos voiles pendant la nuit.

Prosequitur surgens a puppis ventus euntes (1).

Un vent propice soufflant en poupe enflait les voiles.

Nous continuâmes de voguer entre l'île d'Elbe, le rocher de Monte-Christo d'un côté, et les côtes d'Italie de l'autre.

Le lendemain les vents n'éprouvant aucune variation, nous entrâmes dans les eaux de Gaëte. Nous aperçûmes au point du jour, sur un fond de montagnes dont la cime était couverte de neige, la petite ville de Gaëte et ses fortifications dont je parlerai plus loin.

Nous longions à notre droite le rocher de Zannoni, les îles de Ponza, où sont détenus pour délits politiques les exilés du royaume de Naples. Ces îles furent autrefois le lieu d'exil de la mère de Néron et de Julie, sœur de Caligula.

Nous avions toujours à tribord (2) l'écueil que l'on nomme la botte, et l'île de San-Stéfano où sont enfermés les condamnés à perpétuité.

Dolomien donne à cette île deux milles de tour.

Arrivés en vue d'Ischia, à la distance de trente-six à quarante milles du golfe de Naples, nous aperçûmes, à trois heures de l'après midi, le Vésuve, du sommet duquel on voit s'échapper nuit et jour une colonne de fumée blanche qu'il lance vers les cieux.

Nous avions toutes nos voiles dehors, nous passâmes entre la côte et les îles d'Ischia et de Procida. Les maisons de celle-ci se présentent en amphithéâtre, et sont divisées en ville basse et ville haute, où est situé le château.

---

(1) Virg. En. liv. V.

(2) Côté droit du navire en partant de la poupe.

Avant d'arriver au cap Misène on aperçoit, sur le bord de la mer, une excavation que l'on nomme *Grotta di san Martino*, surmontée d'une vieille tour destinée jadis à servir de phare aux navires qui entraient la nuit dans le golfe de Naples.

Notre brigantin ayant arboré et assuré son pavillon par deux coups de canon, en passant devant l'île de Procida, les cloches de l'église répondirent à ce signal, cérémonie usitée par les Napolitains pour saluer l'asile de la *Madona della Pietà*, chapelle consacrée aux marins nationaux.

Nous fûmes en même temps abordés par le bateau d'observation qui parlementa avec notre capitaine.

Nous fîmes ensuite notre entrée dans le golfe de Naples à huit heures du soir, ayant à babord l'île de Nisida.

Le vent s'était mis au nord et nous était contraire pour entrer dans le port le même soir; nous passâmes la nuit dans le golfe à courir des bordées, depuis le château de l'Œuf jusqu'à Portici. A onze heures le vent céda entièrement et le temps resta calme. La mer réfléchissait comme des globes de feu les étoiles à l'infini qui brillaient dans le firmament. Quel doux moment! l'obscurité qui couvrait le Vésuve d'une sombre teinte et qui le faisait paraître à mes yeux comme un grand colosse isolé; cette fumée blanche, sortant de son sommet, qui s'élevait avec une lenteur imposante jusqu'à la région supérieure de l'air; le charme nocturne de cette contrée, ce spectacle nouveau pour mes yeux remplissaient mon âme d'une espèce de terreur qui causait en moi les sensations les plus vives.

Agité par l'impatience de voir le jour animer cette scène, et tourmenté par le plaisir de connaître un pays et une ville dont je m'étais fait une image flatteuse, je ne pus me livrer au sommeil, et je passai presque la nuit entière à observer ce phénomène qu'il me tardait d'examiner de plus près. J'étais sur le pont, attentif à voir paraître l'aurore qui commençait à colorer l'horizon et que Virgile nous dépeint si bien par ces deux vers :

Jamque rubescebat radiis mare, et æthere ab alto
Aurora in roseis fulgebat lutea bigis. En. liv. VIII.

Déjà l'aurore brillait sur son char, traîné par deux chevaux de couleur de rose, et dorait les ondes de ses rayons naissans.

Dans l'éloignement, la chaîne des Appennins (1) m'apparaissait dans ces derniers momens de crépuscule qui précèdent l'approche du jour. Peu après, je contemplai avec ravissement le tableau le plus sublime que nous offre la nature, le lever du soleil qui bientôt s'élevant au sommet du Vésuve, et paraissant avec tout son éclat faisait jaillir ces premiers feux du haut de cette montagne.

Je le voyais éclairer par degrés les plaines et les champs de la Campanie, dorer légèrement les branches des orangers et des citronniers qui ornent les jardins de Portici et de Castellamare.

Je me plaisais à observer les villes et les bourgs qui sont sur le bord de la mer, leur situation pittoresque qui se réfléchissait dans le miroir poli que présente ce beau golfe, et qui donnait à ces rives enchanteresses cette teinte délicieuse qui caractérise les climats chauds.

Je m'amusais à compter ces barques légères de l'antique stabia et des bourgs littoraux que d'innombrables rameurs faisaient voler sur l'eau, et qui viennent tous les matins approvisionner les marchés napolitains de laitage, et de fruits en abondance.

A sept heures du matin, le canot de la santé, vint reconnaître l'état du navire et de l'équipage. Nous nous présentâmes à l'officier du port à qui notre capitaine déclara no-

---

(1) Grande chaîne de montagnes qui partage presque également l'Italie dans toute sa longueur, depuis les Alpes jusqu'au détroit qui la sépare de la Sicile : *mons inter geminas medius se porrigit undas. Luc. V.* Une montagne se prolonge entre deux mers qu'elle partage.

tre arrivée de Marseille. Comme avant notre départ, le choléra avait déjà paru dans cette ville, nous fumes mis d'après le rapport du capitaine, en observation pendant dix jours dans le port.

Nous vinmes de suite nous placer derrière le môle en face du stationnaire, lieu que nous assignèrent les gardes marines qui furent placés autour du navire. Quatre jours après, le paquebot *il Francesco primo* (le François Ier) arrivant de Livourne, apporta la nouvelle au bureau de santé, que plusieurs cas de choléra s'étaient déclarés dans la ville de *Cette*, port du Languedoc dans la Méditerranée à trente cinq lieues de Marseille.

Immédiatement après cet avis, on nousintima l'ordre de quitter le port de Naples et d'aller à deux lieues, dans celui de Nisida pour y subir une quarantaine d'usage, qui était de vingt-un jours pour l'équipage et de vingt-cinq pour les marchandises. Cet ordre fut d'autant plus injuste, que lorsque la nouvelle fâcheuse était arrivée de *Cette* au consul de Naples à Marseille, qui de suite la communiqua à son gouvernement, il s'était écoulé dix à douze jours depuis notre départ de cette ville, et qu'à cette époque nous étions sur les côtes d'Italie, loin de celles de France.

Nous nous mîmes en mesure pour adresser nos réclamations au Conseil de santé, mais elles furent rejetées, et il nous fallut subir le fatal arrêt qui n'était qu'un prétexte suggéré par des mesures financières et par la cupidité.

Cette quarantaine fut onéreuse pour nous, qui nonobstant l'ennui d'une détention arbitraire, étions obligés de faire venir à doubles frais nos provisions de la ville, ou d'envoyer nos gardes stationnaires à Pouzzoles située à deux milles au nord-ouest de l'île de Nisida, pour nous en procurer.

L arrêt qui nous éloigna du port de Naples était d'autant plus arbitraire que sans les vents contraires qui nous avaient retenus en mer, nous fussions arrivés plustôt à Naples et le terme des dix jours d'observation qui nous furent imposés, se serait écoulé avant la fâcheuse nouvelle apportée par le paquebot.

Nous fîmes à ce sujet les plus justes observations, elle furent encore inutiles, il fallut payer, c'était là le motif principal de notre renvoi à Nisida, caché sous le prétexte du choléra, et nous en eûmes la conviction dans la conduite que tinrent envers nous les gardes qui étaient commis à notre surveillance, en ne se faisant aucun scrupule de boire après nous dans les mêmes verres, le vin que leur offraient des gens considérés et traités comme des pestiférés.

NISIDA.

—

L'île de Nisida est située à deux lieues à l'ouest de Naples, à l'extrémité du cap Pausilippe. L'examen de ces lieux ne laisse aucun doute sur la jonction de cette île au continent, et il y a tout lieu de croire qu'elle en fut séparée par un de ces déchiremens occasionnés par les fréquens tremblemens de terre, qui ont ravagés et bouleversés cette contrée phlégréénne, qui s'étendait jusques à *Mola di Gaëta* dont je ferai mention plus tard.

Cette ile est très élevée au-dessus de l'eau, et n'a tout au plus qu'un mille de circuit, ce qui lui valut le nom de Nisida qui en grec signifie petite île.

Au rapport de Cicéron elle était une dépendance de la maison de campagne du romain Lucullus située à l'extrémité du mont Pausilippe.

Sur le sommet de l'île, on voit une bâtisse de forme circulaire, qui est une prison renfermant des galériens. Elle est gardée par un détachement de la garnison de Naples, derrière cette île est le *Porto Pavone* (le port du Paon) où vont stationner les navires soumis à la quarantaine. Ce port qui a peu de profondeur fut formé par la secousse qui le sépara du continent; c'est dans ce port que nous fûmes renvoyés.

Pendant la nuit nous entendions à chaque heure les *all' erta* répétés par les sentinelles placées autour de cette prison.

L'histoire dit que Brutus, après le meurtre de César, vint habiter cette île, dont on prétend que le séjour n'est pas très sain pendant l'été, à cause du voisinage du lac Agnano qui est à un mille de distance.

Devant Nisida est le rocher de Limone qui en même temps que cette île, a été détaché du mont Pausilippe, et dont il n'est séparé que par un bras de mer de cinquante toises de largeur.

L'île de Nisida et ce rocher, forment un bassin ou cratère très spacieux qui offre un mouillage sûr aux bâtimens en quarantaine.

Sur le rocher de Limone on a bâti le lazaret sur la porte septentrionale duquel on lit cette inscription :

Ne. qui. svspicione. pestis. laborent. avt.
Inhvmane. expellantvr. avt. excipiantvr.
Inconsvlte. locvm. hvnc. secessv. et. mari.
Defensvm. vt. miseris. sit. confvgivm.
Civitatis. incolvmitati. tutela ævi. injvria.
Pene. collapsum. pvblicæ. salutis. cvstodes.
Princeps. Belvederii. princeps. di. Zvrlo.
V. I. D. Sanctorvs. Vervncivs. ad. id. operis.
Delegati. ab. reg. architecto. Nicolao Carletti.
Instavrandvm. curavervnt.
Ann. CCIↃↃICCLVI.

Je joins ici le sens de cette inscription :

« Afin que ceux qui seraient soupconnés d'être attaqués de la peste, ne » soient plus ch ssés inhumainement, ou recueillis imprudemment.

Par les soins de V. I. D. Sanctorus, prince de Belvedere, et de Veruncius, prince de Zurlo, préposés et chargés de la salubrité publique, ce monument protégé par la solitude et par la mer presque entièrement ruiné, a été restauré par Nicolas Carletti, architecte royal, l'an 1756, pour servir de refuge aux malheureux et de sûreté à la santé publique.

Ce lazaret, très étendu, renferme des logemens pour les

passagers en quarantaine qui ne veulent pas la subir à bord du navire sur lequel ils sont arrivés.

Il possède une citerne dont l'eau est excellente et en abondance, où viennent s'approvisionner les équipages des navires contumaces.

On y trouve aussi des magasins immenses où l'on débarque les marchandises des bâtimens en quarantaine. La location de ces magasins est d'un grand rapport au conseil sanitaire de Naples, et notre état primitif d'observation dans le port ne remplissait pas le but financier de cette administration.

Dans ce lazaret on a construit une petite chapelle où un prêtre des lieux voisins, vient tous les dimanches et fêtes célébrer la messe pour les équipages quarantenaires, qui contribuent à son entretien.

Quelquefois l'affluence des marins est telle que, pour ne laisser aucune communication entre les équipages des navires qui sont plus ou moins avancés dans leur contumace, on a eu soin de pratiquer devant la chapelle des petits espaces carrés et séparés les uns des autres, où on va se placer pour entendre la messe; et s'il arrivait que quelqu'un eût l'imprudence de communiquer avec une personne d'un autre bord, dont la contumace serait moins avancée, celui-ci serait obligé de recommencer sa quarantaine au point où serait celui avec lequel il aurait communiqué.

Les gardes du lazaret vous observent et veillent à ce réglement de salubrité.

Les nouvelles de France relativement au choléra s'étant améliorées, on nous fit la faveur de quelques jours, et de suite le délégué du conseil sanitaire de Naples, que l'on nomme vulgairement *eccellenza*, qui pendant notre captivité était venu parlementer avec notre capitaine, nous apporta la nouvelle de notre liberté. Aussitôt notre navire fut escaladé par les sbires qui nous gardaient, et immédiatement après par les douaniers de Nisida qui visitèrent nos effets.

Il est bon d'instruire à cet égard les voyageurs, que tous les objets d'équipement qui sont neufs ou avec l'apparence de l'être seulement, sont soumis à des droits d'entrée ; les livres principalement, quels qu'ils soient, sur lesquels on observe la plus stricte surveillance, et dont beaucoup sont mis à l'index, à la volonté de celui qui les visite.

Après cette cérémonie le capitaine se mit en devoir de lester son navire, mais cette opération ne lui permettant d'être à Naples que le lendemain, dans mon impatience, j'acceptai les offres d'un des expéditionnaires du brigantin qui vint nous voir et qui nous proposa de rentrer de suite en ville avec lui dans sa voiture.

Nous nous acheminâmes donc vers cette capitale qu'il me tardait de connaître ; nous traversâmes dans notre route la grotte du Pausilippe, dont je parlerai plus tard.

Nous entrâmes en ville par le faubourg de Chiaya à onze heures du matin, et nous allâmes descendre chez notre armateur, à la place de la douane (*piazza della Dogana*). De suite je me mis sous la conduite d'un *faquino* (commissionnaire) à la recherche d'un logement, que je trouvai de concert avec un de nos passagers à l'hôtel de la ville de Gênes sur la place Médine.

Le lendemain notre navire étant rentré dans le port de Naples, j'allai prendre un permis pour débarquer mes effets qu'il me fallut transporter à la douane pour un second examen, malgré la visite que nous avione subie à Nisida.

Contrarié par la longueur d'une quarantaine qui m'avait fait perdre un temps précieux, je ne restai que quelques jours à Naples, et j'allai retenir ma place pour Rome, désirant y voir célébrer la fête de Saint-Pierre.

Je pris à cet effet la voiture d'Angrisani, qui fait la route de Naples à Rome en trente-deux heures. Le service de cette diligence n'a lieu que deux fois par semaine ; on la trouve sur la place de *Largo del Castello*, au-dessus de la grand' garde, son prix est de quatorze *coronata* ou écus de Rome, qui équivalent à la somme de soixante et dix-sept francs, y compris la *buona mano* (le pour-boire) du conducteur et des postillons qui ne laissent pas que de vous tourmenter à chaque relai. Dans le prix, on compte aussi le repas du soir, et le coucher quand la voiture ne marche pas la nuit, ce qui est fort rare, parce que cette route est aujourd'hui parfaitement sûre, grâce aux dispositions prises par le roi de Naples, qui y a fait établir de distance en distance des postes de gendarmerie, jusqu'à Fondi, dernière ville frontière du royaume napolitain du côté des états du Pape, c'est une mesure de sûreté que l'on n'a pas suivie sur la route de Terracine à Rome, ou du moins que l'on a suspendue parce qu'on y voit encore sur la route des corps-de-garde qui ne sont plus occupés. Avant mon départ de Naples, je vis célébrer la fête des Quatre Autels (*quattro altari*).

Des reposoirs richement parés étaient dressés dans les rues, des feux d'artifice avaient été tirés la veille de la fête par le peuple, qui se livre avec enthousiasme à ces sortes d'amusemens, et qui en a souvent l'occasion, parce que les fêtes sont très fréquentes à Naples. Les saints et les saintes du paradis, n'ont nulle part sur la terre de plus ardens prosélytes que les napolitains.

Celle des Quatre Autels fut célébrée par plusieurs processions, une entre autres où assistaient en grande tenue et un cierge à la main, les autorités civiles et militaires de Naples, arme assez ridicule dans les mains d'un soldat.

Le roi et la famille royale se montrèrent au balcon du théâtre Saint-Charles, sur les sept heures du soir, pour le passage du saint cortège, et pour assister à la cérémonie qui fut célébrée sur un autel splendide qu'on avait dressé en face du théâtre.

L'apparition de la famille royale au théâtre Saint-Charles, me fit faire cette réflexion : qu'en France le clergé se ferait un cas de conscience, considérerait même comme un grand scandale de dresser un autel devant une salle de spectacle pour une cérémonie religieuse à laquelle viendrait assister un souverain, du balcon d'un temple profane.

D'où je conclus que les prêtres en Italie tout aussi religieux qu'en France, qui fréquentent même les spectacles, les cafés, et que l'on voit toujours dans les voitures placés à côté des dames, sont de meilleure foi dans l'exercice du culte que le clergé français, qui s'entoure des apparences d'une rigoureuse observance. C'est cette entière liberté dont jouissent les prêtres dans la société en Italie, qui les détourne et les garantit de ces scènes de viol et de meurtres commis de nos jours sur de jeunes femmes, et qui sont restées impunies par la fuite des coupables.

C'est encore cette pleine liberté, dont jouit le clergé, qui sera toujours un obstacle au mariage des prêtres, loi qui serait d'autant plus sage et nécessaire en France, qu'elle arrêterait des actes de frénésie et quelquefois des infanticides.

CHAPITRE SECOND.

Départ pour Rome; passage des Marais-Pontins pendant la nuit; arrivée à Rome; Rome ancienne; le Colisée; *Meta-Sudante*; arc de Constantin; arc de Titus; temple du Soleil et de la Lune; temple de la Paix; temple d'Antonin et de Faustine; temple de Remus et Romulus.

DÉPART POUR ROME.

Ayant fixé mon départ pour Rome, j'allai retenir ma place et fis de suite mes dispositions pour quitter Naples; j'allai réclamer à la police mon passeport, qui avait été déposé par notre capitaine, à qui il avait été utile pour constater son personnel.

Je payai pour ce premier visa pour Rome cinq carlins (le carlin vaut 48 centimes), celui du consul français fut gratis. Je me transportai ensuite chez le nonce du pape où il fallut débourser six carlins, et en dernier ressort chez le ministre de l'intérieur où je donnai la même somme.

Les passeports sont d'un immense rapport en Italie, puisqu'il n'est ni villes ni bourgades, où l'on ne passe sans payer le visa auquel on est rigoureusement soumis.

La distance de Naples à Rome par la route de Terracine, est de cent quarante-huit milles, faisant près de cinquante lieues de France; il y a deux sortes de transports pour faire ce voyage, qui sont la voiture en poste d'Angrisani, et les

2

petites voitures moins dispendieuses, dont je ferai mention plus loin.

Je partis par celle d'Angrisani à cinq heures du matin, et nous allâmes souper à Terracine où nous arrivâmes à neuf heures du soir; nous parcourûmes quatre-vingt dix milles, ou trente lieues et demie de France, en seize heures, après nous être arrêtés plusieurs fois en route.

Terracine étant la première ville des états romains, sur la frontière du royaume de Naples, les douaniers visitèrent nos malles pendant que nous soupions à l'hôtel de la poste, situé dans le même corps de logis que la douane; c'est une des meilleures hôtelleries du pays; on visa nos passeports que nous allâmes chercher à la police, et où il nous fallut encore payer le tribut d'usage.

La visite des douanes, et le souper qui fut assez bien servi, nous retinrent trois heures à Terracine. Nous remontâmes en voiture à minuit par un temps extrêmement noir.

Nox atra polum bigis subvecta tenebat,

La nuit revêtue de ses noirs vêtemens parcourait sa carrière, assise sur son char,

comme dit Virgile (1): Nous nous enfonçâmes au milieu de cette profonde obscurité dans ces Marais-Pontins sur lesquels on a débité tant de fables, et dont je donnerai plus loin la description.

Nous avions été bien traités à notre repas, nous nous livrâmes à un doux sommeil; nous passâmes une nuit très paisible, et à six heures du matin nous nous arrêtâmes à Velletri, pour prendre un à-compte sur le déjeuner.

---

(1) Eneid. liv. V.

Je parlerai aussi de cette petite ville, à mon retour à Naples.

Enfin j'arrivai à Rome à deux heures après midi, le lendemain de mon départ de Naples. Il est difficile d'exprimer ce que l'on éprouve lorsque, tourmenté par l'impatience d'arriver, on approche pour la première fois de cette ville. Rome apparaît tout-à-coup déchue de son ancienne splendeur au milieu de ce terrain nu, sans arbres, en partie stérile, n'offrant çà et là que des ruines d'aqueducs et de tombeaux, de débris antiques, isolés dans ces champs incultes et ravagés par la faulx du temps.

Sur la droite, l'horizon qui n'était voilé par aucune vapeur, me découvrait l'antique Soracte, élevant sa tête dans les nues (1), et la longue chaîne des Appennins; dans les environs quelques restes de villa anciennes, qu'indiquent au voyageur de noirs cyprès mêlés à ces beaux pins à parasol, dont le vert éclatant charme les yeux.

Plus j'avançais vers Rome, et moins je m'apercevais que j'abordais l'ancienne maîtresse du monde, ainsi que s'exprimait autrefois le Romain fier de sa grandeur, en saluant sa patrie:

Terrarum dea, gentiumque Roma, cui par est nihil, et nihil secundum.

Rome, déesse des terres et des nations, toi qui n'as point d'égale ni de rivale qui puisse t'approcher.

Une route entièrement solitaire, le silence du désert que n'interrompaient ni voitures, ni charriots, pas même l'ombre

---

(1) Le Socrate est une montagne de l'Etrurie, à présent la Toscane, sur les confins des Falisques, peuple de cette contrée, au voisinage du Tibre. C'est aujourd'hui le mont St.-Sylvestre; il est à huit lieues au nord-est de Rome. Son élévation est de 2119 pieds.

d'un piéton, m'avaient plongés dans un sentiment profond et inexprimable, qui agitait mon cœur à l'approche de cette ancienne reine des cités.

J'y entrai par la porte de Saint-Jean-de-Latran (l'ancienne porte Celi-Montana), le premier monument qui s'offrit à ma vue, fut la belle basilique de Saint-Jean-de-Latran, dont je m'amusai à copier l'inscription qui est sur l'architrave, et que l'on retrouvera plus avant, pendant que l'on échangeait à la porte de la ville nos passeports contre un billet de la police, où il est enjoint à tout étranger de s'y présenter dans les vingt-quatre heures après son arrivée, ce que je fis deux jours après, pour obtenir une carte de séjour.

Les douaniers et les employés de l'octroi vinrent en même temps pour exercer leur ministère, mais notre conducteur, au fait de leur allure, et qui nous en avait prévenus, nous dispensa de la visite qu'il nous eût fallu aller subir au bureau de la douane en ville, moyennant une rétribution qu'il leur donna, à laquelle chacun de nous contribua volontiers pour éviter cet inconvénient.

Je traversai la place de Saint-Jean-de-Latran que je trouvai aussi déserte que la route; nous nous dirigeâmes vers le Colisée, et je fus étonné de ne rencontrer qu'une seule personne dans cette longue rue qu'il nous fallut traverser et qui le sépare de la place de Saint-Jean.

Autrefois cette rue faisait partie de l'ancienne Suburre, quartier le plus fréquenté, et le plus agréable de l'ancienne Rome, qu'habitaient les filles publiques, ce que nous apprend Martial dans plusieurs de ses épigrammes.

.......Famæ non nimium bonæ puellam,
Quales in mediâ sedent suburrâ
Vendebat modò præco Gellianus. Liv. 6. Ep. 99.

Dernièrement, le crieur public voulait vendre une jeune fille d'assez mauvaise réputation et telle qu'on en voit à Suburre.

La Suburre était aussi le marché le plus fréquenté pour toutes sortes de marchandises. Suétone nous apprend que César avait habité ce quartier.

Habitavit primò in Suburra modicis ædibus.

Arrivé au bureau de la diligence, je me fis conduire à la place du palais Borghèse, attenante à *Vico della Lupa*, où je logeai pendant mon séjour à Rome.

Je n'entreprendrai point ici la description d'une ville que tant d'écrivains ont donnée dans les plus grands détails. Je me bornerai à citer parmi tant de monumens et de chefs-d'œuvre de l'art antique et moderne qui embellissent cette cité sainte, ceux que j'ai vus, et pour une entière connaissance desquels j'indiquerai au lecteur l'excellent itinéraire de Rome et de ses environs par M. Nibby.

Cet ouvrage, très instructif pour l'étranger, est tellement estimé qu'il a été traduit en français, en allemand et en anglais, on le trouve à Rome chez les principaux libraires, et à Paris, je pense, chez Galignani, rue Vivienne, n° 18.

ROME ANCIENNE.

Le plus grand de mes desirs fut toujours de voir Rome; l'idée que je m'en étais faite égalait au moins ce desir. Mais combien mon attente fut surpassée, lorsque les objets s'offrirent en réalité devant mes yeux? Et encore je ne voyais plus que des ruines : que devait être donc cette grande cité, lorsque Properce disait :

Omnia romanæ cedant miracula terræ !
Natura hinc posuit, quidquid ubique fuit. Liv. I.

Toutes les merveilles de la nature le cèdent à Rome, la nature lui a prodigué tout ce qu'elle a donné ailleurs.

Le lendemain de mon arrivée, muni de mon itinéraire et d'un cicérone, je commençai mes courses de très grand matin et je me dirigeai vers l'antique Rome.

Le calme le plus profond et la solitude règnent dans cette partie de la ville; on dirait qu'elle est entièrement abandonnée, surtout à l'entour du Colisée, monument que je visitai le premier, et que je vais succinctement décrire.

LE COLISÉE.

Ce monument que l'on connait sous le double nom de Colosseo et d'amphithéâtre Flavien, est un des plus remarquables de Rome; quoique mutilé et dégradé par les siècles et par la main des barbares, c'est encore un des plus beaux restes de l'antiquité.

Il est situé entre les monts Palatin, Esquilin, et Montecelio, presqu'au centre de l'ancienne Rome. *Urbe media situm*, dit Suétone.

Le nom de Flavien lui fut donné parce que les empereurs qui le firent construire, appartenaient à la famille flavienne.

Ces riches et colossales ruines annoncent la grandeur de ce peuple conquérant.

Le même auteur nous apprend que le Colisée fut commencé par l'empereur Vespasien, l'an 71 de l'ère chrétienne, après sa conquête de Jérusalem; il employa à sa construction qui, d'après les médailles de Gordien et d'Alexandre Severe, dura cinq ans, douze mille Juifs qu'il avait amenés captifs. Il fut fini par Titus, son fils, qui le dédia à son père.

Il était destiné aux combats des gladiateurs et à d'autres spectacles barbares qui flattaient le goût des Romains, pour qui les spectacles étaient un objet des plus importans.

In eo cursores, pugiles, luctatores, gladiatores, confectores ferarum versabantur,

dit Fabricius, chap. 12.

Le jour de la dédicace de ce magnifique monument, Tite y fit combattre, au rapport d'Eusèbe et d'Eutrope, cinq mille bêtes féroces de toutes espèces qui y furent tuées. (1)

---

(1) Je crois qu'il doit y avoir erreur ou exagération dans le nombre.

Il fut élevé sur une partie de l'emplacement qu'occupait la maison dorée de Néron, comme le dit Martial :

Hic ubi conspicui venerabilis amphitheatri
Erigitur moles, stagna Neronis erant. Liv. 1, Ép. 2.

Là où étaient les étangs de la maison de Néron, s'élève un magnifique amphithéâtre d'une grandeur démesurée.

Reddita Roma sibi est; et sunt, te præside, Cesar,
Deliciæ populi, quæ fuerant domini.

Rome est rendue à elle-même, et sous votre empire, César, les plaisirs d'un tyran font les délices d'un peuple.

Les opinions sont partagées sur ce nom de Colosseo (Colisée); les uns prétendent que cet édifice prit son nom du Colosse de Néron, qui avait cent pieds de hauteur, et que Vespasien fit placer devant cet amphithéâtre. Les autres assurent que le nom de Colosseo lui fut donné à cause de ses proportions colossales; il est construit en blocs de pierres travertines, ainsi que le dit Ammien Marcelin, liv. 16. Cet amphithéâtre est une masse énorme de pierres tiburtines (1) liées ensemble et dont l'œil ne peut qu'à peine mesurer la hauteur :

Amphitheatri molem solidatam lapidis tiburtini compage, ad cujus summitatem ægre visio humana conscendit.

Sa forme est un ovale de 1650 pieds de circonférence, sur 480 de largeur, et 166 de hauteur.

On voit sur l'extérieur du monument les quatre ordres

(1) On trouvera plus loin ce que c'est que la pierre tiburtine ou travertine.

d'architecture qui le composent. Le premier plan où sont les arcades, est d'ordre dorique, le deuxième d'ordre ionique, le troisième avec des arceaux et des colonnes simulées, est d'ordre corinthien, et le plan supérieur qui n'a que des fenêtres, que soutiennent des pilastres, est d'ordre composite.

L'arène des combattans était pavée en pierre. Elle avait 285 pieds de longueur, sur 182 de large, et 750 de circuit.

Ce superbe monument, ruiné du côté de l'orient jusqu'à moitié de son élévation, fut restauré par Clément X en 1760, et par Benoît XIV au XVIIIe siècle. Ce dernier pontife, en commémoration des martyrs de la foi, qui l'arrosèrent de leur sang, et plus encore pour le préserver des dégâts qui se renouvelaient chaque jour pour bâtir des maisons, y fit placer tout autour de l'arène quatorze petits autels, et une énorme croix en bois que l'on y voit dans le milieu. Chacune de ces stations représente un mystère de la passion du Christ; elles sont d'un assez mauvais goût comme peinture, surtout à Rome.

Ces signes de la chrétienté dans un lieu payen, font un singulier effet; mais ils ont du moins le mérite d'avoir préservé ces augustes ruines de nouvelles déprédations, par le respect qu'ils imposent à la barbarie et à la superstition. Nonobstant cette garantie, nous y vîmes une sentinelle qui en gardait l'intérieur.

Ce monument étonne par sa grandeur et sa magnificence, quand on le voit du côté du nord, où il est encore entier; tout, dit Martial, doit céder à la beauté de ce monument :

> Omnis cæsareo cedat labor amphitheatro:
> Unum præ cunctis fama loquatur opus. Liv. 1, Ép. 1.

Les auteurs anciens et modernes ne s'accordent pas sur le nombre de spectateurs qu'il pouvait contenir. Les uns le portent à cinquante mille, les autres à quatre-vingt cinq mille, d'autres même, plus enthousiastes, ont dépassé ce nombre.

Le silence auguste qui règne parmi ces ruines si propres à élever la pensée, à la porter aux méditations, ces nobles restes parcourus et visités sans distraction dans la solitude la plus profonde, exerçaient toutes mes facultés intellectuelles, et attristaient mon âme à force d'admiration.

Quel spectacle que celui de ce cirque immense lorsqu'il était couvert de spectateurs!

Les personnes qui connaissent les arênes que les Romains ont laissées à Nîmes, ville du Languedoc, auront à-peu-près une idée du Colisée de Rome, à la différence que ce dernier est encore une fois aussi vaste et beaucoup plus élevé.

Nibby en donne une ample description.

META SUDANTE.

Sur la place qui est devant le Colisée, on voit les restes de la fontaine de la *Meta Sudante* (borne suante).

La structure de cette antique fontaine, n'ayant pas été décrite comme elle était jadis, par aucun écrivain, ni dans aucun itinéraire, j'en donne ici la description que j'ai trouvée dans une vieille relation du XVIe siècle, que je me suis procurée à la bibliothèque du Vatican; quoique l'usage ne soit pas à Rome de donner des livres à lire à la bibliothèque, comme cela se pratique à Paris et dans d'autres capitales. Je fus présenté au garde des archives, et recommandé par le secrétaire-général des Augustins déchaussés, avec qui je m'étais lié d'amitié dans mon voyage de Naples à Rome, et dont la protection me fut à cet effet, du plus grand secours.

La Meta Sudante dont il ne reste plus qu'un débris de bâtisse en briques de dix à douze pieds de hauteur, à moitié couvert d'herbes, était une fontaine dont l'eau jaillissait du sommet, et la baignait tout autour, ce qui lui avait fait donner l'épithète de *Sudante* (suante). Fabricius la désigne ainsi :

Molem latericiam ante amphitheatrum, quæ meta sudans dicta fuit :
Une masse de briques placée devant l'amphithéâtre qui fut appelée Borne suante.

Elle fut érigée par Vespasien. Lorsque les fêtes du Cirque devant qui elle est placée avaient lieu, elle coulait en abondance par le haut et par la bouche de six petites figures dont elle était ornée ; c'est là que le peuple qui assistait aux spectacles, et les gladiateurs qui y prenaient part, venaient se rafraîchir et se désaltérer.

Elle était surmontée d'une statue d'airain, représentant Jupiter. On avait donné à cette fontaine le nom de *Meta* (borne), parce qu'elle ressemblait par sa forme, à une de ces bornes qui étaient dans les cirques disposées ainsi : au milieu de l'arène était un mur large d'environ douze pieds, et haut de quarante, qu'on appelait spina (1). Aux extrémités de ce mur étaient placées trois pyramides, *metasque imitata cupressus*, dit Ovide : des bornes en forme de cyprès, ou espèces de colonnes : *est autem meta signum ad quos cursus dirigitur*, dit Fabricius.

In flexu currum in metam non impingere, artis erat.
Autour desquelles les chars devaient tourner adroitement sans les heurter.

C'est à cette adresse que fait allusion Horace, en disant :

. . . . .Meta que fervidis
Evitata rotis . . . . (2)
La borne évitée par des roues en feu.

La Meta Sudante était au milieu d'un bassin circulaire élevé de deux ou trois pieds, et que l'on voit encore aujourd'hui à sec.

---

(1) Spina, *épine*, parce qu'il partageait le cirque comme l'épine du dos partage le corps de l'homme.

(2) Od. 1, liv. 1.

ARC DE CONSTANTIN.

En sortant du Colisée, on voit sur la gauche, au pied du mont Palatin et de la *Via sacra*, le bel arc-de-triomphe de Constantin, qui lui fut érigé par le peuple et par le sénat, après la victoire qu'il remporta sur Maxence, à *Ponte-Milvio*, aujourd'hui *Ponte-Mole*, à deux milles au-dessus de Rome, le 28 octobre, l'an 312 de J.-C., victoire dont Nazaire, dans le panégyrique de Constantin, célèbre la pompe avec tant d'éloquence, et qui délivra Rome de la terreur qu'inspirait le règne de Maxence :

Nullus post urbem conditam dies romano
Illuxit imperio, nulli tam læti triumphi quos,
Annalium Vetustas consecratos in litteris habet
Nihil ex hostico accepit Roma sed seipsam recuperavit.

Jamais, depuis la fondation de Rome, jour ne fut plus heureux pour elle que celui-ci : aucun des triomphes tant vanté dans les annales de l'antiquité ne peut entrer en comparaison avec celui de Constantin. Rome n'a rien acquis sur l'ennemi, mais elle s'est recouvrée elle-même.

Cet arc-de-triomphe a trois arçeaux, ou portes, dont une grande dans le milieu ; il est assez bien conservé. Il fut bâti en grande partie des débris d'anciens ouvrages, et principalement de l'arc de Trajan, qui était dans le Forum trajanum ; qui en a fourni les plus beaux bas-reliefs qui le composent et dans lesquels on reconnaît le même goût de dessin qui brille dans la colonne trajane. Il fut achevé l'an 315 ou 316 de l'ère chrétienne. Aux deux faces de cet arc-de-triomphe, on lit encore l'inscription suivante :

Imp. cæs. fl. Constantino Maximo. P. F. Augusto. S. P. Q. R.

Le dessin de l'Arc-de-triomphe du Carrousel à Paris, érigé par l'empereur *Napoléon*, a beaucoup d'analogie avec celui de Constantin, excepté que dans celui-ci, les deux parties latérales n'ont point d'ouvertures, il est même présumable qu'à l'instar de la colonne trajane il a servi de modèle. Voyez Nibby pour les détails de sa composition.

En quittant l'arc de Constantin, on monte à l'arc de Titus par la Via sacra sous lequel elle passe.

ARC DE TITUS.

L'arc de Titus est le plus ancien de tous ceux que l'on voit à Rome. Il termine vers le midi le Forum Romanum auquel il sert d'entrée, il est d'une plus petite dimension que celui de Constantin, plus ancien et par conséquent plus dégradé. Il n'a qu'une porte dans le milieu, à côté de laquelle il reste encore deux colonnes cannelées d'ordre composite, qui soutiennent l'entablement sur lequel on lit du côté du Colisée l'inscription suivante :

Senatus populus que romanus, divo. Tito. divi. Vespasiani. F. Vespasiano. Augusto.

Le sénat et le peuple romain au divin Auguste Titus Vespasien, fils du divin Vespasien.

A la qualification de Dieu, donnée à cet empereur, surnommé de son vivant *les délices du genre humain*, et à la rosace qui est sous le cintre de l'arc où est son apothéose représentant Titus sur un aigle qui prend son vol vers les cieux, on voit que ce monument lui fut érigé après sa mort par le peuple et le sénat. *In medio arcus fornice, Titus sedens aquilam alis expansis utraque manu sub genibus tenet :* nous dit Fabricius, chap. 11. Les bas-reliefs qui décorent cet arc, représentent son triomphe après la conquête de la Judée. *Ab una parte sculptus de judæis triumphus :* qui fut un des plus beaux que Rome ait vu depuis sa fondation jusqu'à son règne.

Pulchrum et ignotum spectaculum antè cunctis mortalibus inter trecentos viginti triumphos qui a conditione urbis usque ad id tempus acti erant.

Superbe spectacle inconnu parmi les trois cent vingt triomphes qu'on avait célébrés depuis la fondation de Rome jusqu'à ce jour.

On met les bas-reliefs de ce monument au nombre des plus beaux que Rome possède ; Nibby donne de cet arc une description très détaillée : il était presque entièrement ruiné et Pie VI l'a fait réparer. Il est construit en marbre blanc, et pour l'architecture et la sculpture, c'est le plus beau monument qui soit parvenu jusqu'à nous.

TEMPLE DU SOLEIL ET DE LA LUNE.

A côté de l'arc de Titus sur la droite, en montant au Forum *Romanum*, on voit l'église de *Santa-Maria-Nuova* desservie par des Olivetains. Dans l'enceinte de ce couvent, on trouve les restes de deux salles carrées, que la tradition dit avoir appartenu au temple du Soleil et de la Lune.

L'entrée de l'une de ces deux salles était tournée vers la porte du temple de la Paix, et l'autre du côté opposé, vers le Colisée.

Une autre tradition dit que ces restes provenaient du temple de Vénus et de Rome, c'est ce que dit Fabricius, ch. X :

Templum hoc fortasse idem est cum eo, quod Servius Veneris romanæ nominat.

Ce temple est peut-être celui que Servius dit avoir été dédié à Vénus romaine.

que l'empereur Adrien avait fait construire avec magnificence.

TEMPLE DE LA PAIX.

Après avoir dépassé l'arc Titus, un peu plus haut et du même côté, on voit les ruines du temple de la Paix. Vespasien fit construire ce temple après son triomphe de la Palestine, pour y déposer les dépouilles qu'il apporta de Jérusalem.

Il était le plus beau et le plus grand qu'il y eût sous le règne de cet empereur, et était regardé comme une des merveilles de Rome, ce que nous rapporte Pline :

Et templum Pacis, Vespasiani imperatoris augusti, pulcherrima operum quæ unquam. Liv. 36, chap. 15.

Et du temple de la Paix de l'empereur Vespasien, le plus bel ouvrage qu'on vit jamais.

Il était revêtu à l'extérieur de grandes lames de bronze, et était si riche en matières d'or et d'argent, qu'après le grand incendie qui le détruisit, sous le règne de l'empereur Commode, les métaux fondus coulèrent dans la voie sacrée comme un ruisseau de laves.

On trouve au palais Farnèse l'inscription qui était placée sur le frontispice de ce temple.

Paci. eternæ. Domus. imp. Vespasiani. Cœsaris. aug. liberorum. que. ejus. sacrum.

Temple consacré à la paix éternelle par Vespasien César Auguste et ses enfans.

Sa largeur était de deux cents pieds sur trois cent deux de longueur. Les restes de ce temple magnifique, consistent en trois grandes voûtes ou arcades, qui formaient une partie du portique. La grande nef était soutenue par de grandes colonnes cannelées de marbre blanc d'ordre corinthien. Leur hauteur était de plus de cinquante pieds sur seize pieds et demi de circonférence. Elles étaient de la plus grande beauté, ainsi qu'on en peut juger par la seule qui reste à Rome, que Paul V a fait élever sur la place et devant la porte d'entrée

Ruines du Temple de la Paix. | Ruines du Temple de Jupiter Stator.

rue du Bouloi, 19.

de Sainte-Marie-Majeure. Voyez plus avant dans Rome moderne, le chapitre de *Santa-Maria-Maggiore,* ensuite Nibby pour la description de ce fameux temple de la Paix.

Sur l'autre côté de la route, vis-à-vis de ces ruines, on voit l'entrée de la *villa Farnesiana,* que l'on désigne aussi sous le nom d'*orti Farnesiani,* dont je ferai mention au Mont-Palatin.

TEMPLE D'ANTONIN ET DE FAUSTINE.

Plus haut que le temple de la Paix, en face du mont Palatin, ainsi que le dit Fabricius : *Forum Romanum et Palatinum montem respiciens*, on trouve le temple d'Antonin et de Faustine, dont on a fait aujourd'hui l'église de *san Lorenzo in Miranda,* Saint-Laurent au milieu des merveilles, nom qu'elle a pris de la quantité de monumens admirables d'antiquité que possède le Forum, et dont elle est entourée : *conditum nunc in eo templum divi Laurentij in miranda,* dit le même auteur.

Le portique qui est devant le temple, qui comme tous les monumens du Forum était enfoui à seize ou dix-sept pieds de profondeur, est orné de colonnes corinthiennes de marbre Cipollin connu anciennement sous le nom de *Lapis Caristius* (1). Elles sont les plus grandes qui restent à Rome de cette qualité de marbre. Elles ont quatorze pieds de circonférence, et quarante-trois de hauteur. Elles supportent un grand et magnifique entablement sur lequel on lit cette inscription :

Divo Antonio, Divæ Faustinæ.
ex. s. c.

(1) Le marbre Cipollin se fait distinguer par de larges bandes blanches et vertes, et parmi ces dernières on apperçoit de petites lames de talcite (pierre transparente) verdâtres, parsemées de points blancs. Les bandes du marbre Cipollin sont ou larges ou étroites, leur direction est quelquefois en zig-zag. *Valm. de Bomarre.*

Ce temple fut élevé par ordre du sénat et de Marc-Aurèle, à la mémoire d'Antonin-le-Pieux et de son épouse Faustine, vers l'an 168 de l'ère chrétienne.

Sur la frise des deux parties latérales de l'entablement, on voit des bas-reliefs, des griffons, des candelabres, et autres ornemens merveilleusement sculptés. Les murs de ce temple étaient revêtus de marbre de Paros.

Cette église moderne de Saint-Laurent a été édifiée par la communauté des pharmaciens.

TEMPLE DE REMUS ET ROMULUS.

Entre les ruines du temple de la Paix et le temple d'Antonin, on trouve le petit temple de Remus et Romulus, qui est aujourd'hui l'église de Saint-Côme et Saint-Damien. S'il faut en croire quelques auteurs, ce temple était seulement dédié à Remus puisqu'ils prétendent que Romulus avait le sien dans une autre partie du Forum, du côté du Vélabre, au pied du mont Palatin.

Cependant Fulvius dit : *in loco, qui appellatur via sacra, ubi ædes Remi ac Romuli fuisse dicunt.*

La forme de ce temple était circulaire, comme le rapporte Fabricius : *est rotundum structum è lapidibus quadratis.* Ch. 23. Et celle du temple de Romulus était quadrangulaire, disent-ils.

De celui dont il s'agit ici, il n'en reste plus rien de remarquable que l'ancienne porte qui est en bronze élégamment travaillée et les deux colonnes de porphyre qui sont à ses côtés.

Ce fut le pape Félix III qui érigea sur ce temple une église en commémoration des deux frères martyrs. Le nouveau sol se trouvant de dix-sept pieds plus élevé que l'ancien, la corniche servait d'entrée, et on descendait un escalier qu'on avait pratiqué intérieurement pour être au niveau de l'ancien pavé du temple parallèle à la *Via Sacra*, qui passait devant ce monument. C'est ce qui a fait abandonner le local à cause de l'humidité qui y régnait.

C'est dans ce temple que fut trouvé le beau plan de Rome, que les empereurs Sévère et Antonin-Auguste, avaient fait incruster dans le parquet lorsqu'ils le firent réparer.

On voit ce plan aujourd'hui infixé dans le mur des escaliers du Musée Capitolin.

Le terrain de Rome moderne est beaucoup plus élevé que celui de l'ancienne Rome, au point que les sept collines qu'elle renfermait et qui lui avaient fait donner le nom de *Septicollis*, sont aujourd'hui très difficiles à distinguer sans un guide qui connaisse bien les localités; et tous les anciens monumens qui ornaient le Forum étaient encore, au siècle dernier, enfouis presque à moitié.

Cette petite chapelle de Saint-Côme et Saint-Damien était desservie par des Franciscains.

CHAPITRE TROISIÈME.

Forum Romanum; temple de la Concorde; temple de Jupiter-Tonnant; arc de Septime Sévère; voie sacrée; prison Mamertine; Capitole; roche Tarpéienne; temple de Vesta; *Forum Boarium*; arc de Janus quadrifrons; grande cloaque; temple de la Fortune virile; pont Palatin; mont Palatin.

FORUM ROMANUM.

Ce Forum, l'endroit le plus célèbre et le plus renommé de l'antique Rome, si fréquenté jadis, couvert et décoré de temples magnifiques, d'arcs-de-triomphe, de palais, de trophées, de portiques, où était la tribune aux harangues, ornée de proues de vaisseaux pris sur les ennemis, d'où lui fut donné le nom de *Rostrum*, et auprès de laquelle étaient élevées les statues de Sylla, de Pompée et d'Auguste, tribune où le peuple romain, pendant tant de siècles, jugea les nations et décida du sort des états.

Ce Forum, renfermait le *Comicium*, où les chevaliers et le peuple s'assemblaient pour rendre des jugemens; où était *le Grecostasis* (station des Grecs), lieu où l'on introduisait les ambassadeurs étrangers, avant d'être présentés au sénat. Ce nom lui fut donné parce que les premiers ambassadeurs qui y furent introduits, étaient Grecs. Comme le rapporte M. Varron :

Sub dextra hujus a comitio locus substructus ubi nationum subsisterent legati, qui ad senatum essent missi, is græcostasis appellatur.

Où se trouvait aussi *la Cura Hostilia*, instituée par Hostilius pour l'assemblée du sénat et des consuls, qui se joignait à la *Basilica portia*, où les tribuns du peuple rendaient leurs jugemens.

Ce Forum où Virginie, auprès du temple de Vénus Cloacine, reçut la mort des mains de son père pour la soustraire à la passion effrénée du decemvir Appius Claudius. *Appius amore ardens*, dit Tite-Live.

Cette place Auguste enfin, qui était le centre des affaires publiques : *le theatrum mundi*, comme dit Nolanus, à laquelle se rattachent tant de souvenirs, a tout perdu jusqu'à son nom, et n'est plus connue aujourd'hui que sous la dénomination ignoble de *campo vaccino* (champ des vaches), parce qu'elle sert de marché aux vaches et aux autres bêtes de boucherie, d'où lui est venu son nom moderne.

Sa forme était un carré long placé entre les monts Palatins, Esquilins et le Capitole, d'où il s'étendait vers le sud jusqu'à l'Arc-de-Triomphe de Titus, qui en était pour ainsi dire la porte, comme le rapporte Fabricius, chap. 7 :

Incipit a Capitolii radicibus, ubi nunc Septimii arcus est, et secundum longitudinem, ubi Titi arcus protenditur.

Les souvenirs historiques de ces lieux, ces ruines qu'illustrent encore les noms célèbres des Cicéron, des César, la magnificence et la grandeur dont elles portent l'empreinte, et qui forment le contraste le plus frappant avec l'état de décadence dans lequel on voit tous ces monumens; tout cela attache encore le voyageur à cette terre antique.

Vers la partie la plus élevée du Forum, qui joint le Capitole, on voit sur la gauche les débris du temple de la Concorde.

TEMPLE DE LA CONCORDE.

Ce temple était au pied du Capitole, sous le palais du sénat, en face de l'arc de Septime Sévère. Il fut élevé par Camille, d'après le vœu qu'il en avait fait au Capitole, après sa dernière victoire sur les Gaulois et après qu'il eut apaisé les dissensions qui s'étaient élevées entre le peuple et le sénat, l'an de Rome, 387. C'est ce que nous rapporte Ovide.

> . . . . Antiquum populi superator Etrusci
> Voverat, quod a patribus secesserat armis
> Vulgus : Fast. 1.

Le vainqueur des Étrusques avait fait ce vœu, parce que le peuple armé s'était révolté contre le sénat.

La dédicace en fut faite par Caïus Flavius, édile curule. Après l'incendie qui le dégrada, il fut restauré par le sénat et par le peuple romain, ainsi qu'on le voyait par l'inscription qui était sur l'architrave.

S. P. Q. R.
Incendio consumptum restituit :

Étant tombé en ruines par la suite du temps, il fut reconstruit sous Tibère. L'intérieur de ce temple était orné des statues de Mars, de Minerve, de Cérès, de Mercure, d'Apollon, de Diane et d'autres dieux. Les anciens sénateurs et les magistrats seuls s'y assemblaient pour les affaires intéressantes de la république : *ubi magistratus cum senioribus deliberabant*, dit Tite-Live.

Ce fut dans ce temple que Cicéron fit assembler le sénat pour condamner les complices de Catilina.

Les restes de ce temple que l'on voit aujourd'hui, consistent en huit superbes colonnes de granit oriental d'ordre ionique, dont six sur le devant, et deux sur les côtés. *Sub Capitolio forum versùs, de quo octo adhuc columnæ altissimæ extant, brevi inter se spatio disjunctæ* : ainsi que le rapporte Fabricius, ch. 14. Ces ruines ne furent découvertes qu'en 1817.

TEMPLE DE JUPITER TONNANT.

Ce temple fut élevé par Auguste, en actions de grâces de ce qu'il fut préservé de la foudre qui tomba à ses pieds, pendant son expédition contre les Cantabres, et ne tua que l'esclave qui marchait à côté de sa litière et qui l'éclairait dans cette nuit orageuse. C'est le récit que nous en a fait Suétone :

Jovi tonanti ædem consecravit liberatus periculo, cum expeditione cantabrica per nocturnum iter lecticam ejus fulgor perstrinxisset, servumque prælucentem exanimasset :

Voici l'inscription qu'on y lisait, selon Publius Victor :

Ædes Jovis tonantis ab Augusto dedicata in Clivo Capitolino.

Temple de Jupiter Tonnant dédié par Auguste sur le Clivus Capitolinus.

Les débris de ce monument sont trois belles colonnes qui

supportent un gros fragment d'entablement remarquable par la richesse de son travail et la sculpture des bas-reliefs qui sont sur la frise. Elles ont quarante pieds de hauteur et quatre de diamètre.

Plus bas, sur la place même de *Campo Vaccino*, on voit encore debout trois colonnes entièrement isolées ; elles sont de marbre grec cannelées, d'ordre corinthien, ayant encore leur entablement.

Pour les garantir d'une entière ruine, on les a consolidées par le haut avec des crampons et des barres de fer qui leur servent d'appui.

Il y a plus d'une version sur ce que furent ces trois colonnes isolées ; mais la plus générale est qu'elles appartenaient au temple de Jupiter Stator.

TEMPLE DE JUPITER STATOR.

Les siècles ne nous ont laissé de ce temple que trois colonnes que l'on voit encore aujourd'hui entièrement isolées. (Voyez la planche en regard.) Elles ont quarante cinq pieds trois pouces de hauteur, sur quatre pieds cinq pouces de diamètre, et sont d'ordre corinthien.

La fondation de ce temple remonte à Romulus : ce fut donc un des premiers qui furent élevés. Selon Plutarque (*de Romulo.*) il fut édifié par Romulus, après le vœu qu'il fit lors de la victoire qu'il remporta sur les Sabins, entre le Mont Palatin et le Capitole. Les Romains fuyant dans une bataille qu'ils livrèrent aux Sabins dans le Forum même, Romulus promit à Jupiter de lui dédier un temple s'il arrêtait la fuite de ses soldats.

At tu, pater deum hominumque, ... deme terrorem Romanis, fugamque fœdam siste,

dit Tite-Live.

Père des dieux et des hommes. . . . . rassurez les Romains et arrêtez leur honteuse fuite.

A ces paroles les Romains s'arrêtant comme à la voix du Dieu même, firent volte-face et dissipèrent l'armée des Sabins.

Romulus remplit le vœu qu'il avait fait, et dédia un temple à Jupiter sous le nom de Stator, du mot *stare*, arrêter; c'est ce temple dont nous parle Ovide, qui fut construit en face du Mont Palatin, au pied du Capitolin.

Tempus idem Stator ædis habet quam Romulus olim,
Antè Palatini condidit ora jugi. Fast. liv. 6.

Ce fut dans ce même temps que Jupiter Stator eut un temple, que Romulus lui fit bâtir devant le Mont Palatin.

Après avoir été brûlé, il fut reconstruit avec plus de magnificence par Attilius Régulus, l'an de Rome 459, après la guerre des Samnites.

Sénèque donne une autre origine à cette épithète de Stator. Il prétend qu'elle fut donnée à Jupiter, parce que c'est sur lui que repose toute la nature.

Depuis long-temps la véritable origine de ces trois colonnes a tourmenté les amateurs de l'antiquité, parce que les avis des anciens écrivains sont partagés sur leur véritable destination.

Suétone (*in Calig.*) dit qu'elles appartenaient au temple de Castor et Pollux. Au portique de ce temple, dit-il, se joignait celui du temple d'Auguste sur lequel passait le pont que Caligula avait fait construire pour communiquer du Mont Palatin au Capitolin.

Partem palatii ad forum usque promovit, atque æde Castoris et Pollucis in vestibulum transfigurata et super Augusti templum, etc.

Il prolongea son palais jusqu'au Forum, et ayant changé en vestibule le temple de Castor et Pollux, etc.

Ce que dit encore Martial de Castor et Pollux, vient à l'appui de Suétone.

. . . . Vicinum Castora canæ
Transibis Vestæ, virgineamque domum, liv. 1, ép. 71.

Vous passerez le temple de Castor qui n'est pas éloigné de l'antique Vesta, la demeure de nos vierges.

Nous citerons à l'appui de ces deux auteurs, Denys d'Halycarnasse (*in Decio*).

. . . . In æde Castoris et Pollucis in parte Fori romani versus Palatinum cujus vestigia effodi vidimus.

. . . . Dans le temple de Castor et Pollux dont nous avons vu les ruines du côté du Forum romanum.

Cependant, on ne peut révoquer en doute que le temple de JupiterStator n'ait été élevé à peu de distance du temple de Vesta, comme le dit ci-dessus Ovide, et par le rapport que fait Tacite dans le quinzième livre de ses Annales, où il fait mention de l'incendie attribué à Néron.

Ædes Statoris Jovis vota Romulo, Numæque regia, et delubrum Vestæ cum penatibus populi romani exusta.

Le temple de Jupiter Stator que lui dédia Romulus, le palais de Numa et le temple de Vesta, furent brûlés avec les maisons du peuple romain.

On voit facilement par le récit de Tacite, que tous ces monumens qui furent incendiés en même temps, étaient à proximité les uns des autres.

Tite-Live nous dit encore, en parlant de Tarquin l'Ancien, qu'il avait son palais près le temple de Jupiter Stator :

Habitabat enim rex ad Jovis Statoris ædem :

D'après toutes ces versions, il serait impossible au milieu de tant de ruines, et de cette entière destruction qui a changé le physique de ces lieux, de s'y reconnaître, même avec les classiques en mains.

A peu de distance de ces trois colonnes, on trouve sur la gauche une fontaine de structure moderne, avec un bassin de soixante-seize pieds de circonférence, de granit oriental, de couleur blanchâtre, découpé par de petites bandes noires. Il fut déterré près de l'arc de Septime Sévère, et sert maintenant, après avoir orné quelque beau monument antique, d'abreuvoir aux bestiaux qui viennent au marché de Campo-Vaccino. Tel est à Rome le sort de tant d'autres morceaux recommandables par leur antiquité.

Près de là on voit l'arc de Septime Sévère.

ARC DE SEPTIME SEVERE.

Cet arc est placé à l'extrémité du Forum au pied du Capitole, presque en directe ligne de celui de Titus, ainsi que le dit Fabricius, ch. 16. *Ad radices Capitolii, propemodum è regione arcus Titi :* il est parfaitement bien conservé. Il est tout entier de marbre pentélique (1) et percé de trois portes sur le devant, et trois sur le derrière, à l'instar de celui de Constantin,

(1) Ce marbre était ainsi nommé d'une montagne, près d'Athène, d'où on le tirait.

il est orné sur chaque façade de huit colonnes cannelées d'ordre corinthien.

L'an 203 de l'ère chrétienne, cet arc fut élevé par le sénat et le peuple romain à l'empereur Sévère et à ses fils, après ses deux expéditions contre les Parthes et les Arabes, représentées dans les bas-reliefs que le temps a ravagés.

Les morceaux qui se sont le mieux conservés, sont les grandes victoires ailées, qui sont à la naissance des arcs, dont parle Fabrictus, ch. 15 : *Ex utraque parte, victoriæ et milites trophæa gestantes.*

Voici l'inscription qu'on lit sur le fronton, au-dessus de chaque façade :

Imp. Cæs. Lucio. Septimo. M. Fil.
Severo. Pio. Pertinaci. Aug.
Patri. Patriæ. Parthico. Arabico.
Et Parthico. Adiabenico. pontif.
Maximo. Trib. Potest. XI. Imp. IX.
Coss. III. Procos. Et imp. Cæs. M.
Aurelio. L. F. Antonino. aug. pio. felici.
Trib. potest. VI. cos. procos. PP. optimis.
Fortissimus. que. principibus. ob.
Rem. publicam. restitutam. imperium. que.
Populi. Romani. Propagatum. Insignibus. Virtutibus
Eorum. Domi. Foris. Que.
S. P. Q. R.

A l'empereur César Lucius Septime, fils de Marcus Sévère, pieux; Pertinax, Auguste, père de la patrie; Parthique Arabique, et Parthique Adiabenique, grand pontife, onze fois tribun, neuf fois imperator, trois fois consul et proconsul.

Et à l'empereur César Marc Aurèle, fils de Lucius Antonin, Auguste, pieux, Félix, six fois tribun, consul, proconsul et propreteur.

Très bons et très courageux princes pour avoir rétabli l'état et étendu l'empire du peuple romain par leurs insignes vertus privées et publiques.

Le sénat et le peuple romain.

Cet arc était enfoui à moitié, lorsque les Français occcupaient Rome, mais en 1804, il fut entièrement mis à découvert par les ordres de l'empereur *Napoléon*, et par les soins de Pie VII.

Dans l'épaisseur de l'un des petits arceaux qui sont sur le côté, il existe une montée de cinquante marches dont fait mention Fabricius : *ad ejus superius spatium per gradus quinquayinta ascendimus* : elle conduit sur la plate-forme qui était jadis couronnée d'un char triomphal, orné de la statue de cet empereur, et de celle de ses deux fils Caracalla et Geta.

Il était attelé de six chevaux de front, et escorté de quatre soldats romains dont deux équestres et deux pédestres. Aujourd'hui on ne voit plus rien sur la plate-forme.

C'est au pied de cet arc que commençait le *Clivus capitolinus*, montée que prenait le triomphateur pour se rendre au Capitole. Ce Clivus était une des trois voies par où l'on y arrivait.

Aujourd'hui sur la montée qui mène au Capitole moderne (*il Campidoglio*), dont il sera fait mention dans la nouvelle Rome, on voit des fragmens de la *via Sacra* qui y conduisait, que l'on a retrouvée à seize ou dix-sept pieds de profondeur, en déblayant l'arc de Septime Sévère, dont on a poussé les fouilles jusqu'au pied du Capitole.

LA VIA SACRA.

La voie sacrée commençait devant la *Meta sudante*, vers le Colisée, et venait aboutir au Capitole, en passant devant le temple de la Paix et dans le Forum :

Incipit ab amphitheatro, nous dit Fabricius, et per vicinos hortos juxta templum Pacis, et forum Cæsaris rectà tendit in Capitolium, chap. v.

Elle commence à l'amphithéâtre, et monte tout droit au Capitole, en passant auprès du temple de la Paix et du Forum de César.

Ce chemin était décoré de statues, entre autres de la statue équestre de Clelie (1), illustre Romaine, qui fut donnée en ôtage à Porsenna, roi d'Etrurie, avec dix autres filles de condition, l'an 708, avant l'ère chrétienne. Elles trompèrent la surveillance de leurs gardes, brisèrent leurs liens, et passèrent le Tibre à la nage, pour rompre leur captivité et retourner dans leur famille; trait de dévoûment qui n'était pas rare chez ce grand peuple, et que Virgile nous rapporte :

Et fluvium vinclis innaret Clelia ruptis : En. liv. 8.
Clelie ayant brisé ses chaines passe le Tibre à la nage.

et que les deux vers de Silius Italicus nous retracent plus expressivement :

. . . . Mirantem interrita Tibrim
Tranavit, frangens undam puerilibus ulnis : liv. x.

. . . . Nageant avec ses faibles bras contre le courant, elle passe à la nage le Tibre qui en est étonné :

Cette voie fut surnommée Sacrée depuis le traité de Romulus avec les Sabins.

De plus parce qu'elle était le chemin des augures :

Perquam Augures ex arce profecti solent inaugurare.

et parce que les marches triomphales y passaient pour se rendre au temple de Jupiter que renfermait la Capitole. *Per*

---

(1) Cleliæ enim statua est equestris, dit Pline, iv. 34, chap. 6.

viam sacram triumphantes Capitolium ascendebant : nous dit Properce, liv. 2.

Devant l'arc de triomphe de Septime Sévère, s'élève une colonne cannelée de marbre blanc et d'ordre corinthien. Elle portait jadis sur son chapiteau une statue qui n'y est plus aujourd'hui, et qui, d'après la tradition ancienne, était celle de l'empereur Phoca, à qui elle fut érigée.

A gauche de l'arc de Septime Sévère, se trouve l'église de *San-Pietro in carcere, Saint-Pierre en prison*, construite sur les débris de l'antique prison Mamertine.

CARCER TULLIANUS ou *MAMERTINUS.*

PRISON MAMERTINE.

Il y a sur ce monument deux versions qui diffèrent par les époques.

La prison Mamertine prit d'abord son nom du *vico Mamertino*, (*bourg Mamertin*) où elle fut construite. Elle fut fondée, disent les uns, par Ancus Martius, quatrième roi de Rome, et la partie souterraine, qui fut un horrible cachot, fut bâtie par Tullus Hostilius, troisième roi, d'où elle prit le nom de *carcer Tullianus*; c'est là ce que nous lisons chez plusieurs auteurs modernes du XVIIIe siècle, qui ont écrit sur Rome.

Comment se peut-il que Tullus Hostilius qui a régné avant Ancus Martius, qui fut son successeur, ait fait ajouter un cachot à une prison faite par Ancus Martius, qui régna plus tard après lui.

Nous sommes éclairés sur cette erreur qu'on a tant répétée, par Varron qui dit : que ce fut Servius Tullius, sixième roi de Rome, qui, long-temps après, fit faire la partie souterraine, qui prit le nom de *Tullianus*, et non Tullus Hostilius.

L'abbé Venuti, auteur de la *Topographie de Rome antique*, et d'autres auteurs du XVIIIe siècle, prétendent au contraire, que Tullus Hostilius fit construire la prison Mamertine et que son successeur Ancus Martius la fit agrandir.

Quelle que soit la vérité, qu'il est difficile de connaître, puisqu'il y a diversité d'opinions chez les écrivains de l'antiquité. Nous ne ferons pas mention de sa fondation puisqu'elle est obscure ; nous dirons, d'après nos auteurs classiques, ce qu'elle fut, ce que nous l'avons vue aujourd'hui et l'espèce de crédit qu'elle eut à différentes époques de Rome et de la chrétienté.

La prison Mamertine, connue sous le nom de *Carcer Tullianus*, fut la première prison de Rome et exista long-temps seule au rapport de Juvenal, qui loue les mœurs des premiers temps de Rome.

Felices proavorum atavos felicia dicas
Secula, quæ quondam sub regibus atque tribunis
Viderunt uno contentam carcere Romam. Sat. 3.

O temps de nos aïeux ! heureux siècles, où une seule prison suffisait à Rome gouvernée par ses rois et par ses tribuns.

Cette prison, sur laquelle on a élevé une église, connue sous le nom de *San Pietro in carcere*, Saint-Pierre en prison, est située à l'orient et au pied du Capitole, vis-a-vis l'arc de Septime Severe, que l'on a érigé devant elle. Elle fut construite en pierres travertines sur une façade de quarante cinq pieds, qui ne donnait pas directement sur le Forum, à ce qu'on voit par ses anciens murs.

On y entrait par un pont de pierre dont nous parle Velleïus Paterculus, en rapportant la fin tragique du fils de Fulvius Flaccus, qui se donna la mort en s'y fracassant la tête.

Protinusque illiso capite in pontem lapideum januæ carceris, effusoque cerebro expiravit. Liv. 2.

Cette prison était composée de deux parties, dont l'une supérieure, où étaient renfermés les prisonniers, dont les délits ne méritaient pas la mort, et la partie inférieure qui était le *Tullianum* dont parle Salluste :

Est locus in carcere quod Tullianum appellatur. (In Conj. Catil.)

Il y a dans cette prison un endroit appelé Tullianum.

ce cachot portait aussi le nom de Latomie et de Robur.

Robur dicitur in Carcere is locus quo precipitatur maleficorum genus, etc.

C'était dans ce lieu infect où l'on descendait les criminels condamnés à mort, et où on les exécutait.

Ce second souterrain communiquait avec le premier par une ouverture faite au plancher, de la capacité à faire passer un homme seul.

A côté de la porte et au bout du pont, étaient les fatales gémonies (*Scalæ gemoniæ*). C'était un escalier par où l'on jetait, et où l'on exposait aux yeux de la populace les cadavres des malheureux qu'on exécutait dans le *Tullianum*, et que l'on précipitait ensuite dans le Tibre, c'est ce que rapporte Suétone.

Tandem apud gemonias minutissimis ictibus excarnificatus atque confectus est, et inde unco tractus in Tiberim.

C'est dans ce cachot infect et ténébreux, rapporte le même auteur (*de Bell. Catil :*) que furent mis à mort les complices de Catilina, l'an de Rome 690.

In eum locum postquam demissus Lentulus vindices rerum capitalium quibus præceptum erat, laqueo gulam fregere. . . . . De Cethego, Statilio, Gabinio, Cœpario, eodem modo supplicium sumtum est.

C'est là que les bourreaux, qui en avaient reçu l'ordre, descendirent Lentulus et l'étranglèrent. . . . . Cethegus, Statilius, Gabinius et Cœparius y subirent le même supplice.

Sous le règne de Néron, l'an 66 de J.-C. le prince des apôtres et Saint-Paul, furent détenus dans le même cachot pendant neuf mois, évènement qui a donné quelque célébrité à cette prison.

Depuis que l'on a bâti l'église de *San Pietro in Carcere* sur ses ruines, on a pratiqué pour descendre dans ce cachot, un escalier et plusieurs ouvertures pour en rendre l'air moins infect; l'on y voit aussi une fontaine sur laquelle le cicerone de l'églisenous raconta un tas d'absurdités, que je ne répérai pas ici parceque nous ne sommes plus au temps des miracles.

Nous lisons encore, relativement à la prison Mamertine, dans un de nos auteurs modernes, dont les écrits ont été appréciés à juste titre: que Valère Maxime rapporte au chap. 4 du liv. 5, que ce fut dans ce même cachot, qu'une fille d'une condition libre, donna le spectacle le plus touchant de l'amour filial, en nourrissant sa mère de son propre lait; trait sublime de piété qui fit absoudre sa mère du crime capital, pour lequel elle avait été condamnée à la mort par le prêteur:

Nulla enim acerbitate fortunæ, nullis sordibus pretium caræ pietatis evilescit.

Les revers de fortune et la plus affreuse indigence, n'ôtent rien de son prix à la piété filiale.

Voilà bien ce que dit Valère Maxime, mais c'est une erreur volontaire sans doute où s'est jeté notre auteur moderne, et que chacun peut connaître en consultant Maxime, quand il dit que c'est dans la prison Mamertine que Valère raconte que le trait s'est passé. Valère ne fait mention ni du lieu, ni de l'époque, et ce qui pourrait justifier l'erreur de notre auteur, c'est que Rome n'ayant eu dans les premiers temps qu'une seule prison, comme le dit Juvenal, on pourrait supposer que le trait s'est passé dans l'espace de temps qui s'est écoulé depuis l'an de Rome 115, où fut fondée la prison Mamertine sous le règne d'Ancus Martius, jusqu'à l'an de Rome 303 sous le décemvirat d'Appius Claudius, qui fonda une autre prison qu'il nomma *Carcere della plebe*, prison du peuple, parce qu'il est douteux sans cette hypothèse, que le fait se fût passé plutôt dans la prison de Mamertine que dans celle du peuple, puisque Maxime n'en dit rien.

LE CAPITOLE.

Cette première forteresse de Rome, *Arx Capitolii*, dont la prédiction ne fut point équivoque, qu'elle serait un jour la capitale du monde :

Quæ visa species haud per ambages arcem eam imperii caputque rerum fore portendebat :

dit Tite-Live, liv. 6, chap. 5.

Que des présages certains pronostiquaient qu'elle serait la citadelle de l'empire, et la maîtresse du monde.

Ce Capitole où Jupiter avait un temple et Rome son sénat, où étaient réglés la destinée des nations et le sort de tant de rois, d'où les Scipion, les César, les Pompée, et tant d'autres héros partirent pour aller subjuguer l'univers.

Le Capitole fut d'abord élevé sur le mont Saturnin, c'était une citadelle presque imprenable, au rapport de Tacite:

Munitissimam Capitolii arcem, et ne magnis quidem exercitibus expugnabilem.

Le Capitole est une citadelle extrêmement fortifiée, et pouvant même résister à de puissantes armées.

Le roc sur lequel il était situé, prit ensuite le nom de Tarpeïen, et en dernier lieu celui de Capitolin, nom qui lui fut donné à cause d'une tête d'homme, que l'on trouva en jetant les fondemens du temple de Jupiter Capitolin, comme le dit Varron:

Est dictum quod hic cum fundamenta foderentur ædes Jovis, caput humanum inventum dicitur.

Ce temple fut commencé par Tarquin-l'Ancien, continué par Servius Tullius, et achevé par Tarquin-le-Superbe.

La dédicace en fut faite l'an de rome 246, après l'expulsion des Tarquins par les consuls Horatius, Pulvillus et Valerius Publicola, ainsi que le rapporte l'inscription suivante:

M. Horatius consul ex lege, templum Jovis optimi maximi dedicavit, anno post reges exactos.

A consulibus postea ad dictatores, quia majus imperium erat, solemne clavi figendi translatum est.

M. Horace, consul par la loi, a dédié ce temple à Jupiter, très bon et très puissant, l'année après l'expulsion des rois.

A l'avenir la prérogative de ficher le clou (1) passera des consuls aux dictateurs, parce que leur pouvoir est plus étendu.

---

(1) Les Romains estimaient que Minerve était la déesse du calcul, qu'elle avait inventé, et pour montrer à la masse ignorante du peuple le nombre

Ce temple avait 770 pieds d'enceinte sur 200 pieds de long, et 185 de large. Sa facade, selon Denis d'Halycarnasse, était tournée au midi, et était décorée d'une triple colonnade.

Après le premier incendie qui le consuma et qui arriva dans le temps des guerres civiles entre Marius et Sylla, ce dernier le fit restaurer plus riche et plus magnifique qu'il ne l'avait été jusqu'alors. Sa toiture était en bronze doré, les portes étaient en bronze couvertes de lames en or, c'est ce que rapporte Pline, liv. 34, ch. 3.

Prisci lamina etiam ac valvas ex ære in templis factitavere.

Le seuil des portes et les portes mêmes à deux battans des temples, étaient de bronze.

Tous les ornemens intérieurs resplendissaient de ce riche métal. Ses richesses étaient immenses, soit en statues de marbre, d'or, et d'autres métaux, soit en pierreries, en matières d'or travaillé et brut, en riches trophées, en dépouilles prises sur l'ennemi, en tableaux et en argent.

Son parquet était d'un travail exquis, et au rapport de Plutarque, la dépense qui fut faite par Vespasien et par Domitien pour sa restauration, s'éleva à la somme de douze mille talents (1) (sept millions et demi pour la seule dorure).

---

des années qui s'écoulaient. Tous les ans les dictateurs venaient en grande solennité ficher un clou de métal dans le mur du temple de Minerve, qui se trouvait renfermé dans le temple de Jupiter Capitolin, comme on va le voir plus loin. Cette cérémonie, lors de la dédicace de ce temple, fut faite par les consuls, depuis ce temps-là elle passa aux dictateurs. (Voyez Nardini.)

(1) Les Romains se servaient du talent attique qui était de 3259 livres de notre monnaie.

Dans la partie souterraine du temple, étaient renfermés les livres de la sybille de Cumes, dans une arche construite en pierres qui était confiée à la garde des décemvirs et qui furent détruits par l'incendie qui arriva la 153me olympiade.

C'était dans ce temple que les consuls et les généraux romains allaient faire des sacrifices pour implorer le secours des dieux. C'était ce même temple que venaient orner les dépouilles des monarques et des peuples soumis, que les vainqueurs apportaient en triomphe, comme le dit Horace :

In eo signa et trophea Parthorum fuere suspensa :

C'est dans ce temple que furent suspendus les dépouilles et les trophées des Parthes.

C'est dans ce sanctuaire où ils venaient remercier les dieux des victoires qu'ils leur avaient fait remporter :

Ad id victimas gratulationis causa, mactabant :

Ils immolaient des victimes en signe de remerciemens :

Ce monument renfermait les temples de Junon et de Minerve, qui étaient ainsi disposés : Trois oratoires occupaient le fond du temple de Jupiter, celui du milieu était consacré à ce dieu, celui de droite, à Junon, et celui de gauche à Minerve, c'est ce que rapporte Fabricius, ch. 9.

In eo mediam ædem tenuit Jupiter, dextera Minerva, sinistra Juno, sub uno tecto atque pinnaculo :

Ovide nous dit encore en parlant de l'épouse du maître des dieux :

« Junctaque Tarpeio sunt mea templa Jovi...... Fast. liv. 6.

Unie à Jupiter sur le roc Tarpeïen
Comme lui j'y préside, et son temple est le mien. (St.-Ange.)

Ce Capitole qui, 391 ans avant J.-C., fut sauvé par le cri des oies sacrées lorsque du côté de la roche tarpeïenne, les Gaulois escaladaient ses murailles.

Ce lieu redoutable, que Cicéron à la tribune appelait le conseil public de l'univers, cette citadelle enfin n'a plus rien de son aspect formidable, elle a subi le sort de tous les monumens qui l'entouraient, elle a disparu sous les siècles qui se sont écoulés sur elle, et on n'en voit plus que le grand mur de pierres piperines, qui est tourné vers le sud et qui sert de fondement d'appui à l'édifice du sénat conservateur.

C'est ce mur immense devant lequel sont encore debout ces nobles restes du temple de la Concorde, de celui de Jupiter tonnant, de Jupiter stator, et l'arc de Septime Sévère, qui étaient autour du Capitole et sur le penchant du mont Capitolin.

Ce monument, jadis si terrible pour les nations, est remplacé par le Capitole moderne (*il Campidoglio*) dont il sera fait mention plus loin..

LA ROCHE TARPÉIENNE.

Avant de connaître Rome, j'avais toujours ouï dire, que de cette fatale roche, il n'en existait plus que le nom, et que ce précipice, autrefois si terrible, avait subi une telle métamorphose, qu'on pouvait aujourd'hui le franchir sans efforts.

C'est avec cette idée que je m'y suis fait conduire dans mes courses. Quelle fut ma surprise, lorsque arrivé sur le bord de la terrasse, qui remplace à présent le sommet de ce roc terrible, je me suis convaincu, quoique ce lieu ne soit plus physiquement le même, que sa hauteur est toujours telle qu'elle le fut jadis, et qu'il n'en faudrait pas tant, pour donner la mort à ceux qui en seraient précipités.

C'est ainsi que se propagent les erreurs les plus absurdes; il est difficile à l'homme qui voit par lui-même, de pouvoir résister à les combattre, à régler les contradictions, et à éclaircir les faits. C'est ce que je me propose de faire aussi plus loin à l'égard des Marais-Pontins.

La roche Tarpéienne faisait partie et était à l'occident du Capitole, dont elle était le point le plus culminant. Voici la description qu'en fait Sénèque :

Stat moles abscissa in profundum, inhorrent scopulis enascentibus latera et immensæ altitudinis tristis aspectus, electus potissimum locus, ne damnati sœpius dejiciantur.

C'est un roc d'une hauteur démesurée, taillé à pic, hérissé d'horribles pointes, et dont on ne peut regarder la profondeur sans être glacé d'effroi, ce qui l'a fait choisir comme le lieu le plus propre au supplice des criminels.

On y arrive par plusieurs chemins, comme dit Tacite : *Tum diversos Capitolini aditus invadunt*, d'abord par la rue qui est à l'angle gauche du sénat conservateur, qui longe la prison moderne du Campidoglio.

On tourne à droite, dans la première ruelle que l'on trouve, et l'on parvient à la petite rue *(Vico)* à l'extrémité de laquelle est la roche Tarpéienne, indiquée par cette inscription, *ingresso della rocca Tarpea* : que l'on voit sur la porte d'une maison ordinaire. C'est par là que j'y suis arrivé. *Hinc ad Tarpeiam sedem et Capitolia ducit*, dit Virgile.

En second lieu, on peut y parvenir par la place de la Consolation. Au pied de la ruelle qui aboutit à cette place, est la montée des cent dégrés, qui furent une des trois voies, qui jadis conduisaient au Capitole; ainsi que le rapporte Tacite : *Tarpeja rupes centum gradibus aditur*, que l'on appelle aujourd'hui *Strada di monte Tarpeo*, c'est par là que j'en suis descendu. A toutes les rues adjacentes on lit ces mots :

Via della rocca tarpea. — Chemin de la roche tarpeïenne.

On entre pour la voir par la petite maison où est l'inscription, dans un jardin peu spacieux, à l'extrémité duquel on arrive à une terrasse terminée par un parapet de deux pieds d'élévation, qui était la cime de l'ancien roc.

On domine sur les toits des plus hautes maisons bâties sur la place de la Consolation, qui se trouve au pied de cette terrasse. La hauteur de celle-ci peut être élevée à plus de cent pieds du sol, qui est au-dessous d'elle. C'est de là qu'étaient précipités les criminels, on ne peut douter que la chûte ne fût encore mortelle aujourd'hui.

De ce petit jardin, la vue s'étend au loin sur Rome et sur la campagne au-delà du Tibre. Cette roche, ancien lieu de supplice, faisait partie du Mont Saturnin, elle prit son nom de Tarpeïenne, de Tarpeïus, père de Tarpeïa, qui gouvernait la citadelle sous le règne de Romulus :

A duce Tarpeïo mons est cognomen adeptus, dit Properce, liv. 14, Éleg. 4.

Son père la lui ayant confiée, elle la livra à Tatius, roi des Sabins, dont elle était éperduement éprise. Celui-ci punit cette trahison par la mort de Tarpeïa qui fut tuée par les Sabins qui étaient sous ses ordres, et qui la firent expirer sous le poids de leurs boucliers, ainsi que le rapporte le même auteur, liv. 14, Éleg. ...

. . . . Et ingestis comitum superobruit armis.

Long-temps après, cette colline s'appela *Monte Caprino*, parce qu'on y menait paître les chèvres. Ce côté était le plus fortifié du Capitole.

La vue du Forum m'avait fait tant d'impression, que je ne me lassai pas d'y retourner plusieurs fois, et toujours avec un nouveau desir, parce que c'était la partie de Rome en ruines la plus curieuse et celle que l'on voit avec le plus d'intérêt.

Pour le parcourir en entier, je me dirigeai un jour vers la partie occidentale que je n'avais pas encore vue; je trouvai à peu de distance des trois colonnes isolées du temple de Jupiter Stator, dont j'ai parlé, l'église de Santa Maria-Libératrice, qui est bâtie sur l'emplacement de l'ancien temple de Vesta.

TEMPLE DE VESTA.

Ce temple était situé au bas du mont Palatin, dans la partie orientale du Forum romanum, et à peu de distance du Capitole. Cet ordre fut institué à Rome (1), par Numa Pompilius, second roi. Vesta étant considérée la même que la terre, il donna à ce temple une forme sphérique, par allusion à la terre, selon Plutarque, et selon Ovide qui s'exprime ainsi : Fast. liv. 6.

« Par facies templi : nullus procurrit in illo
« Angulus : a pluvio vindicat imbre tholus.

La forme de ce temple est égale partout, dans ses contours on n'y voit saillir aucun angle, un dôme le garantit de la pluie. Fast., liv. 6.

C'est dans le vestibule de ce temple, que ce prince rendait la justice :

« Hic locus exiguus qui sustinet atria Vestæ,
« Tunc erat intonsi, regia magna Numæ. (Fast., liv. 6.)

---

(1) Le culte de Vesta était connu dans le Latium bien avant la fondation de Rome ; il existait à Lavinium et à Albe, où Énée l'avait apporté. Ovide, Fast., liv. 4, dit, qu'avant que Numa eût introduit à Rome le culte de cette déesse, on y avait déjà célébré quarante fois l'anniversaire de la fondation de cette métropole de l'Empire Romain.

Voici ce que nous dit encore Suétone : *Decretum autem ut dies quò cepisset imperium Palilia vocarentur velut argumentum rursus conditæ urbis.* Il fut décrété que l'on appellerait Palilies les fêtes célébrées en commémoration de la fondation de Rome.

Les palilies se célébraient le 12 des kalendes de mai, c'est-à-dire le 19 avril.

L'étroit compartiment du vestibule antique,
Fut du pontife roi, le palais magnifique. (Saint-Ange.)

Le sanctuaire du temple (*canæ penetralia Vestæ*), comme l'appelle Virgile (1), était un endroit sacré où les vestales et les pontifes, sous la surveillance desquels elles étaient placées, pouvaient seuls entrer, car les citoyens qui pendant le jour entraient dans le temple, ne pouvaient en aucun temps en approcher. Il renfermait le Palladium sacré, qu'on regardait comme le salut de Rome (2), et le feu confié à la garde des prêtresses de Vesta.

Autour du temple étaient les demeures des prêtresses vierges, et le lieu consacré à leur sépulture ordinaire, quand elles n'étaient pas enterrées vivantes au champ du crime.

Dès l'origine de leur institution, les vestales étaient seulement au nombre de quatre, dont Plutarque donne les noms, *Gegana*, *Verania*, *Canubeïa* et *Tarpeïa*.

Tullus Hostilius par la suite leur en adjoignit deux autres. Elles devaient être vierges, et de bonnes familles romaines. Elles étaient choisies depuis l'âge de six ans jusqu'à dix. Elles faisaient vœu de virginité pour trente ans, dont les dix premiers étaient employés à apprendre les devoirs et les cérémonies de leur sacré ministère; les dix suivans à les exercer, et les dix derniers à les enseigner aux vierges novices; ainsi que le dit Denys, d'Halycarnasse: *tempus tricennale manere eas oport et castas, et a nuptiis vacuas, sacra ex more facientes, quo tempore decem annos discere debent, decem sacris operari, decem docere.*

Après ces trente ans expirés, elles étaient libres de se marier.

La plus ancienne faisait les fonctions de grande vestale, et avait une supériorité absolue sur les autres. Elles jouissaient des prérogatives les plus distinguées. Une insulte faite à une

---

(1) En. liv. IX, le sanctuaire de la Blanche Vesta.

(2) La statue de Minerve qu'on disait avoir été apportée de Troie par Énée.

vestale était punie de mort, mais aussi la punition des coupables était terrible. Celle qui avait le malheur de violer son vœu de chasteté, était renfermée vivante dans un caveau dont on fermait l'entrée sur elle, et où elle finissait ses jours faute d'alimens.

Ces tombeaux étaient dans un lieu de supplice, appelé champ du crime (*sceleratus ager*), il était hors la porte colline, aujourd'hui *porta salara*.

L'habillement des Vestales était composé d'une toge ou longue tunique blanche, sur laquelle elles mettaient un *peplum* de toile de la même couleur, désigné sous le nom de *supernum linteum* (linge de dessus). Ensuite elles portaient par-dessus un grand manteau de pourpre (*amiculum*), qui traînait à terre, et qu'elles relevaient lorsqu'elles sacrifiaient.

Elles avaient une coiffure nommée *infula*, c'était un bandeau qui leur serrait la tête, et d'où pendaient des bandelettes appelées *vittæ*. Elles mettaient par-dessus un autre ornement blanc, avec un bandeau de pourpre. Virgile rapporte que ce bandeau était de laine, et que les bandelettes étaient blanches.

Lanæa dum nivea circumdatur infula vitta. Geor. liv. 5.

Tout dans ce temple retraçait la simplicité des premiers temps. Il n'y avait ni statues, ni ornemens; un autel d'une forme simple et sphérique était dressé au milieu d'un sanctuaire, c'est là où brûlait sans cesse le feu sacré, image de la nature, qui crée tout et qui détruit tout; usage imité des Grecs, ainsi que le rapporte Pausanias : *nullum occurrit simulacrum, arâ tantum et in ea Vestæ sacrificant.*

L'ordre des vestales eut une durée de mille ans, et fut supprimé par l'empereur Théodose, à l'avènement du christianisme (1). Pendant lequel temps, il n'y eut que dix-huit Vestales condamnées au supplice.

---

(1) *Mémoires de l'Académie*, tome 3. pag. 127.

A l'issue du temple de Vesta, que remplace aujourd'hui l'église de *Santa Maria-libératrice*, on passe par le Velabre. Cette partie de Rome était dans un terrain bas, entre le mont Palatin et le Capitolin, que le Tibre inondait. *Primò*, dit Facius, ch. 16, *cursum habuit inter Palatinum per Velabrum stagnans et fori partem.* Il eut d'abord son cours entre le Mont-Palatin inondant le Velabre et une partie du Forum.

Ce qui a fait dire à Tibulle.

At qua Velabri regio patet, ire solebat
Exiguus pulsa per vada linter aqua : liv. 2, éleg. 5.

Le Velabre n'était qu'un espace liquide
Où voguait en tout temps la nacelle timide. (St.-Genies.)

On traversait cette mare avec des bateaux, ce qui, selon Varon, lui fit donner le nom de *velabrum*, du mot *velum*, voile parce que les bateaux le passaient à la voile.

D'autres tirent son étymologie du mot *a vehendo*, dérivé du verbe *vehere* (porter).

Quand Tarquin l'Ancien l'eut fait déssécher, il conserva son nom de *velabrum*, et on en forma un quartier composé de deux rues parallèles, qui furent nommées le grand et le petit Velabre, connu dans les anciens auteurs; c'est ce que nous apprend encore le même Varron :

. . . . Palus fuit in minore Velabro, à quò quod ibi vehebantur lintribus. Velabrum est illud majus de quò suprà dictum est :

Le petit Velabre était un marais que l'on traversait sur des barques, le grand Velabre est celui dont j'ai parlé plus haut.

Le quartier des deux Velabres était garni de boutiques de marchands, et était la partie commerçante de Rome.

De là on arrive au Forum Boarium.

FORUM BOARIUM.

Le Forum Boarium était une ancienne place ou marché aux bœufs, ce qui lui valut le nom de Boarium, selon Tacite, et selon Pline qui dit :

Bos æreus inde captus in foro Boario, est Romæ :

C'est là que fut pris le bœuf de bronze qui se voit à Rome sur la place du marché aux bœufs.

Le nom de Boarium lui vient donc d'un bœuf de bronze qui fut érigé sur cette place en mémoire de cet animal, que Romulus avait employé à tracer les sillons sur lesquels devaient s'élever les remparts de la nouvelle ville qu'il fondaït. Ovide en fait mention aussi : Fast. liv. 6,

Quæ posito de bove nomen habet :

Qui tire son nom d'un bœuf qu'on y avait placé.

C'est dans ce marché que se faisait tout le commerce intérieur et extérieur de Rome. Les banquiers, les orfèvres, et les libraires avaient leurs principaux établissemens dans le quartier dont le Velabre faisait partie.

Sur cette place qui s'étend pour ainsi dire jusqu'au temple de la Fortune-Virile, on trouve l'arc de *Janus Quadrifrons.*

ARC DE JANUS QUADRIFRONS.

Cet arc que l'on aperçoit en arrivant par le Velabre, était situé à l'extrémité du Forum Boarium. Il fut nommé *Quadrifrons*, à cause de ses quatre faces qui sont semblables, et qui représentent les quatre saisons de l'année.

Il a toujours été difficile de connaître précisément par qui

Vue de l'Arc de Janus Quadrifrons.

il avait été construit. Les uns font monter sa fondation au temps de la République, d'autres, d'après Tite-Live, disent qu'il fut bâti par Stertinius, qui fit élever deux monumens dans le Forum Boarium.

Si on s'en rapporte à une médaille d'Adrien, ce fut lui qui le fit construire, et en dernière opinion, si nous en croyons Suétone (*de vita Domit.*) : ce serait Domitien. Il dit que cet empereur fit élever plusieurs arcs de triomphe dans divers quartiers de Rome, où étaient représentés des chars à quatre chevaux, et des ornemens triomphaux :

Janos arcus que cum quadrigis et insignibus triumphorum, per regiones urbis, tantos ac tot Domitianus extruxit.

Cet arc est construit de gros quartiers de marbre grec, et sa forme est carrée. *Structura quadrata in foro boario*, dit Fabricius. Il a une seule arcade dans le milieu de chaque face que l'on voit encore ornée de douze niches, où furent autrefois des statues qui représentaient les douze mois de l'année.

On présume qu'il fut érigé pour servir de portique aux agioteurs et aux marchands qui se rassemblaient sur cette place pour le commerce, afin de les mettre à l'abri des injures du temps, à l'instar de nos bourses de commerce.

Si telle était sa destination, il faut croire que les gens de cette profession étaient en petit nombre à Rome, car cet arc pourrait à peine garantir cinquante ou soixante personnes.

Janus était une divinité particulière aux Romains : Voici ce que nous dit à cet égard Martial : liv. 10, p. 28.

Annorum, nitidique sator pulcherrime mundi,
Publica quem primum vota precesque vocant,
Nunc tua Cæsaris cinguntur limina donis
Et fora tot numeras, Jane, quot ora geris.

Créateur des ans et de l'univers, la première des divinités à qui l'on adresse des prières et des vœux, Janus, maintenant le portique de tes temples est environné des dons de César, tu comptes autant de portes que tu as de visages.

Il y avait à Rome plusieurs de ces arcs ou portiques, qu'on appelait Jani. Celui-ci fut le plus remarquable et celui qui s'est le mieux conservé; il ne fut entièrement déterré qu'en 1810.

GRANDE CLOAQUE.

Strabon, Denis d'Halycarnasse et Pline, disaient de ce grand peuple, que trois choses démontraient principalement la grandeur de l'empire Romain, les aqueducs, les grandes routes et les cloaques.

Les cloaques de l'ancienne Rome, que nous nommons aujourd'hui égoûts étaient d'une épaisseur et d'une solidité surprenante, qui a résisté aux ravages des siècles. Ce que nous attestent les restes de la grande cloaque *(cloaca massima)*, dont l'entrée est à côté de l'arc de Janus Quadrifrons.

Ces ouvrages furent commencés par Tarquin l'Ancien, cinquième roi de Rome, pour assainir la ville.

Et cœpit cloacas Tarquinius fodere,

dit Denis d'Halycarnasse, Tarquin le Superbe, septième roi de Rome, fit continuer et finir cette grande cloaque, dont on visite les ruines, qui était la plus considérable et la plus spacieuse. Il fallut pour la construire percer des montagnes, et voûter toutes les rues de la ville par où elle passait. *Operum omnium maximum,* dit Pline *suffossis montibus atque urbe pensili subterque navigata.* Liv. 36, ch. 15. Ces égouts, ouvrage le plus hardi qu'aient entrepris les hommes, et pour lequel il fallut percer des montagnes, passaient sous la ville comme sous un pont, et avaient converti Rome souterraine en un canal navigable.

Elle est formée par trois assises de gros blocs de pierres

piperines (1) de cinq pieds de longueur sur trois d'épaisseur, joints ensemble sans chaux ni ciment, selon l'usage adopté par les Romains dans leurs constructions. Leurs ouvrages posant immédiatement les uns sur les autres, se liaient par leur propre poids.

La largeur de ces voûtes qui est égale à leur hauteur, est de douze pieds, espace suffisant pour le passage d'une voiture, même chargée de foin, c'est ainsi que s'exprime encore Pline :

Amplitudinem cavis eam fecisse proditur, et vehem feni large onustam transmitteret, (même liv.)

Tarquin fit ces conduits très spacieux, au point qu'une charrette y pouvait passer même amplement chargée de foin.

Cette cloaque se déchargeait dans le Tibre par trois embouchures, dont la plus grande fut découverte près le pont Palatin, en 1742. Ce qui en reste encore a près de deux cent cinquante mètres de longueur. Elle recevait les immondices de plusieurs égoûts qui s'étendaient sous divers quartiers de Rome.

Il y existe une source d'eau vive, que l'on voit sourdre, et dont la fraîcheur et la limpidité nous engagea à étancher une soif ardente, par la chaleur qu'il faisait.

Le reste de ces travaux immenses échappés aux ravages

---

(1) La pierre piperine de Rome, est un ciment composé d'une espèce de débris volcaniques qu'on nomme lapillo, et que l'on trouve aux environs de Rome, de Naples et de Pouzzoles. On le mêle avec de la chaux vive éteinte sur-le-champ, et on en fait un mortier, qui acquiert en peu de temps une solidité qui approche de celle des pierres ordinaires des environs de Paris.

des siècles, justifient bien ce que disaient les écrivains contemporains de ce grand peuple.

A peu de distance de cette cloaque et de l'arc de Janus, on arrive à la place de la Bouche-de-Vérité, *piazza della Bocca-della-Verità* : où l'on voit une jolie fontaine et la petite église de la *Madonna del Sole* (Notre Dame du Soleil). Blondus et Martianus disent, que cette église est un de ces petits temples de Vesta qui, d'après l'institution de Numa, étaient dans chaque curie qui formait une subdivision de tribus. C'est un petit édifice de forme circulaire, entouré extérieurement de dix-huit colonnes corinthiennes cannelées de marbre de Paros, ainsi que le rapporte Fabricius :

Nunc templum parvum et rotundum, et in ambitu decem et octo columnis inclusum.

Volaterranus dit que ce temple fut dédié à Hercule; Albertinus, à Diane, et un autre auteur, à l'Aurore.

On voit que le toit qui couvre cette petite église, et le mur d'entrecolonnement sont modernes et de mauvais goût.

A cent pas de ce monument, pour aller vers le Tibre, on trouve le temple de la Fortune virile.

TEMPLE DE LA FORTUNE VIRILE.

La Fortune fut une des divinités du paganisme à laquelle les Romains élevèrent dabord des autels. Cette déesse avait plusieurs temples à Rome, qui lui furent consacrés sous différens noms, tels que ceux de *fortunæ fortis*, *fortunæ malæ*, *fortunæ muliebris*, et plusieurs autres dénominations, sous lesquelles on lui érigea autant de temples, plus splendides les uns que les autres.

Celui-ci fut un des plus anciens et des plus beaux de Rome. C'est un de ces deux temples qui furent érigés à la Fortune, par Servius Tullius, quatrième roi de Rome, en reconnaissance de ce qu'elle l'avait élevé à la dignité royale.

Voici ce que dit de ces deux temples Denis d'Halycarnasse:

Duobus templis conditis altero bonæ fortunæ ob perpetuam ejus favorem in forio Boario, altero fortunæ virili sicut hodieque cognominatur in ripa Tiberis.

De ces deux temples dédiés à la Fortune, il en avait élevé un dans le Forum boarium, à sa constante faveur, et l'autre, que l'on appelle Virile, sur les bords du Tibre.

Ceci est exact, puisque ce temple est situé à cinquante ou soixante pas du Tibre et du mont Palatin.

La forme de ce monument est un carré long, entouré de dix-huit colonnes de pierres travertines (1) cannelées et d'ordre ionique, dont six ornaient le portique extérieur. Les sept colonnes latérales que l'on voit encore, ont vingt-six pieds de hauteur; la corniche de l'entablement qui est aussi en travertine, est ornée de têtes de lions; la frise est soutenue par de petits enfans et entrelacée de festons. Tous ces

(1) La pierre travertine employée par les Romains, est connue aussi sous le nom de pierre tiburtine ou pierre de Tivoli ou de Tibur (l'ancien Tivoli) parce qu'on en trouve d'immenses carrières dans ses montagnes. Cette pierre calcaire long-temps exposée à l'air, acquiert un degré notable de dureté. Sa couleur ordinaire prend une teinte de rouge jaunâtre, agréable à l'œil et qui contribue à donner aux monumens antiques ce caractère de majesté qui nous frappe.

ornemens sont en stuc, mais ils ont été dégradés par les siècles qui les ont dévorés.

Sa longueur est de cinquante-six pied sur vingt-six de largeur.

Valère Maxime rapporte, liv. 1, chap. 3, que ce temple renfermait une statue en bois doré de Servius Tullius, son fondateur, qui resta intacte dans l'incendie qui le consuma :

Quod Servii Tullii statua, cum ædes Fortunæ conflagrasset, inviolata permansit.

Ce temple fut converti en église en 872 par le pape Jean VIII, qui le consacra à la Vierge.

Plus tard Pie V, ayant reçu des ambassadeurs d'Arménie, il leur donna cette église qu'il dédia à Sainte-Marie d'Egypte, *Santa-Maria-Egiziaca*, qui est le nom qu'elle porte encore aujourd'hui.

Marliani au liv. 3 chap. 16, parle ainsi de ce temple :

« Divæ autem Mariæ Egiptiacæ hodie sacratum templum, olim verò fortunæ virili penè integrum adhuc nunc stat.

Le temple sacré de Sainte-Marie d'Égypte, qui fut autrefois celui de la fortune virile, existe encore presque tout entier aujourd'hui.

Quelques auteurs modernes ont prétendu que ce temple fut aussi dédié à la pudeur, *Pudicitiæ dedicatum*; de ce nombre est Marliani, qui en est persuadé non-seulement par la lettre de Denis d'Halycarnasse qui en parle, mais par la structure de ce temple, qui était de l'ordre ionique, qui tient le milieu entre l'ordre corinthien et le dorique, et qui convenait à cette déesse ; tel était aussi l'avis de Vitruve.

Les entre-colonnemens du portique extérieur ont été fermés par un mur moderne de briques, que des mains profanes y ont élevées et que l'on voit encore.

Cet édifice est construit sur un soubassement que l'on a déblayé depuis peu, et qui en laisse voir aujourd'hui les proportions extérieures.

PONT PALATIN.

Dans les premiers temps de Rome, il n'y avait sur le Tibre que deux ponts, le pont Sublicius et le Palatin.

Le pont Palatin fut ainsi nommé à cause de son voisinage du mont Palatin; on l'appela aussi pont Sénatorial, parce que les sénateurs le passaient pour aller consulter les livres sibyllins qui étaient gardés dans un temple sur le mont Janicule. *Quia illo senatores cùm sibyllinos libros inspecturi in Janiculum tenderent*, dit Marlianus.

Ce pont fut le second qui fut construit à Rome; il fut commencé par Marcus Fulvius, censeur, l'an de Rome 610, et terminé quelques années après par Scipion l'Africain pendant son édilité, et par Livius Mumnius, censeur.

Après un débordement du Tibre qui le ruina, les papes Jules III et successivement Grégoire XIII le restaurèrent en 1575; ensuite, en 1598, l'inondation du fleuve fut si violente qu'elle en détruisit la majeure partie, et son passage fut impraticable; c'est alors qu'il prit le nom de *ponte Rotto*, (pont rompu); en dernier lieu on le désignait aussi par pont Sainte-Marie, à cause de sa proximité de l'église de Sainte-Marie d'Egypte.

Aujourd'hui il ne reste plus de ce pont que quelques débris sur la rive gauche du fleuve où l'on a établi des filets tournans en ailes de moulin pour la pêche de l'esturgeon.

Je descendis le Tibre en suivant la *ripa grande* (la grande rive) et ce fleuve étant, dans la saison de juillet, excessivement bas, je vis hors de l'eau les ruines de l'ancien pont Sublicius, dont parle Fabricius : *fundamenta parum supra navalia in flumine alveo apparent.*

Ce pont fut le premier qui fut construit à Rome et rappelle des souvenirs bien glorieux. Il était placé plus bas que le pont Palatin, au pied du mont Aventin, dans la partie sud-ouest de Rome, il fut construit par Ancus Martius, quatrième roi, pour joindre à la ville la partie Transtibérine, ce que nous dit Tite-Live :

Ponte Sublicio tum primum in Tiberi facto conjungi urbi placuit.

Mais avant tout pour la joindre à la ville par le moyen du pont Sublicius qu'il avait fait jeter sur le Tibre.

La charpente de ce pont était en bois, ce qui lui fit donner le nom de Sublicius, du mot volsque *Sublicis* qui signifie bâtie sur pilotis, c'est pourquoi Ovide lui donna celui de *Roboreo ponte*, pont de bois. Ce fut à la tête de ce pont, nous dit Valère Maxime, que l'an de Rome 246, 506 ans avant J.-C. qu'Horatius Coclès arrêta seul l'armée de Porsenna, roi d'Etrurie, jusqu'à ce qu'on l'eût coupé derrière lui, après quoi ayant vu sa patrie hors du danger qui la menaçait, il s'élança dans le Tibre avec son cheval, et rentra à la nage dans Rome. Voici ce que dit cet auteur :

« Totumque hostium agmen, donec post tergum suum pons abrumperetur, « infatigabili pugna sustinuit atque, ut patriam periculo imminente libera- « tam vidit, armatus se in Tiberim misit. Liv. 3, chap. 2.

La postérité, dit Tite-Live, admirera plus ce trait de dévoûment qu'elle n'y croira :

Rem ausus plus famæ habituram ad posteros quam fidei :

Ce pont, ayant été ruiné par le temps, il fut rétabli plusieurs fois jusqu'à ce que Emilius Lepidus le fit construire en pierres, et lui donna son nom; plus tard Tibère le restaura après avoir été endommagé par de fréquentes inondations, enfin l'empereur Antonin le fit reconstruire tout en marbre, d'où lui vint le nom de Marmoratus.

Antonius Pius è Marmore refecit, dit Julius Capitolum, Marmoratus que à vulgo dictus deinceps fuit :

Les Romains regardaient ce pont comme sacré, et le respectaient tant, que lorsqu'il était dégradé, c'étaient les pontifes qui étaient chargés de le faire réparer, et on commençait toujours ce travail par des sacrifices, comme le rapporte Denis d'Halycarnasse :

« Cujus si qua pars caderet, pontifices eam reficiendam curant. »

Si quelque partie de ce pont se dégradait, les pontifes avaient soin de le restaurer. (1)

Je quittai la Ripa grande, et repassant devant l'arc de Janus Quadrifrons, je montai sur le mont Palatin.

MONT PALATIN.

Ce mont, sur lequel Rome prit naissance, et dont l'histoire remonte à des temps fabuleux.

Ce mont si célèbre autrefois, au pied duquel Romulus fut exposé avec son frère, et où il eut sa première demeure, était

(1) C'est de là, prétendent plusieurs écrivains de l'antiquité, que les grands-prêtres ont pris le nom de pontifes du mot *ponti-fex*, venant de ces deux mots *pontem facere*, faire un pont. — L'étymologie de pontife émane donc de la charge qui leur était imposée de rétablir les ponts, ainsi que le constatent des anciennes inscriptions : *Pontes Tiberis primùm curarunt pontifices, qui sublicium auguratà condiderunt, à quo ponte nomen illis inditum est.*

situé entre le Tibre et le Forum Romanum, et s'inclinait vers le temple de Vesta.

Il fut le premier des sept monts qui établirent la division de Rome, d'où cete ville prit le nom de Septicollis. C'est ce que nous dit Virgile dans ce vers :

Septemque una sibi muro circumdabit arces. En. liv. 6.

Qui renferme sept montagnes dans son enceinte.

Ces sept montagnes premières furent le mont Palatin au centre avec le Capitolin, le mont Quirinal au nord, le Cœlius à l'est avec l'Esquilin, le mont Viminal au nord-est, et l'Aventin à l'ouest.

Il y a plusieurs versions dans nos auteurs antiques sur l'origine du nom Palatin, mais la plus accréditée, je crois, est celle qui fait dériver ce nom du mot *Palatium* (palais) qu'il prit lorsque Romulus y eut fait construire son palais. Cependant, Denis d'Halycarnasse, liv. 1 chap. 7, donne à ce nom une origine grecque du mot Palantion ville d'Arcadie. Une colonie, après la guerre de Troie, dit cet auteur, aborda en Italie sous la conduite d'Evandre, leur chef, qui s'établit sur cette montagne à laquelle ils donnèrent un nom qui leur rappela celui de leur patrie.

Ce mont, dit Fabricius, chap. 3, ne présente plus que les ruines entassées des palais des empereurs romains, où naquirent Auguste, Tibère et autres, et qui furent reconstruits tant de fois après avoir été la proie de plusieurs incendies qui devastèrent cette cité.

Hodie suffossionibus et subterraneis meatibus totus quasi pensilis, et aut ruinis deformis aut hortis occupatus cernitur :

Aujourd'hui presque tout percé de voûtes et de souterrains, il est couvert de ruines, qui le défigurent, ou occupé par des jardins.

C'est sur ce mont que l'on retrouve aussi, à cause de sa proximité du Forum, les vestiges des palais qu'habitèrent aussi les Sylla, les Crassus, Catilina, Hortensius, Claudius Ciceron et tant d'hommes illustres de l'antiquité.

Le siècle et la barbarie des papes qui y ont fait enlever des colonnades entières qui décorent aujourd'hui les églises de la chrétienté, ont fini par les détruire tout-à-fait.

Le palais des Césars embellissait le mont Palatin, le plus grand luxe décorait ce monument, et quoiqu'il eût été mainte fois la proie des flammes, il fut toujours réparé et agrandi successivement avec plus de somptuosité par Tibère, Néron, Caligula et Domitien, comme on le voit dans Martial : liv. 8, ép. 36.

Hæc, Auguste, tamen quæ vertice sidera pulsat
Par domus est cœlo; sed minor est domino.

Cependant, Auguste, quoique ce palais, dont la cime touche les astres, soit égal au séjour des dieux, il n'est pas encore digne de son maître.

Ce palais, qu'on appelait *Sedes imperii Romani*, le siège de l'empire romain, communiquait avec le Forum et le Capitole.

Je me sentis vivement ému par le souvenir des siècles passés en approchant de cette colline, de cette terre où le pied heurte à chaque instant une pierre illustre, et où le temps a prouvé victorieusement sa force irrésistible sur les monumens qu'il a détruits.

En parcourant ces nobles ruines couvertes d'herbes sauvages, ce sentiment sublime ne me quittait pas; que je foulais la même terre qui porta jadis des Romains, le sol de ce peuple dont Virgile a si bien représenté le double caractère dans ce vers :

Parcere subjectis et debellare superbos.

Je réfléchissais au milieu de cet amas de ruines à l'instabilité de choses d'ici-bas, et comme Fabricius, je m'écriais :

Verùm (quæ rerum est humanarum fragilitas et vicissitudo). Illa ipsa urbs nunc rursùs latericia et terra est, et Palatinus a nullo habitatus, collis jam et herba factus est, et in Foro Romano sues vencunt : chap. 2.

O fragilité! O vicissitude des choses humaines! Cette ville même est rentrée toute entière dans la poussière d'où elle était sortie, ce mont Palatin inhabité est recouvert d'herbes comme autrefois, et les cochons se vendent dans le Forum.

C'est ainsi, me disais-je que passent sur cette terre les empires et les générations, je me sentais entraîné à ces reflexions mélancoliques et à ces pensées d'anéantissement au milieu de cette solitude et de ce silence qui règnent aujourd'ui dans ces mêmes lieux, qui furent jadis le séjour des maîtres du monde.

La villa Farnèse, que l'on nomme aussi *orti farnesiani*, et qui appatient aujourd'hui au roi de Naples, occupe le plus grand terrain du mont Palatin. C'est exactement sur le palais d'Auguste qu'elle est bâtie.

Cette maison de campagne possède une quantité de belles statues enlevées au Colysée. Elle abonde en promenades délicieuses. Elle était en réparation lorsque nous nous y présentâmes. On ne peut la visiter sans une permission de la légation napolitaine, qui réside à Rome.

Sur l'emplacement du palais des Césars sont situés aujourd'hui le couvent de St.-Jean et St.-Paul, tout près de la villa Spada qui en occupe une autre partie, et le couvent de St.-Bonaventure desservi par des Franciscains.

Partout à Rome le patrimoine des empereurs est devenu celui des prêtres.

Le chemin qui conduit à St.-Bonaventure, est l'ancien *clivus viæ sacræ*. Il se trouve renfermé entre deux murs, sur lesquels on a pratiqué des stations à l'instar de celles que l'on voit dans l'arène du Colysée.

Au-dessus d'une grande porte en fer, on lit ces mots : *Vigna palatina* : pour désigner sans doute où fut autrefois l'ancienne vigne palatine.

CHAPITRE QUATRIÈME.

Thermes de Dioclétien; thermes de Titus; thermes de Caracalla; tombeaux des Scipions; Panthéon; colonne Trajane; Forum Trajanum, colonne Antonine; Champ de Mars; pont triomphal; itinéraire des triomphateurs; temple de Nerva: théâtre Marcellus; arc de Drusus.

THERMES DE DIOCLÉTIEN.

A l'extrémité du mont Quirinal et du mont Viminal, on voit les ruines des bains de Dioclétien, à la construction desquels les empereurs Dioclétien et Maximien employèrent quarante mille chrétiens, dont une partie mourut de fatigue et de misère.

Plus tard ces Thermes furent ornés et embellis de statues et de monumens remarquables par les empereurs Constance et Maxime, en mémoire de leur père, qui en fut le fondateur, ainsi que le démontre l'inscription ci-après :

Constantius et Maximianus invicti Augusti Severius Maximianus Cæsares thermas ornarunt, et Romanis suis dedicaverunt.

De tous les bains que Rome possédait, ceux-ci étaient les plus beaux non-seulement par leur étendue, mais encore par les ornemens, les beaux portiques, les magnifiques salles dont ils étaient décorés, et tous les lieux destinés aux différentes gymnastiques. Ils renfermaient des salles de rhétorique, de philosophie, la fameuse bibliothèque Ulpienne, qu'on fit transporter du Forum trajanum, des écoles de cavalerie, de natation; enfin un assemblage d'autres écoles de sciences et exercices qui entraient dans l'éducation de la jeunesse romaine, jusqu'à des bosquets et à des promenades délicieuses, ainsi que le rapporte Fabricius : *Videntur in iisdem thermis ambulationes, xysti, et varia conclavia ad delectationem facta* : Olympiodore disait de ces bains que trois mille deux cents personnes pouvaient se baigner en même temps, et qu'ils étaient bâtis de manière à ce que l'on pouvait s'y baigner ou y nager tout à son aise : leur forme était carrée, et leur étendue qui avait mille soixante neuf pieds de longueur, et cent soixante deux de largeur, était immense, ainsi qu'on peut en juger aujourd'hui par le terrain qu'occupent les monumens modernes ci-après : la grande église, le monastère et le jardin de la chartreuse de Sainte-Marie des anges, l'église de Saint-Bernard, à la construction duquel temple tous les murs de cet établissement antique ont été employés en majeure partie, les deux grandes places, une portion de la villa Massimi, les greniers publics, et plusieurs maisons de particuliers.

Le nombre des bains s'élevait à plus de trois mille.

En mémoire des chrétiens martyrs qui périrent à la construction de ces Thermes, Pie IV destina ces ruines à un usage sacré en y faisant élever l'église de Sainte-Marie des anges (*santa Maria degli Angeli*) desservie par les Chartreux.

Rien n'est plus propre à donner une idée de la magnificence avec laquelle les Romains bâtissaient alors, que les proportions de cette église, qui est une des plus belles de Rome et de la forme la plus noble.

Michel-Ange, à qui ce travail fut confié, a eu le génie de

trouver dans l'édifice antique de ces bains une croix grecque dont il a formé l'église, et de faire entrer dans sa construction huit colonnes de granit rouge d'Egypte si hautes et si énormes que leur pesanteur a forcé de les laisser en place. Elles soutiennent la corniche qui porte la grande voûte du milieu, et pour correspondre à ces colonnes, dont le nombre ne suffisait pas sans doute au plan qu'il s'était proposé, il en ajouta huit autres de briques revêtues de stuc, à qui on a donné la teinte du même granit à s'y méprendre.

On trouve dans cette église le beau méridien que Bianchini y fit placer sur le pavé en 1701. La ligne en est tracée sur une lame de cuivre bordée de superbes dalles de marbre, sur lesquelles les signes du zodiaque sont représentés en pierres de diverses couleurs.

On entre dans cette église par un vestibule circulaire, qui était un des *calidaria* (étuves) des bains. Ce temple dont le pavé est en beau marbre, est orné de beaux originaux de plusieurs tableaux qui sont éxécutés en mosaïque à la basilique de St.-Pierre, tels que le martyre de St.-Sébastien, le crucifiement de saint Pierre, et beaucoup d'autres, dont l'itinéraire de Nibby fait une ample description que je ne puis donner, parce que la clôture des églises, qui a lieu à midi à Rome, ne me permit pas d'y rester plus d'une heure et demie.

Le cloître de cette chartreuse est décoré d'un portique carré orné de cent colonnes de pierres tiburtines, qui forment les quatre grands corridors où sont les cellules des Chartreux.

THERMES DE TITUS.

Derrière l'église de *San Pietro in Vincoli* (Saint-Pierre-aux-

Liens) et dans les vignes de la partie du mont Esquilin qui regarde le Colysée, *quarum ruinæ in vineto divi Petri in Vinculis magnæque apparent*, dit Fabricius, ch. 5, on trouve la grande ruine appelée les *sette sale* (les sept salles) des bains de Titus.

Ces bains, désignés sous le nom de *terme di Tito o titiane*, surpassaient tout pour le bon goût et l'architecture. C'est dans leur enceinte que l'on trouva cette célèbre peinture des noces Aldobrandines tant estimée, et une quantité de statues et de colonnes de marbre précieux.

Ces salles sont sept grandes voûtes parallèles, qui étaient des vastes reservoirs d'eau pour les bains de cet empereur. Les murs en sont épais, et l'on voit encore que, jusqu'à la hauteur où l'eau s'élevait, ils étaient couverts d'un enduit dont la composition est si fine et si dure qu'elle n'y a causé aucun dommage. Ils sont aussi bien conservés que s'ils avaient été construits de nos jours.

La largeur de chaque voûte est de douze pieds sur huit de hauteur et trente-sept de longueur. Le mur qui les renfermait à l'extérieur est détruit, et à présent ces salles sont à découvert, mais ces restes sont entièrement abandonnés, et dépérissent chaque jour.

On y arrive par un jardin assez vaste qui est affermé à des gens de la campagne, et qui conduisent les étrangers qui vont visiter ces ruines.

A cinquante pas de là on voit enfouis dans la terre quelques vestiges des bains et du palais de Titus, qui étaient bâtis sur l'emplacement qu'occupe aujourd'hui l'église de *san Pietro in Vincoli.*

C'est dans le premier étage de ce palais que fut trouvé le fameux groupe de Laocoon, ce chef-d'œuvre d'antiquité grecque. Ces bains prirent ensuite la dénomination de *thermes de Trajan*, parce que cet empereur les fit restaurer et agrandir. Ils furent plus tard embellis par Adrien.

THERMES DE CARACALLA.

Ces bains étaient connus aussi sous le nom de *terme Antoniane* du nom de cet empereur, qui s'appelait Antonin.

Sur la *via Nuova*, qui conduit à la *via Appia*, on trouve au pied du mont Aventin dans la partie du nord-est, les bains de Caracalla dont il ne reste plus rien d'entier. L'intérieur n'est plus aujourd'hui qu'un amas informe de ruines couvertes d'herbages et d'arbustes, *videntur earum incredibiles ruinæ*, dit Fabricius. Les colonnes de marbre et les statues ont été enlevées pour orner les palais modernes de Rome.

Ces ruines sont affermées à des jardiniers, qui en retirent un tribut des étrangers qui vont les visiter. Dans la première enceinte, on voit un gros fragment de mosaïque presque enfoui dans l'herbe. Il est probable que ce morceau a appartenu au plafond de cette première salle, et qu'il s'en est détaché quand il est tombé en ruines, car aujourd'hui tout est à découvert. Ce débris est renversé sens dessus dessous, et sa partie qui est presque enfouie, représente un cheval.

On trouve dans la troisième enceinte beaucoup de débris d'antiquités en marbre qu'on a réunis et mis sous clef pour les soustraire aux étrangers qui les brisent, et veulent en emporter des fragmens.

Dans la dernière salle, il reste un escalier délabré qui conduit au sommet des murs en ruines qui sont encore élevés à la hauteur de quatre-vingts pieds, d'où l'on aperçoit à une certaine distance dans les champs, le temple de Claudius, d'autres disent de Bacchus, et la croupe des Appenins qui bornent l'horizon.

D'après les ruines immenses qui restent encore de ce monument colossal, on peut juger que ces bains surpassaient ceux de Titus en grandeur et en somptuosité. Eutrope appelait cet édifice *opus egregium*, ouvrage d'une rare beauté.

Caracalla n'ayant régné que cinq ans, ne put les terminer; ils furent achevés par Héliogabale et Alexandre Sévère, qui lui succédèrent.

L'enceinte de ces bains présente un carré long de cent-cinquante pieds. Ils étaient composés de deux étages; celui du bas était spécialement destiné aux bains; il était orné de magnifiques portiques décorés de plus de deux cents colonnes des marbres les plus précieux et les plus rares:

> Illic Taïgeti virent metalla
> Et certant vario decore saxa.

Là brillent les marbres du Taïgete et se disputent la variété des nuances,

dit Martial. Liv. 6, ép. 42.

On y comptait seize cents sièges de marbre, où plus de trois mille personnes pouvaient se baigner à-la-fois, ainsi que le rapporte Olympiodore:

Habebant in usum lavantium sellas mille sexcentas, et polito marmore factas.

La santé, la commodité, et souvent le plaisir seul conduisait les Romains au bain. Ces sortes d'établissemens renfermaient des portiques, des allées, des bosquets, des piscines, des salles de jeux; on employait pour leur décoration le jais, l'albâtre, le porphyre, l'or et l'azur.

Ces bains renfermaient tout ce qui plaisait aux Romains comme dans ceux de Dioclétien: ils possédaient tous les lieux propices aux agrémens de la vie.

Des chefs-d'œuvre de l'art, des statues de dieux, de héros, de tyrans ornaient les nombreuses galeries des deux étages.

Nibby donne sur ces bains et sur ce qu'ils renfermaient des détails très curieux.

TOMBEAUX DES SCIPION.

Ces tombeaux sont situés sur le chemin qui conduit à la porte Capenne ou Appienne, ainsi appelée parce qu'elle était le principe de la belle voie Appienne. Cette porte est connue aujourd'hui sous le nom de Saint-Sébastien, à cause qu'elle conduit à la basilique de ce nom, qui est hors de l'enceinte de Rome.

Cinq minutes avant d'arriver à cette porte, on trouve à gauche un long mur de clôture au milieu duquel on voit une petite porte fermée portant cette inscription :

Sepulcra Scipionum.

On entre pour les visiter, dans un jardin appelé *la vigna sassi*, entouré de cet immense mur. Il est affermé à des personnes qui servent de guides aux étrangers qui se présentent pour les voir.

L'édifice qui renferme ces tombeaux et par où l'on y pénètre comme par la porte d'un caveau, est en ruines. Ce sont de petites catacombes où l'on voit des sépulcres pratiqués dans le mur.

Sur plusieurs de ces tombes sont placées des pierres tumulaires en granit sur lesquelles on lit des inscriptions que le cicérone de la maison ne voulut pas nous permettre de transcrire, en répondant à nos observations sur son peu de complaisance, que c'était l'ordre du gouvernement. Cependant elles sont connues, et on les trouve dans l'itinéraire de Nibby.

Ces tombeaux ne furent découverts qu'en 1780.

LE PANTHÉON.

Ce beau monument de l'antiquité païenne, est situé dans l'ancien Champ-de-Mars. Il fut construit l'an de Rome 727, vingt-six ans avant J.-C. par Agrippa qui voulut d'abord le consacrer à Auguste en mémoire de la victoire remportée par cet empereur sur Marc Antoine et Cléopâtre, mais il le dédia à Jupiter-Vengeur, à Vénus, et au dieu Mars :

Pantheum quoque perfecit Agrippa, id sic dicitur, fortassis quod in simulacris Martis et Veneris multas deum imagines acciperet. D. Cassius.

Agrippa édifia le Panthéon pour y mettre, dit-on, les statues de Mars et de Vénus, et celles de plusieurs autres divinités.

Il donna à ce temple le nom grec de Panthéon, qui signifie réunion des dieux.

C'est le plus beau reste de la magnificence romaine, et le mieux conservé qui soit à Rome :

Omnium tota urbe pulcherrimum et magnificentissimum ex antiquis relictum, dit Fabricius.

Sur l'architrave on lit cette inscription :

M. Agrippa L. F. cos. tertium. fecit.

Le dessin en est simple, sa forme circulaire est ravissante. Marcelin appelle le Panthéon, un monde voûté, d'une forme élevée et gracieuse.

Pantheum regionem teretem speciosa celsitudine fornicatam nominat, liv. 16.

Son enceinte est sans fenêtres et voûtée par une coupole majestueuse qui éclaire l'intérieur de cette rotonde par une ouverture de quatre-vingts pieds de circonférence :

Nulla fenestra penitus inest.

Le même auteur ajoute :

Nisi in medio foramen sphericum. Ch. 9.

Pancirole rapporte que le Panthéon fut d'abord couvert de

tuiles en argent qui furent fondues par la foudre, ce que dit aussi Fabricius : *In tecto nunc sunt plumbeæ laminæ, quæ olim argenteæ fuerunt.* Qu'aussitôt après l'empereur Adrien les fit recouvrir de bronze, l'an 130 de l'ère chrétienne, et que plus tard les empereurs Sévère et Caracalla le restaurèrent de nouveau.

De plus Pomponius Lœtus dit que l'intérieur et l'extérieur de ce temple étaient ornés de grosses lames de bronze que détruisirent non-seulement les incendies survenus sous le règne de Trajan et de l'empereur Commode, mais il fut entièrement dépouillé l'an 636 de J.-C., par Constance, neveu d'Héraclius, qui en enleva des statues et des ornemens de prix. *Quem Constans imperatoris Constantini junioris filius detraxit*, rapporte Fabricius. Cet édifice resta depuis lors abandonné jusqu'au règne de l'empereur Phoca, qui le donna l'an 610 de l'ère chrétienne au pape Boniface IV, qui en fit un monument chrétien. *Hoc Bonifacius IV, pontifex, à Phoca imperatore qui rem pontificiam auxit atque extulit, acceptum*, dit Fabricius, cap. 8.

On ne peut se lasser d'admirer ce beau péristyle qui présente l'aspect le plus majestueux; il est orné de seize colonnes d'un seul bloc de granit oriental du travail le plus exquis, dont huit soutiennent le fronton de ce monument immortel.

Les bases et surtout les chapiteaux des colonnes sont les plus beaux restes de l'antiquité; celles-ci ont près de seize pieds de circonférence sur trente-huit et demi de hauteur.

Ce portique, qui a cent pieds de longueur sur soixante de profondeur, annonçait grandiosement la porte d'entrée de ce temple. Elle était en bronze ornée de superbes bas-reliefs. Elle fut enlevée, par Genseric, roi des Vandales, qui la perdit dans un naufrage qu'il essuya dans les mers de Sicile. Celle que l'on y voit aujourd'hui fut tirée, d'après le rapport de Nardini, *de Roma antiqua*, d'un ancien monument, et fut mise en place de la première porte; elle pose sur des pilastres antiques de bronze, et il est facile de voir en l'examinant bien, qu'elle

6

n'est pas exactement de la grandeur de l'ouverture. Plusieurs papes firent successivement des réparations à ce monument, qui est aujourd'hui une église dédiée à sainte Marie des martyrs ou de la Rotonde; telle est de nos jours sa désignation et la statue d'une Vierge remplace celle du maître des dieux.

L'intérieur de l'église a cent quarante-six pieds de diamètre, et est occupé par huit autels ornés de seize colonnes, dont quatre de porphyre, quatre de jaune antique et huit de granit d'un fort bel effet. Ce temple avait été décoré intérieurement par Diogène l'Athénien, *Agrippæ Pantheum decoravit Diogenes Atheniensis*. Plin. 36. C'est une des églises les plus fréquentées, parce qu'elle se trouve placée dans un quartier très populeux, où se tient tous les jours un petit marché. Il n'en est pas de même à Rome de toutes les églises, surtout celles qui sont un peu éloignées du centre de la ville moderne, elles sont entièrement désertes et fermées à midi ; aussi l'étranger désireux de les visiter, doit-il y aller dans la matinée.

Parmi plusieurs tombeaux de personnages célèbres que renferme le Panthéon, je citerai celui de Raphaël, mort à Rome, en 1520, à l'âge de trente-sept ans. Voici le distique que le cardinal Bembo fit mettre sur sa tombe :

Ille hic est Raphael, timuitque sospite vinci rerum magna parens, et moriente mori.

Les itinéraires de Rome donnent la traduction suivante :

C'est ce Raphaël qui pendant sa vie fut le rival de la nature, et qui lui fit craindre d'être oublié après sa mort.

Ce monument funèbre fait le pendant de celui d'Annibal Carrache.

Pour les détails des tableaux et peintures qui ornent cette église, consultez Nibby.

COLONNE TRAJANE.

A l'extrémité du Cours et près le palais de Venise qui le termine, on trouve la place de la colonne Trajane où fut autrefois l'ancien *Forum trajanum* au milieu duquel était placée la belle colonne de cet empereur, que l'on voit encore tout entière dans son antique splendeur.

Cette colonne, qui a été un des plus beaux ornemens de Rome, a servi de modèle à celle que l'empereur Napoléon fit élever en 1806 sur la place Vendôme à Paris, avec le bronze pris sur l'ennemi.

Ainsi on voit la colonne Trajane en voyant la Napoléenne, excepté que les exploits militaires de l'empereur français sont gravés sur le bronze, et ceux de l'empereur romain sur le marbre. Ces deux monumens immortels sont en tous points parfaitement analogues.

La hauteur de la colonne Trajane est de cent trente-six pieds, celle de la grande armée française de cent trente-cinq et un pouce. La statue Trajane qui surmontait la première, était de onze pieds, celle de Napoléon est de quinze.

La colonne romaine a onze pieds trois pouces de diamètre inférieur et dix de diamètre supérieur.

De même que dans la colonne française, qui a 176 marches, on monte au faîte de la colonne Trajane par un escalier pratiqué dans l'intérieur en spirale, de 185 marches de deux pieds deux pouces de longueur taillées dans le marbre et éclairées par 43 petites ouvertures.

Sur le chapiteau est une balustrade en fer d'où l'on a la vue entière sur Rome et sur la campagne. Elle était surmontée de la statue de Trajan en bronze doré tenant à la main la boule du monde, que l'on voit encore au Campidoglio. Sixte V, par une espèce de ressentiment contre cet empereur qui avait persécuté les chrétiens, la fit enlever et remplacer (1) par celle de saint Pierre en bronze doré que l'on y voit aujourd'hui, au bas de laquelle on lit cette inscription :

Sixtus V. Pont. Max. B. Petro. Apost. Anno III.

Cette colonne fut érigée à Trajan après sa victoire sur les Daces, la 101me année de l'ère vulgaire.

Columna ipsa pario marmore incrustata, dit Fabricius, in qua res gestæ Trajani, et præcipuè bellum dacium est expressum : ch. 7.

Cette colonne de marbre de Paros, représente les hauts-faits de Trajan, et particulièrement ses victoires sur les Daces.

Dion rapporte que ce prince la fit placer dans son Forum : *in foro suo columnam maximam collocavit :* elle lui fut dédiée par le sénat et le peuple romain, qui pour éterniser la mémoire d'un de ses meilleurs princes, fit transporter de Selinus en Cilicie où il mourut, ses cendres, que son épouse apporta dans une urne d'or, qui fut déposée dans le piédestal de la colonne :

Ossa ejus collocata in urna aurea in Foro quod edificavit sibi Columna ibi posita sunt ;

dit Eutrope, il nous apprend encore que Trajan fut le premier prince qui fut enterré dans Rome : *Solusque omnium intrà urbem sepultus, liv.* 8.

Le monarque français n'a pas encore eu la même faveur, quoique dans ses dernières volontés écrites à l'île Sainte-Hélène, il ait témoigné le desir que sa cendre reposât un jour sous le monument triomphal qu'il avait élevé ; on a été sourd jusqu'à ce moment à ses souhaits, et malgré les honneurs de l'inauguration de sa statue sur sa colonne, qui eut lieu le 28 juillet 1833, ses restes n'en sont pas moins encore en exil, loin de la France, qu'il avait illustrée.

---

(1) Cette faiblesse est surprenante de la part d'un homme d'esprit comme Sixte-Quint.

Il semble que l'on craindrait que sa cendre n'eût hérité de sa toute-puissance, puisque exilé sur un rocher, à deux mille lieues de ses ennemis, il leur inspirait encore de l'effroi.

La colonne Trajane est d'ordre dorique, formée par trente-quatre blocs de marbre grec, superposés les uns sur les autres a nu et liés par des crampons de bronze. Son piédestal passait pour être le plus beau qu'il y eût au monde.

Comme il était caché par un tas de décombres, Pie V y fit pratiquer une place tout autour, en faisant enlever quinze pieds de terre accumulée par les siècles, jusqu'à l'ancien pavé du Forum, qui était en pierres travertines de sept pieds de longueur sur trois et demi de largeur, que l'on y voit encore, et sur lesquelles sont debout des bases de colonnes brisées, restes de la magnificence de l'ancien Forum Trajanum. Voici l'inscription qu'elle porte.

S. P. Q. R.

Imp. Cæsari. Divi. Nervæ. F. Nervæ. Trajano. Aug. Germ. Dacio. Pontif. Max. Trib. Pot. XVII. Imp. VI. Cos. VI. P. P. Ad declarandum quantæ. Altitudinis. Mons et locus. Tantis. Operibus. Sit. Egestus.

Le sénat et le peuple romain à l'empereur César, Nerva Trajan, fils de Nerva, Auguste, Germanique, Dacique, souverain pontife, dix-sept fois tribun, six fois impérator, six fois consul, propréteur, pour faire connaître la hauteur et l'emplacement du terrain enlevé.

Sous enteudu pour faire le Forum.

Dans le supplément de l'inscription que fit mettre Pie V en déblayant la base de cette colonne, il manque une série de mots après *Egestus*; ils furent enlevés par une entaille que l'on fit dans des temps barbares aux deux angles opposés du piédestal.

Reisback dit, qu'avant Trajan le mont Capitolin était uni au mont Quirinal. Le prince fit tailler les flancs de ces deux collines et former une place entre elles. C'est sur cette place que le sénat fit ériger la superbe colonne Trajane, et dont la hauteur indique celle de la coupe faite dans les collines ainsi que l'atteste la suite de l'inscription ci-dessus, qui commence par ces mots :

Ad declarandum quantæ altitudinis, etc.

FORUM TRAJANUM.

—

Tous les écrivains de l'antiquité s'accordent à dire que le *Forum Trajanum* était le plus beau qu'il y eût à Rome parmi les quinze Forum qu'elle possédait.

L'empereur Trajan fit construire cette place par le célèbre Apollodore de Damas, qui, selon l'expression de Cassiodore, en fit une merveille digne des dieux :

« Trajani Forum vel sub assiduitate videre miraculum est. »

« Le Forum de Trajan est une merveille qu'on ne se lasse pas de voir. »

C'était ce qu'il y avait dans cette métropole de l'empire de plus admirable, et en même temps le chef-d'œuvre du goût et de la puissance.

Ce Forum renfermait parmi les monumens qui le décoraient le temple de Trajan, où se trouvait la fameuse bibliothèque Ulpienne, qui embellit plus tard les Thermes de Dioclétien ; une basilique où les consuls donnaient audience, le bel arc de triomphe de cet empereur, que le sénat érigea en son honneur, et il était entouré d'un riche portique ou colonnade en marbre, d'ordre corinthien, ornée de toutes les statues en bronze des hommes illustres, avec cette inscription : *Ex manubiis* (faites avec les dépouilles des ennemis). C'est ce que nous dit Aulugelle, liv. 13, chap. 23.

In fastigiis fori Trajani simulacra sunt sita circum, undique inaurata equorum atque signorum militarium, subscriptumque est ex manubiis :

Sur le haut du portique qui règne tout autour du Forum de Trajan, il y a des statues équestres et des trophées militaires entièrement dorés, au bas desquels on lit : *Ex manubiis.*

Les injures du temps et les ravages des barbares, qui ont saccagé Rome, ont entièrement détruit ce Forum, dont il ne reste plus que la colonne Trajane, qui seule a résisté et survécu à tant de destructions, et qui a transmis son nom à la place moderne où gisent ces nobles ruines, et où l'on trouve aujourd'hui les églises de Sainte-Marie et de Notre-Dame-de-Lorette.

COLONNE ANTONINE.

—

En descendant la rue du Cours par la place du Peuple, on trouve à plus de moitié de sa distance la place Colonne, qui a pris le nom de *piazza Colonna*, de la colonne Antonine.

Cette place est un carré assez régulier et orné d'une belle fontaine, qu'y fit élever Grégoire XIII, et des palais Chigi, Spada, et autres édifices qui l'entourent.

C'est sur cette place qu'est la poste aux lettres. Au centre on voit la colonne Antonine, qui en fait le plus bel ornement. Elle fut érigée par le sénat à Marc-Aurèle, en mémoire de ses victoires sur les Marcomans. Celui-ci la dédia à Antoine-le-Pieux, dont il était le successeur.

Les hauts-faits de cet empereur sont représentés sur les

bas-reliefs de la colonne; mais on prétend que le mérite en est inférieur à ceux de la colonne Trajane.

Ce monument est composé de vingt-huit blocs de marbre. Il est de proportion corinthienne, quoique le chapiteau soit d'ordre dorique.

Sa hauteur, qui surpasse celle de Trajan, est de cent quarante-huit pieds sur onze de diamètre.

On y monte également jusqu'au sommet dans l'intérieur par un escalier taillé en spirale dans le marbre, ayant cent quatre-vingt-dix marches, qu'éclairent de petites ouvertures pratiquées de loin en loin, ce qui lui a valu le nom de *Cochlide*, que porte l'inscription. La plate-forme du haut est garnie d'une balustrade en fer. Sixte V la fit restaurer en 1539, parce qu'elle avait souffert de la foudre, et que les inscriptions en étaient ruinées au point qu'on ne pouvait plus les lire.

Il la dédia à Saint-Paul, dont il fit placer au sommet la statue en bronze. Il y fit mettre trois inscriptions; il restaura la quatrième, qui était l'ancienne dédicace de Marc-Aurèle à Antonin, qui est celle-ci :

M. Aurelius imp. Armenis. Parthis Germanisque. Bello. Maximo. deviclis. triumphalem hanc columnam. rebus. Gestis. insignem. imp. Antonino. Pio. patri dedicavit.

L'empereur Marc-Aurèle, après des victoires remportées dans de grandes guerres sur les Arméniens, les Parthes et les Germains, a consacré à Antonin-le-Pieux, son père, cette colonne triomphale qui rappelle ses exploits.

CHAMP DE MARS.

Le Champ-de-Mars de l'ancienne Rome était regardé par les Romains comme un lieu sacré. Aussi l'avaient-ils orné des monumens les plus magnifiques, tels que le mausolée d'Auguste et son fameux obélisque solaire, la colonne de Marc-Aurèle, le temple d'Antonin-le-Pieux, où est à présent la douane, le célèbre Panthéon d'Agrippa, qui est la rotonde de Sainte-Marie-aux-Martyrs, l'amphithéâtre de Statilius Taurus, dont il ne reste plus aucun vestige, le théâtre de Balbus et de Pompée, plusieurs arcs triomphaux, la Naumachie de Domitien, les thermes d'Alexandre, de Néron, d'Agrippa, le cirque Flaminien, le cirque Agonal aujourd'hui la place Navone, et divers autres édifices somptueux, décorés de belles statues.

Ce champ était hors de Rome, il comprenait une vaste étendue de terrain que le peuple romain avait dédié à Mars, après l'expulsion de Tarquin-le-Superbe, à qui le terrain appartenait, selon Tite-Live et quelques autres auteurs :

Ager Tarquinius qui inter urbem et Tiberim fuit consecratus Marti, Martius deinde campus fuit:

Le champ de Tarquin qui était entre la ville et le Tibre fut consacré à Mars, et devint ensuite le Champ-de-Mars.

Le Champ-de-Mars était situé entre les monts Pincio, Quirinal et Capitolin, la *porta del Popolo* au dehors de laquelle il s'étendait au loin, et le Tibre. Il était divisé en grand et en petit, le premier était rempli de superbes édifices. Le second, qui était *extra-muros*, servait pour les exercices militaires, pour y passer les armées en revue et y enrôler les soldats.

Les jeunes Romains venaient s'y exercer aux fatigues de la guerre, faisaient des courses de char et de chevaux, apprenaient à lancer le javelot, et des jeux gymnastiques. Après ces exercices ils se jetaient tout couverts de sueur et de poussière dans le Tibre, pour se délasser et apprendre à nager comme l'explique Horace en parlant de Sybaris, dans sa huitième ode, liv. 1. Pourquoi, dit-il, craint-il de se jeter dans le Tibre? *Cur timet flavum Tiberim tangere.*

Le peuple s'y assemblait pour élire des magistrats. La rue moderne du Cours le traverse du nord au sud; il descendait le long du Tibre au port Ripetta, depuis le pied du Capitole jusqu'en dehors de la porte du Peuple.

Aujourd'hui cet espace est devenu le quartier le plus peuplé de Rome, où l'on voit beaucoup de palais et d'églises.

LE PONT TRIOMPHAL.

Depuis les temps les plus reculés, ce pont fut ruiné au point que les vestiges que l'on voit encore à fleur d'eau à 50 toises du pont Saint-Ange, lorsque le Tibre est bas, n'ont pu suffire à en donner une description. C'est ce que dit Marlianus: *Extant hodie quoque ejus in medio Tiberi juxta transtiberinum S. spiritùs xenodochium rudera quædam*: liv. 2, chap. 8. Soit par ce motif, soit par oubli, aucun des auteurs qui ont décrits l'ancienne Rome, ni aucuns itinéraires n'en ont fait mention en détail. Dans mes recherches à la bibliothèque du Vatican, je trouvai dans un vieux bouquin intitulé: *Indice brevissimo; de' pontifici Romani*, de 1543, une description du pont triomphal, tel qu'il était, et l'itinéraire de la marche du cortège des triomphateurs.

Le pont Triomphal jeté sur le Tibre était à trois cent soixante pas de la porte connue aujourd'hui sous le nom de porte du Saint-Esprit. Il avait six arches construites en pierres travertines, les parapets de droite et de gauche étaient ornés de statues, que séparaient de petites pyramides en mattonnerie.

A l'endroit où est située la basilique de Saint-Pierre, existait autrefois un temple consacré à Apollon, devant lequel était le camp triomphal, où le vainqueur qui prétendait aux honneurs du triomphe, venait attendre la réponse du sénat, à qui il en avait fait la demande:

Expositisque rebus gestis, dit Tite-Live, ut triumphanti sibi in urbem invehi liceret petit:

Après avoir exposé ses hauts faits, il demande l'honneur d'entrer en triomphe dans Rome.

Quand le sénat jugeait que les exploits du postulant méritaient les honneurs du triomphe, il les lui accordait après avoir fait approuver son décret par le peuple; condition nécessaire, sans laquelle le sénat seul ne pouvait les lui accorder.

Le jour marqué pour son entrée dans Rome, tous les apprêts de la pompe se faisaient dès le lever du soleil. Le vainqueur se revêtait de la toge triomphale, *Toga palmata* (1) et couronné de lauriers, dont il tenait une branche à la main, il montait sur un char magnifique d'ivoire (2) enrichi de dorures, et attelé de quatre chevaux blancs, ainsi que le rapporte Florus liv. 1 chap. 5.

Aurato curru quatuor equis triumphatur:

On triomphe sur un char doré attelé de quatre chevaux.

---

(1) Où étaient brodées des palmes en or.

(2) La forme des chars triomphaux était ronde comme une petite tourelle, nous dit Zonare:

Rotunda figura instar turriculæ constructus:

Ce que nous disent aussi Ovide (1) et Tibulle :

Portabit niveis currus eburnus equis.

Vous serez sur un char d'ivoire, traîné par des chevaux blancs (2).

Lorsque le triomphateur montait sur le char, il invoquait les dieux en ces termes :

Dii, nutu et imperio quorum nata et aucta est res Romana, eamdem placati, propitiatique servate :

Dieux, dont la volonté et le pouvoir ont fait naître et ont accru la puissance de Rome, conservez-la et soyez-nous propices :

Ensuite le cortège partait pour traverser le champ Flaminius et le cirque du même nom, de là il entrait en ville par l'arc de triomphe érigé sur la rive droite du fleuve à la tête du pont triomphal, à l'issue duquel il se dirigeait par le théâtre Marcellus, ensuite par le Velabre, le Forum Boarium, et par le grand cirque, vers la *via Sacra* pour monter au Capitole par le *Clivus capitolinus* (3) après avoir traversé le Forum.

---

(1) Ovide dit aussi que ces chars étaient ordinairement d'ivoire.
. . . . *Currus spectat eburnos :* il attend les chars d'ivoire.

(2) Horace appelle ces chars *aureos currus*, parce qu'ils étaient dorés :
Tu moraris aureos currus : Vous retarderiez le chars dorés. . . . . En parlant du triomphe d'Auguste.

(3) Le Clivus Capitolinus était une des trois voies par lesquelles on montait au Capitole : c'est ce que nous assure ce passage de Servius : *Saturni templum fuisse ante Clivum Capitolinum, ubi ædes Concordiæ :* Le temple de Saturne était devant le Clivus Capitolinus, où était aussi le temple de la Concorde.

On lit encore dans Fabricius chap. V : *qui è Foro Romano a Saturni templo juxta Concordiæ et Jovis Tonantis duxit in Capitolinum :* qui, du Forum Romanum où est le temple de Saturne, celui de la Concorde et de Jupiter Tonnant, conduit au Capitole.

Varron nous dit aussi que c'était la voie que montaient les triomphateurs : *Et quia sacrificaturi per eum ascenderent triumphantes.*

Le char du vainqueur était précédé du sénat et des grands magistrats de Rome, de chars remplis de trophées pris sur l'ennemi aux acclamations et aux cris d'allégresse d'une foule de citoyens et des peuples voisins, qui accouraient à cette pompe au bruit des fanfares et des chants belliqueux. On portait devant lui les tableaux des villes qu'il avait prises, les statues et autres ornemens dont il s'était emparé. Son char était même traîné quelquefois par des rois vaincus ou des chefs ennemis, ayant la tête rasée pour marque de leur servitude et chargés de chaînes. Tous les prisonniers ornaient son triomphe. (1)

Les victimes qu'on devait immoler couronnées de fleurs, et les cornes dorées, qu'accompagnaient les victimaires la hache en main, les prêtres qui assistaient au sacrifice, et les officiers de l'armée, précédaient le vainqueur, qu'entouraient ses licteurs, couronnés de lauriers.

Le cortège était fermé par les légions victorieuses portant les insignes d'honneur qu'elles avaient reçues de leur général, et que suivait immédiatement après le char. Le triomphateur, dit Denis d'Halycarnasse, en parlant de Romulus, fermait la marche :

Ipse pompam extremus claudebat, indutus purpura et coronatus laurea, ut regiam majestatem tueretur, quadrig s invectus:

Lui-même le dernier, monté sur un char à quatre chevaux, revêtu de pourpre et couronné de lauriers, fermait la marche triomphale, ainsi qu'il convenait à la majesté royale.

---

(1) Quand ces captifs étaient arrivés au Capitole, on les conduisait à la prison Mamertine, qui était devant le Clivus Capitolinus, et aussitôt on mettait à mort leurs chefs et leurs capitaines.

Arrivé au temple de Jupiter, qui était le terme de sa marche, selon Tite-Live :

Pompæ autem finis fuit Capitolini Jovis templum.

le triomphateur sacrifiait des taureaux blancs, parmi lesquels devait se trouver une génisse, qui n'eût point porté le joug comme nous l'explique Virgile : *Intacta totidem service juvencas*, et mettait sur la tête de Jupiter la couronne de laurier qui était sur la sienne, en lui adressant cette prière :

Gratia tibi Jupiter optime, maxime tibique Juno regina, et cœteri hujus custodes, habitatoresque arcis dii, libens, lœtusque ago, re Romanâ in hanc diem et horam per manus quod voluisti meas servata, bene gestaque, eamdem et servate, ut facitis, favete, protegite, propitiate, supplex oro.

A vous, grand Jupiter, vous reine Junon, et vous dieux protecteurs de ce lieu que vous habitez, et qui est sous votre sauve-garde, je vous rends grâces d'avoir protégé Rome, d'avoir favorisé mes armes, qui l'ont défendue et agrandie; veuillez lui continuer votre protection en toutes circonstances comme vous l'avez fait en celle-ci.

Après cette cérémonie commençait le festin solennel, qui se donnait dans l'atrio du temple et où assistaient tous les premiers de la république, excepté les consuls, pour ne pas priver le triomphateur des honneurs de la préséance.

Le triomphe était le comble des honneurs où pût aspirer un général romain. La magnificence de cette sorte de fête était recherchée, et rien en effet ne devait être plus pompeux et plus auguste.

Tous les temples étaient ouverts, parés de fleurs et de festons, on les ornait de présens, on brûlait des parfums dans les rues par où passait le cortège; elles étaient décorées de riches tapis et d'autres ornemens.

On faisait ce jour là des largesses au peuple, et on peut dire que de tous les anciens spectacles en usage à Rome, il n'y en eut point de plus intéressant, de plus flatteur, et qui pût mieux inspirer l'amour de la gloire. Cet hommage avait un double motif : celui d'honorer le vainqueur, et d'encourager les guerriers romains à la victoire.

TEMPLE DE NERVA.

A peu de distance du *Forum Trajanum*, on trouve à l'extrémité de la rue Bonella, au coin de l'arceau des *Pantani* (des marais) les restes du temple de Nerva qui n'offrent plus qu'une partie du portique consistant en un grand mur composé de grosses pierres, et trois belles colonnes, et en un pilastre qui supporte l'architrave.

Ces colonnes sont de marbre grec cannelées et d'ordre corinthien, ayant la circonférence de dix-sept pieds sur cinquante de hauteur. Cet architrave, l'entablement et le plafond du portique sont décorés de très beaux ornemens.

Ce temple fut érigé par l'empereur Trajan en l'honneur de Nerva ; il était situé, comme on le voit, au pied du mont Quirinal, *hoc ad Quirinalem usque montem pertinuit*, près du *Forum de Nerva*, commencé par Domitien et dédié par Nerva, qui lui donna son nom.

Cet édifice était un des plus élégans de l'ancienne Rome, tant par sa grandeur que par l'excellence de son architecture et de ses riches ornemens.

Aujourd'hui il est remplacé par l'église et le monastère de l'Annonciation, qui ont été édifiés sur ses ruines, et dont on voit s'élever le clocher sur l'architrave de cet ancien monument. Les murs qui restent de ce temple sont extrêmement plus haut que ceux des autres édifices antiques, parce que le temps les a moins ruinés. Ce sont ces mêmes murs qui forment à présent la façade de l'église et du monastère des religieuses Néophytes dominicaines, qui furent établies par Pie V, en 1576.

L'arc des Pantani que l'on voit attenant à cette église, et qui tirait son nom des marais qui étaient dans cet endroit, est un ancien arc qui donnait entrée au forum d'Auguste et à celui de Trajan, au milieu desquels le forum de Néron était placé, et avec lesquels il communiquait.

THÉATRE MARCELLUS.

Sur la place Montanara, qui avance vers le pont de *quattro capi* (quatres têtes), nom qui lui fut donné à cause de quatre bustes de marbre, qu'on avait mis aux quatre parties du pont,

Quatuor capitum appellant. Dit Fabric. à quatuor quadrifrontibus marmoreis simulacris, quæ posita illic fuerunt.

on trouve le théâtre Marcellus, dont les restes, consistent en un bâtiment demi circulaire à l'extérieur, n'ayant plus que deux rangs d'arcades décorées de colonnes, que l'on voit engagées dans le mur d'un peu moins de la moitié de leur épaisseur.

Les arcades supérieures ont des colonnes d'ordre ionique, celles du bas sont d'ordre dorique. Les dernières sont enterrées d'environ la moitié de leur hauteur, et l'on y a pratiqué des boutiques, qu'occupent des marchands de charbon et autres.

Ce théâtre fut bâti par Octavien Auguste, pour éterniser la mémoire de son neveu Marcellus. Ce fut le second théâtre bâti en pierres qui fut élevé à Rome; le premier fut construit par Pompée, en pierres de tailles, et contenait quarante mille places. Ils se multiplièrent dans la suite, et dans le seul cirque de Flaminius on en compta jusqu'à quatre. Ceux qu'on avait construit précédemment étaient en bois, et on les démolissait quand la fête pour laquelle ils avaient été érigés, était passée.

Ce théâtre était construit de gros blocs de pierres travertines, il avait trois cent soixante-sept pieds de diamètre; il contenait trente mille spectateurs, et le premier jour de sa dédicace, qui fut célébrée par des jeux magnifiques, l'an de Rome 741, par Auguste, après la mort de Marcellus, on y tua dans les combats six cents bêtes féroces, à ce que rapporte Dion

Cassius liv. 54 : *feræ africanæ sex centa occisæ* (1). Sa construction était si parfaite que les artistes modernes l'ont prise pour modèle sur certains points d'architecture.

Le palais Orsini, que l'on voit de nos jours, a été bâti sur les ruines et dans l'enceinte même de ce théâtre.

ARC DE DRUSUS.

En arrivant de l'intérieur de la ville vers la porte Saint-Sébastien, l'ancienne porte Appienne, ainsi que je l'ai déjà dit, on trouve l'arc de Drusus. Il est orné de deux colonnes de marbre d'Afrique, connu sous le nom de marbre cipolin. Il est entièrement dégradé, car on en a enlevé jusqu'aux marbres de l'entablement.

Cet arc avait servi d'appui à un aqueduc qui conduisait aux Thermes de Caracalla l'eau Marcia, *aqua Marcia,* qui les alimentait. L'*aqua Marcia*, dit Pline, était la plus célèbre de toutes les eaux connues dans le monde, elle était vantée et préférée pour sa fraîcheur et sa salubrité à toutes les autres eaux de Rome :

Clarissima aquarum omnium in toto orbe, frigoris salubritatis que palma prœconio urbis, Marcia est, inter reliqua deûm munere urbi tributa. Liv. 31, chap. 3.

On trouve encore l'éloge de la bonté de cette eau dans ces vers de Martial :

Cruda Virgine, Marciâ ve mergi :
Quæ tam Candida, tam serena lucet,
Ut nullus ibi suspiceris undas. Liv. 6, ép. 42.

(1) Si ce nombre n'est pas exagéré, je le trouve bien extraordinaire.

Cet arc avait servi d'appui à un aqueduc qui conduisait aux Thermes de Caracalla. Il avait été érigé à Néron Claudius Drusus, par le sénat romain, après ses victoires sur les Gaulois et sur les Germains, qui lui valurent le titre de Germanique. et sa nomination de proconsul, après quelle époque, selon Tite-Live, il mourut d'une chûte de cheval à l'âge de trente ans, l'an de Rome 743, neuf ans avant J.-C.

Et mortem et nomen druso germania fecit : Ovïd, Fast. 1.

Ce qui reste de cet arc n'annonce pas que ce monument ait été jamais remarquable par sa construction.

Voulant partager entre Rome antique et Rome moderne le temps que j'avais à passer dans cette capitale du monde chrétien, je terminai mes courses du côté de l'ancienne Rome pour parcourir la nouvelle.

Comme dans celle-ci, les églises sont les monumens les plus dignes de remarque, et elles y sont pour le moins au nombre de trois cents, il m'eût été impossible de les connaître toutes; en conséquence je me décidai à ne voir que les plus recommandables par leur beauté, et sous l'escorte de mon cicerone je commençai ma tournée par la basilique de Saint-Pierre.

CHAPITRE CINQUIÈME.

ROME MODERNE.

Rome moderne : basilique de Saint-Pierre ; illumination de la basilique ; fête de Saint-Pierre ; feu d'artifice ; heures d'Italie ; basilique de Sainte-Marie-Majeure ; basilique de Saint-Jean-de-Latran ; obélisque de Saint-Jean-de-Latran ; Scala santa ; Saint-Grégoire ; Saint-Pierre-aux-Liens ; palais du Vatican ; chapelle Sixtine ; chapelle Pauline.

BASILIQUE DE SAINT-PIERRE.

Saint-Pierre de Rome, disent les écrivains qui ont donné la description de cette capitale, est sans contredit la plus grande et la plus belle église du monde. Il est à présumer que pour donner une décision aussi positive, ils ont connu les divers monumens de ce genre qui existent en Europe, et je partage leur avis.

Oui, cette basilique est le chef-d'œuvre de l'Italie, et on peut dire même de l'univers, car je ne pense pas qu'il fût possible de trouver dans le monde civilisé, un édifice qui égalât celui-là en grandeur, en richesse et en goût.

L'architecture, la sculpture, la peinture, la mosaïque, la dorure, la composition du stuc (1); enfin tous les arts y ont épuisé leurs ressources, et les plus grands artistes y ont déployé leur génie.

Tout ce que l'on voit dans cette église est d'une beauté, d'une fraîcheur, d'une propreté et d'un éclat qui annonce le soin qu'on en prend, et qui augmente le respect dû à la sainteté du lieu. On dirait que ces chefs-d'œuvre sortent tout récemment de la main de leurs maîtres.

On ne peut se défendre en entrant dans cette église d'un sentiment profond de respect et d'admiration, et on se sent pénétré de vénération pour le Dieu, au culte duquel elle est consacrée. Je reculai involontairement devant la majesté de ce temple, et chaque fois que j'y retournai, j'éprouvai un recueillement intime et religieux, qui, malgré les richesses qui décorent cette basilique, ne me faisait pas oublier le caractère principal de ce monument, celui d'un sanctuaire de la Divinité.

L'église de Saint-Pierre est située à l'extrémité nord-ouest de Rome, au-delà du Tibre, au pied du mont Vatican, où étaient les jardins et le cirque de Néron.

Elle a été bâtie sur l'emplacement du temple d'Apollon; d'abord par Constantin-le-Grand, qui en fut le fondateur, l'an 306 de l'ère vulgaire, après avoir embrassé le christianisme. Cet empereur la donna au Saint-Siège.

---

(1) Cette composition se fait avec du marbre broyé et tamisé que l'on mêle avec de la chaux et de la colle. On bat ce mortier à mesure qu'il se sèche, et on le polit pour imiter le marbre naturel.

Après avoir été réparée plusieurs fois pendant onze siècles par divers pontifes, vers l'an 1450, cet édifice menaçant ruine, le pape Nicolas V commença à le reconstruire, et ce fut Lebramante qui, en 1506, par les ordres de Jules II, entreprit de le réédifier tel qu'on le voit aujourd'hui.

A la mort de Lebramante, cette église fut continuée par plusieurs architectes sous divers papes; ensuite elle fut confiée à Michel-Ange, qui la laissa imparfaite à sa mort, enfin Charles Fontana la termina en 1694 après l'avoir prise des mains des architectes qui succédèrent à Buonarotti Michel-Ange.

Fontana prétend que pendant l'espace de trois siècles, employés sous divers pontificats pour la conduire à sa perfection jusques en 1694, ce monument coûtait quarante-sept millions d'écus romains, environ deux cent trente-cinq millions de livres de France, sans y comprendre les sommes énormes employées à la dorure, à la peinture et à la mosaïque.

On y arrive par le pont Saint-Ange, en longeant à droite le rempart du château Saint-Ange; on détourne à deux cents pas la rue de *Buorgo-Nuovo* (Bourg-Neuf), qui y conduit directement.

L'avenue de cette basilique et la place qui la précède, offrent un coup-d'œil si beau, si imposant, qu'il est fâcheux qu'elles soient masquées par les maisons qui se trouvent entre la rue du Bourg-Neuf et celle du Bourg-Vieux.

L'empereur Napoléon voulait démasquer cette belle avenue, en faisant jeter à bas toutes les maisons qui cachent la vue de ce riche et immense édifice. Projet, que pour l'embellissement de ce quartier, on devrait mettre à exécution. Il laisserait le monument à découvert par une large avenue, et ajouterait à la majesté extérieure de cette église, que l'on apercevrait alors au loin en détournant le château Saint-Ange.

Après avoir traversé la grande place, on arrive sur le seuil de la porte du péristyle, par de larges degrés disposés en pente douce. On entre dans un riche portique orné de statues, de bas-reliefs et de stuc dorés, dont la profondeur est de vingt-quatre pas, et sa largeur de deux cent seize de droite à gauche ou d'une statue à l'autre.

Les colonnes de marbre qui en supportent le plafond, ont appartenu à d'anciens monumens. Le parquet et les parois de ce vestibule sont revêtus de beaux marbres de différentes couleurs. Il communique dans l'intérieur de la basilique par quatre portes, outre celle appelée la porte Sainte, qui ne s'ouvre que tous les vingt-cinq ans. Celle du milieu est de bronze, surchargée de bas-reliefs, et n'est ouverte que les jours de grande fête.

Aux deux extrémités de ce parois, qui s'ouvrent en platebandes, et qui donnent entrée aux deux colonnades, on voit deux statues équestres en bronze, dont l'une représente Constantin, et l'autre Charlemagne.

On pénètre dans ce temple par une des deux entrées latérales, en soulevant avec effort le coin d'un pesant rideau qui lui sert de porte, ainsi qu'on en trouve à l'entrée de toutes les églises à Rome.

La distance de cette porte à la statue en bronze de Saint-Pierre, que l'on trouve sur la droite en allant vers le maître-autel, est de cinquante pas. Cette statue que l'on dit représenter Saint-Pierre, est assise dans une niche, non loin du baldaquin. Les jours de solennité, et principalement celui de sa fête, elle est revêtue d'une châsuble en or, et coiffée d'une thiare. En examinant le pied droit, qui sort de dessous son vêtement, on s'aperçoit que l'orteil est presqu'usé, par les baisers séculaires, que les fidèles y ont déposés avec ferveur et y déposent encore journellement.

On compte ensuite cent quarante-cinq pas depuis ce Saint-Pierre au haut de l'église, par derrière le maître-autel jusqu'au mur, où l'on voit un superbe monument en bronze et en or, sur lequel repose une tribune soutenue par les quatre statues de saint Augustin, saint Ambroise, saint Athanase et saint Chrysostôme.

Cet autel est connu sous la dénomination de chaire de Saint-Pierre. Au centre est un grand fauteuil des mêmes métaux, que supportent du bout des doigts les figures colossales des pères de l'église, saint Pierre et saint Paul. C'est dans ce siège que l'on place la chaise pontificale où viennent s'asseoir les papes qui ont été élus par le conclave, dans la cérémonie usitée après la nomination du saint-père.

Au-dessus de cet autel, on admire une gloire au milieu de laquelle est une colombe, symbole du Saint-Esprit, peinte en couleur d'or sur les vitraux de la fenêtre qui domine l'autel. Cette peinture éclairée par le jour extérieur, produit de loin un effet ravissant du lever de l'aurore.

Ces deux distances indiquées ci-dessus donnent à l'intérieur de l'église cent quatre-vingt-quinze pas de longueur, ou quatre cents pieds environ.

Sur tous les confessionnaux placés le long du mur au-dessous des croisées, on lit une inscription spéciale pour chaque nation :

Pro Hispanica lingua, pro Gallica lingua, pro Germanica lingua, pro Italica, lingua etc..............

En entrant dans cette basilique, on trouve à droite la chapelle de la Piété (*capella della pietà*), où est un superbe Christ mourant sur les genoux de la Vierge, chef-d'œuvre de sculpture de Michel-Ange, qu'il fit à l'âge de vingt-cinq ans. Vis-à-vis est la chapelle renfermant les fonts baptismaux. Ils sont formés d'un grand bassin de porphyre, de douze pieds de long sur six de large, posé sur un piédestal de la même matière.

Ce bassin est couvert d'une petite pyramide en bronze doré, ornée d'arabesques avec quatre anges, dont deux supportent un médaillon.

Ces deux chapelles sont fermées par une balustrade en marbre de deux pieds de haut, leur distance de l'une à l'autre est de quatre-vingt seize pas.

On voit sur le premier pilastre de droite et de gauche deux superbes conques en marbre de jaune antique, supportées par quatre anges; elles contiennent l'eau bénite pour les fidèles. Quand on entre dans l'église la dimension de ces anges paraît être de deux pieds au premier coup-d'œil, mais en avançant vers eux, elle grossit comme un objet magique, de manière qu'étant tout près, on est étonné de voir que leur hauteur est au moins de six pieds. L'espace de l'une à l'autre conque peut être de quarante pas. Rien n'est si trompeur que les dimensions de l'intérieur de cette église et de chacun de ces monumens pour l'œil étranger, qui n'est point accoutumé à ces masses colossales, et qui les voit pour la première fois.

La grandeur de cette basilique dans toutes ses proportions échappe au premier moment à l'observateur; mais plus on la regarde et plus on la contemple en détail, plus elle devient grande et imposante; en sorte que l'admiration s'accroît graduellement, et qu'on ne se lasse pas de revoir cet étonnant édifice.

Le maître-autel (*altare maggiore*), où je vis officier pontificalement le pape la veille et le jour de Saint-Pierre, est placé sous la coupole dans la partie supérieure de l'église qui forme la croix grecque. Cette coupole a quatre cent cinquante pieds d'élévation, et cent trente de diamètre.

Le baldaquin est en bronze et en or, soutenu par quatre grandes colonnes torses composites, ornées d'un feuillage de pampres, et posées sur des piédestaux de marbre.

Elles furent tirées du Panthéon, dont elles faisaient partie. La distance de l'une à l'autre colonne, est de trente-quatre pieds, ce qui donne à l'autel une circonférence carrée de cent trente-six pieds. La hauteur du baldaquin est de quatre-vingt-six pieds, depuis le pavé jusqu'à l'extrémité de la croix qui le surmonte. Ce maître-autel repose sur la voûte d'une église souterraine, appelée la confession de Saint-Pierre, renfermant le tombeau du prince des apôtres.

On descend à cette chapelle par un escalier à deux rampes de dix-sept marches en marbre, au bas desquelles on voit la statue de Pie VI, agenouillé devant la porte de la chapelle.

Autour de la balustrade supérieure, qui lui sert de parapet dans l'église, sont placées plus de cent lampes qui brûlent continuellement.

De riches tableaux en mosaïque, et des colonnes des marbres les plus rares et les plus précieux, décorent les autels de cette basilique. Les tombeaux des papes et des souverains qui ornent en quantité ce superbe monument, sont presque tous des chefs-d'œuvre de l'art.

Contre l'usage des églises de Rome, qui se ferment à midi, Saint-Pierre reste ouvert tous les jours depuis le soleil levant jusqu'au soleil couchant, et les jours de solennité jusqu'à la nuit.

La magnifique colonnade qui entoure extérieurement la place qui est devant l'église, forme tout autour une grande galerie couverte, demi-circulaire, composée de deux cent quatre-vingt-quatre colonnes travertines, entremêlées de quatre-vingt-huit pilastres doriques. Cette colonnade a cinquante-six pieds de largeur, et cinquante-cinq de hauteur, sans compter la balustrade dont elle est surmontée et sur laquelle sont placées cent quatre-vingt-douze statues de saints et de saintes qui ont seize pieds de hauteur.

Dans la galerie de gauche où est la *Scala regia*, qui monte au Vatican, se trouve le corps-de-garde des suisses du saint-père.

Au milieu de la place s'élève un obélisque de granit égyptien sans hiéroglyphes; il est surmonté d'une croix de bronze doré, qu'y fit mettre Sixte-Quint.

Il est appuyé à chaque angle sur trois montagnes, symbole des armes de ce pontife, qui le fit ériger en 1586, par les soins de l'architecte Fontana. Ce monolithe est supporté par quatre lions de bronze qui sont à sa base, et dont Pétrarque, dans la deuxième lettre de son sixième livre, parle en ces termes :

Hoc est saxum miræ magnitudinis æneis que leonibus innixum, divis imperatoribus sacrum.

C'est un marbre d'une admirable hauteur reposant sur des lions, et consacré aux empereurs divins.

C'est, selon Hérodote, un des deux obélisques qui, à Héliopolis, furent dédiés au soleil par Phéron, fils de Sésostris, que Pline appelle Nuncorée : *quem fecerat Sesostris, filis Nuncoreus:*.

Caïus Caligula le fit venir d'Egypte, et le fit placer au Vatican, au milieu du cirque qui portait son nom, et de celui de Néron ; il fut désigné dès-lors sous le nom *d'obeliscus Caïanus*; plus tard il fut transporté sur la grande place où on le voit aujourd'hui.

Sa hauteur actuelle est de cent-vingt pieds, depuis le pavé jusqu'à l'extrémité de la croix.

Je passerai sous silence les quatre inscriptions latérales modernes que Sixte-Quint y fit mettre, je transcrirai seulement ce joli distique, qui exprime bien les différentes dédicaces qu'on en a fait depuis son origine.

Egyptus soli, binis me Roma dicavit,
Augustis, sacras tu pie Sixte cruci :

L'Égypte me dédia au soleil, Rome aux deux César, et Sixte-Quint a la Croix.

Cette vaste place est ornée de deux fontaines en forme de jets-d'eau ; des bassins de granit antique égyptien qui sont la partie supérieure, on voit s'élever une énorme gerbe qui se dissipe en tombant. Ces fontaines sont placées à égales distances de chaque côté de l'obélisque et revêtues de très beaux marbres.

Pour les détails de la basilique de Saint-Pierre, et de l'église souterraine sur laquelle elle est bâtie en partie, ainsi que pour ses dépendances, consultez l'*Itinéraire* de Nibby, car on ne finirait pas si on voulait donner la nomenclature de tous les chefs-d'œuvre et des richesses que cette église renferme.

La veille de la fête de Saint-Pierre j'assistai à l'office du soir, je vis le saint-père officier, et à l'issue de la cérémonie ramené pompeusement au Vatican sur son siège pontifical, qui était placé sur un magnifique brancard, et précédé de tout son cortège. Le saint pontife était revêtu d'une chape dorée et coiffé de la thiare. On portait derrière lui deux grandes ombelles ou éventails, qu'on appelle *flabelli*, composés de plumes blanches d'autruches mêlées avec des plumes de paon. Le brancard était placé sous un riche dais pliant que portaient sur leurs épaules des hommes révêtus d'une robe rouge. La garde papale et une compagnie de grenadiers de la garnison formaient la haie dans l'église jusqu'au pied du grand escalier (*scala regia*) qui conduit au palais du Vatican. Derrière cette file de soldats étaient debout les fidèles de Rome et les *forestieri* (étrangers) curieux d'assister à la fête et à l'illumination de la basilique qui eut lieu le soir.

ILLUMINATION DE LA BASILIQUE.

Cette illumination est d'un effet magique par la promptitude avec laquelle elle s'effectue. Aux approches de la nuit, on voit toute la façade de l'église et les deux colonnades qui descendent circulairement sur la place, éclairées par des lanternes en papier, placées à certaine distance les unes des autres, qui produisent un effet assez remarquable par leur grande quantité et leur disposition.

Ensuite, à la troisième heure d'Italie, qui correspond à neuf heures et demie de France (différence dont on trouvera la description à la fin du chapitre), pendant que l'horloge italienne placée sur la façade de l'église parallèlement avec celle de France, sonne les trois heures, tout l'édifice se trouve éclairé par des millions de lampions, qui sont posés d'avance dans l'intervalle des lanternes, dont la clarté est alors absorbée par la vive lumière des lampions.

Ce changement, qui tient du prodige, est si subit et si magique, que les yeux n'ont pas le temps de le voir. Toute la basilique extérieure ainsi que la coupole et le dôme jusqu'à l'extrémité de la croix qui le couronne, sont innondés d'un torrent de feu et produisent un coup-d'œil si merveilleux et si beau, qu'il est même difficile, quelque habile qu'on pût être dans l'art de décrire, de pouvoir en donner une juste idée à celui qui ne l'a pas vu.

On dirait un temple lumineux suspendu au milieu des ombres de la nuit.

La soirée était belle, quoique un peu fraiche. Une musique guerrière disposée sur la place ajoutait un charme de plus à ce ravissant spectacle. La foule était nombreuse, des piquets d'infanterie et de cavalerie faisaient observer l'ordre le plus parfait.

Autour de cette vaste enceinte que forme la place majestueuse de Saint-Pierre, défilait au pas une multitude d'équipages et de voitures, occupées par des cardinaux, des évêques et des moines de tous les ordres.

Le lendemain, jour de la Saint-Pierre, fête patronale de Rome, je retournai de bonne heure à la basilique, craignant d'y trouver une grande affluence de peuple. On m'avait fait un récit pompeux de cette fête célèbre dans les fastes religieux à Rome, et le desir de la voir était entré dans le but de mon voyage. J'arrivai à Saint-Pierre à neuf heures du matin; contre mon attente je n'y trouvai pas la foule, et j'assistai dans la chapelle du chœur aux matines qui furent chantées avec accompagnement d'orgues par le chapitre composé d'un cardinal, de plusieurs évêques et chanoines, et autres autorités ecclésiastiques.

L'heure de la grand'messe approchant, je m'avançai autant que possible vers le maître-autel pour être plus près de la cérémonie, et je me résignai à attendre debout l'instant si désiré, puisque je ne trouvai ni banc, ni chaises, l'usage à Rome étant de n'en point avoir dans les églises, de sorte que les fidèles doivent rester debout ou à genoux sur le pavé, qui du reste est fort propre, et dont la beauté répond à la magnificence de l'édifice.

A dix heures et demie environ, arriva le saint cortège dans toute sa pompe pontificale et tel que je l'avais vu rentrer la veille au Vatican, à l'issue de l'office. Il vint se placer dans le chœur au fond duquel était disposé pour le saint-père un trône assez simple et sans luxe. Tout autour étaient rangés les cardinaux et évêques de l'escorte papale.

Aussitôt sur son siége, le pape commença l'office, un instant après il monta à l'autel qui, selon l'usage romain, se trouve placé différemment qu'ils ne le sont en France, c'est-à-dire que les assistans voient le maître-autel par-derrière, et le prêtre officiant par-devant. Quel fut mon étonnement, lorsque m'attendant à une musique solennelle et exécutée par des orchestres et des chanteurs dignes de Rome, ainsi qu'on m'en avait fait en France le récit pompeux, je n'entendis qu'un plain-chant à trois voix, dont le refrain était répété par le saint cortège, sans accompagnement d'orchestre, pas même avec l'orgue.

J'en demandai la raison à un ecclésiastique, qui me répondit que quand sa sainteté officiait ou tenait chapelle pontificale, il n'y avait ni musique, ni orgue; c'est ce que j'avais en effet observé à l'office de la veille.

Comme je n'avais été attiré à la basilique que par le merveilleux de l'exécution musicale, à laquelle je m'attendais dans un si grand jour de fête, et comme me le faisait espérer la réunion de toutes les sommités de l'église catolique apostolique et romaine, je restai fort peu de temps à la messe, j'abandonnai le poste, et j'allai me remettre en course pour mieux employer mon temps.

Le jour de la Saint-Pierre fut pluvieux, le feu d'artifice qu'ils appellent la *Girandola*, n'eut pas lieu le soir et fut renvoyé au lendemain. Ce feu d'artifice, qui jouit d'une grande célébrité, ne me parut pas d'un effet aussi surprenant qu'on me l'avait annoncé; ce jour-là, il fut selon moi au-dessous de sa réputation; j'en ai vu plusieurs à Paris qui peuvent aisément supporter le parallèle, pour ne pas les mettre au-dessus, tant par leur effet que par leur durée.

FEU D'ARTIFICE.

Ce feu d'artifice fut, selon l'antique usage, tiré au château Saint-Ange. Toute la population de Rome s'était portée en masse aux approches du pont Saint-Ange qui conduit à cette forteresse, pour jouir du coup-d'œil ; je gagnai la place qui se trouve à l'issue du pont. Elle était couverte de peuple et l'on y était extrêmement pressé, mais que n'endure-t-on pas pour satisfaire une curiosité qui m'avait fait faire tant de chemin! En pareille circonstance les habitans voisins du château tirent parti de leur voisinage, ils mettent à contribution les étrangers qui ne veulent pas se trouver dans la foule, et moyennant la somme de vingt francs d'abord, ils leur louent leurs balcons et leurs croisées, dont le prix diminue au fur et à mesure que la nuit approche; pour la commodité de toutes les bourses néanmoins on trouve aussi des chaises pour un ou deux paoli.

Les avenues du pont étaient garnies de piquets de cavalerie et d'infanterie, comme l'avait été la place de Saint-Pierre pour l'illumination; la même musique militaire fit les frais de la soirée qui fut fort belle, et tout se passa encore dans l'ordre le plus parfait.

Le lendemain mon cicerone vint me réveiller de grand matin et nous dirigeâmes nos pas vers l'église de Sainte Marie Majeure.

Avant d'aller plus loin, je dois, ainsi que je l'ai dit plus haut, mettre le lecteur au courant du style horaire italien qui n'est pas conforme au nôtre.

HEURES D'ITALIE.

L'usage presque général en Italie est de compter les heures d'une à vingt-quatre, et un étranger est assez embarrassé à Rome ou à Naples, quand on lui assigne la dix-huitième ou la vingt-quatrième heure.

Au lieu de commencer après midi ou après minuit, la première heure italienne commence un quart-d'heure après le soleil couché; en conséquence quand on dit une heure, c'est celle qui suit le coucher du soleil, ainsi de suite jusqu'à vingt-quatre. C'est là le point de départ, en France comme ailleurs, on s'arrête à la douzième heure pour recommencer, en Italie on va jusqu'à vingt-quatre, qui est l'heure qui précède le soleil couchant, alors on entend sonner *l'Angelus*, qui annonce que les vingt-quatre heures du jour sont révolues; de sorte que depuis le premier décembre jusqu'au 15 janvier :

A minuit on compte.....................	7 heures.
Au lever du soleil......................	14 1/2
A midi..................................	19

Les personnes qui, par exemple, dînent à deux heures après-midi, dînent à la vingt-unième heure.

Au 15 avril on compte à minuit...........	5 heures
Au soleil levant.........................	10
A midi..................................	17
Au 1er juin on compte à minuit..........	4
Au lever du soleil......................	8 h. 1/2
A midi..................................	16
Au 1er septembre on compte à minuit.....	5
Au soleil levant........................	10 h. 1/2
A midi..................................	17

Suivant les changemens qui surviennent dans le cours du soleil, on ajoute un quart-d'heure ou une demi-heure à cette manière de compter qui est très embarrassante pour les étrangers, qui n'en ont pas la clef, par la raison que partout ailleurs cinq heures du matin ou du soir, en hiver comme en été, sont toujours cinq heures, à la différence du jour plus ou moins avancé.

Les cadrans des horloges italiennes, du moins celles que j'ai vues à Rome, ne marquent que six heures et n'en sonnent pas davantage. A chaque division de six heures, elles recommencent à frapper une heure, c'est ce qui rend encore ce calcul très difficile pour les étrangers.

BASILIQUE DE SAINTE MARIE MAJEURE.

Cette église est une des sept basiliques de Rome, elle est située à la partie la plus élevée du mont Esquilin. Elle est consstruite sur l'ancien temple de Junon Lucine, elle porta d'abord le nom de Sainte-Marie-des-Neiges, et prit plus tard celui qu'elle a aujourd'hui, que lui donna Sixte-Quint, successeur de Célestin, après l'avoir décorée : *Fecit enim Sixtus successor Celestini basilicam dei genitricis Mariæ cognomento majorem, et ipsam metallis aureis, picturis, marmoribus, sacrisque decoravit imaginibus*, dit Marlianus.

Cette basilique est fort belle, et bâtie sur un modèle qui diffère entièrement de celui de Saint-Pierre. Son intérieur a un aspect majestueux; le blanc, qui est la couleur dominante de l'église, et sur lequel on a prodigué des ornemens dorés, décore richement le plafond qui n'est pas voûté; il est soutenu par une belle suite de quarante colonnes ioniques de granit oriental, qui offrent un superbe coup-d'œil. *Habet in ordinibus duobus quadraginta columnas et sacella quædam perpulchra.* Le pavé est en marbre blanc garni de mosaïques et de médaillons en porphyre : *Pavimentum tessellato opere varium.* Le baldaquin du maître-autel est supporté par quatre colonnes de porphyre d'un rouge foncé, entrelacées d'un feuillage de bronze doré, et couronne une grande urne de porphyre qui forme le maître-autel.

Les cinq portes qui sont sous le parvis, dont la voûte est soutenue par huit majestueuses colonnes, sont fermées par des grilles de fer d'un travail exquis.

Sainte-Marie Majeure est l'église où se rendent de préférence tous les pélerins de la chrétienté qui vont à Rome.

Sur la place, devant la porte principale, on voit une superbe colonne corinthienne, cannelée de marbre blanc qui appartenait jadis au temple de la Paix. Elle fut élevée par le pape Paul V. C'est la seule de ce riche monument qui ait été conservée à Rome. Elle est surmontée d'une statue de la Vierge en bronze doré, avec cette inscription : *Reginæ pacis.*

Cette basilique est également ornée de riches tombeaux, et d'une quantité de tableaux de grands maîtres.

Devant l'une des façades de l'église que l'on voit du carrefour des *Quattro fontane*, il y a un obélisque de granit rouge oriental sans hiéroglyphes qui, ainsi que le rapporte l'inscription :

Sixtus V. pont. max. obeliscum Ægyto advectum Augusto in ejus mausoleo dicatum, eversum deinde, etc,

a appartenu au mausolée d'Auguste, devant lequel il fut trouvé par les recherches qu'ordonna Sixte-Quint, qui le fit ériger devant cette place en 1587 ; sa hauteur est de soixante-trois pieds jusqu'à l'extrémité de la croix qui le surmonte. Pour les détails de ce que renferme *Santa Maria Maggiore*, voyez Nibby.

SAINT-JEAN DE LATRAN.

SAN GIOVANNI IN LATERANO.

La basilique de Saint-Jean de Latran porte le titre de première église du monde chrétien : *Ecclesiarum urbis et orbis Mater et caput*; elle a même le pas sur celle de Saint-Pierre. Elle a plusieurs autres titres : on l'appelle encore Basilique constantinienne, de son fondateur Constantin-le-Grand, qui l'édifia sur les restes de l'ancien palais de Latran, comme le rapporte Fabricius, ch. *olim lateranense palatium, postea basilica Constantini dicta :* elle porte même à cause de cet emplacement qu'elle occupe le nom de basilique Latérane; Basilique du sauveur, de la dédicace qui en fut faite par le pape saint Sylvestre; Basilique d'or, à cause des dons précieux dont elle fut embellie; et Basilique de Saint-Jean parce qu'elle fut en dernier lieu dédiée à saint Jean-Baptiste et à saint Jean l'Evangéliste par Clément XII ainsi que le porte l'inscription qui est sur la frise extérieure, que je transcrivis en mettant le pied dans Rome :

Clemens XII. Pont. Max. Anno. V. Christo. Salvatori. In hon SS Joan apt et Evan. A. M. D. CC. XXV.

Elle est située à la partie supérieure du mont Celius (*Monte-Celio*) à cinquante pas de la porte *Cœli-montana*.

La composition intérieure de cette église est d'un style qui diffère de celui de Saint-Pierre et de Sainte-Marie Majeure. Elle est composée de cinq nefs, formées par quatre rangs de pilastres, et est décorée de plus de trois cents colonnes de diverses grandeurs. Dans l'intervalle de ces pilastres, on voit les statues colossales des douze apôtres. Les bas-reliefs, qui sont au-dessus de leurs niches, sont ornés de tableaux de forme ovale des meilleurs maîtres de son temps.

On voit sur le sommet du maître-autel les bustes de saint Pierre et de saint Paul en argent, enrichis de diamans, qui sont dans une espèce de châsse entourée d'un grillage doré. *In marmoreа ædicula ferreis inauratis cancellis clausa asservatur*, dit Nicephore.

Parmi les tombeaux de diverses formes qni décorent cette église, on distingue celui de Clément XII qui est de porphyre. Au milieu de la grande nef on voit le magnifique tombeau en bronze de Martin V sur lequel sa statue est couchée. Ce pape restaura cette basilique que les siècles et un incendie avaient dégradés, c'est ce que rapporte Marlian : *Martinus V cujus in medio templo sepulcrum simulacrumque viditur basilicam vetustate atque incendio deformatam, illustravit.*

Dans l'intérieur de l'édifice, où était l'ancien palais des Lateranus, on trouve un jardin dont le pourtour est construit de murs antiques, soutenus par de petites arcades à doubles colonnes torses incrustées de mosaïques.

Tacite dans ses Annales fait mention de cette famille Latérane, dont le chef fut un des principaux conjurés contre Néron, et mourut avec une fermeté héroïque. Cette maison Latérane est citée aussi par Juvénal, dans ses Satyres.

. . . . Jussuque Neronis
. . . . Et egregias Lateranorum obsidet ædes
Tota cahos : Sat. x.

Et les satellites, par ordre de Néron, investissant les superbes palais des Lateranus :

Nibby donne sur cette basilique et son intérieur les plus grands détails.

OBÉLISQUE DE SAINT-JEAN-DE-LATRAN.

Sur la place de Saint-Jean-de-Latran, en face de la rue qui conduit à *Santa-Maria-Maggiore*, on voit un obélisque qui a toujours été considéré comme le plus grand qu'il y ait eu à Rome. Il y avait été destiné par Constantin, qui l'avait fait venir d'Egypte, à embellir la ville de Constantinople, qu'il venait de bâtir; mais à la mort de ce prince, l'obélisque étant resté long-temps à Alexandrie, Constance son fils et son successeur, le fit transporter à Rome, et en orna le grand cirque (*circo Massimo*).

Après les ravages que les barbares firent éprouver à cette cité, qu'ils saccagèrent tant de fois, cet obélisque fut trouvé, à seize pieds de profondeur sous terre, et brisé en trois morceaux, mais de manière à pouvoir être aisément ajusté. C'est ce qu'entreprit le célèbre architecte Fontana, d'après les ordres de Sixte-Quint, qui le fit placer sur un piédestal, et le dédia à la croix du Sauveur, en le faisant surmonter de ce signe, en bronze doré.

Ce monolythe est de granit rouge, entièrement chargé d'hiéroglyphes: Son faite est de cent quinze pieds; la croix et le piédestal en ont vingt-cinq, ce qui donne à l'obélisque cent quarante pieds de hauteur.

Sur les quatre faces, on lit des inscriptions, dont je ne transcris ici que les deux plus importantes, celle de Constance, lorsqu'il le fit élever à Rome, et celle de Sixte-Quint, qui le fit restaurer.

Fl. Constantius. Aug. Constantini. Aug. Fl.
Obeliscum, a patre, loco. suo. motum. diuque.
Alexandriæ. jacentem. trecentorum. remigum.
Impositum. navi. mirandæ. vastitatis.

Per marc. Tiberimque. magnis. molibus.
Romam. convectum. in circo. max. ponendum.
S. P. Q. R. D. D.

Le sénat et le peuple romain, et Flavius, Constance Auguste, fils de Constantin Auguste, ont dédié l'obélisque déplacé par son père, laissé longtemps à Alexandrie embarqué sur un vaisseau à trois cents rames d'une grandeur prodigieuse, et amené à Rome à grand'peine, par mer et par le Tibre, pour être placé dans le grand cirque.

Sixtus V. Pont. Max. obeliscum. hunc. specie.
eximia. temporum. calamitate. fractum. circi.
Max. a ruinis. humo. limoque. alte.
demersum. multa. impensa. extraxit.
Hunc. in. locum. magno. labore. transtulit.
Formæque pristinæ. accurate. restitutum.
Cruci. Invictissimæ. dicavit.
A. M. D. L. XXXVIII. Pont. IV.

Sixte-Quint, souverain pontife, a tiré des ruines du grand cirque, de la terre et de la vase, dans laquelle il était enfoui, cet obélisque, d'une rare beauté, brisé par les calamités des temps, l'a transporté à grand'peine sur cette place, et après l'avoir restauré avec soin, l'a consacré à la croix invincible. L'an 1638, de son pontificat le quatrième.

LA SCALA SANTA.

La *Scala-Santa*, est une chapelle remplie de reliques vénérées, qui renferme cet escalier, et qui est appelée, *Sancta Sanctorum*, à cause de ses trésors religieux. *Sacellum à Nicolao III sacratum sancta sanctorum vulgò appellatum.*

Cet escalier a vingt-huit degrés, de marbre blanc, recouverts d'une doublure en bois de chêne. On prétend que c'est le même escalier du palais de Pilate à Jérusalem, que le Christ monta plusieurs fois pendant sa condamnation. *Ipsa quoque Hierosolymis advecta*, dit Hugon, 5e stat. : *cùm ad Pilati ædes fuisset quam Christus è sanguine rorante imbuisse creditur.*

C'est sans doute pour donner plus de relief à cette relique sainte, que le frère quêteur, qui est commis à sa garde, vous prescrit de monter cet escalier à genoux, quand on veut aller à la chapelle, par cette montée qui y conduit.

Comme il est peu de visiteurs assez dupes de cette jonglerie, on se dispense volontiers de monter l'escalier saint; alors il indique les deux autres, qui sont pratiqués de chaque côté et qui montent aussi à la chapelle; c'est par là que nous allâmes la visiter.

Elle renferme une image miraculeuse du Sauveur, à ce que rapporte le frère gardien, qui ne néglige pas en même temps de vous présenter la boîte aux aumônes, pour avoir *la mancia* (l'étrenne), car on sait qu'en voyage c'est là le refrain ordinaire, et qu'à Rome, comme à Paris ou ailleurs, l'usage est toujours de payer quand on veut voir.

SAINT-GRÉGOIRE.

L'église Saint-Grégoire-des-Camaldules est bâtie sur le monte Celio, à l'endroit appelé autrefois *Clivus-Scauri*, montée de Scaurus, où était située la maison de ce consul romain, et où on prétend qu'était aussi un temple consacré à Bacchus.

Cette position domine une partie du mont Palatin, dont les ruines couvertes de verdure, forment un point de vue très pittoresque. L'œil ne s'arrête sur le spectacle lugubre de ces débris que pour en sentir plus vivement l'attrait d'un paysage enchanteur, qui semble vouloir le dédommager de ses premières sensations.

On monte à cette église par un grand escalier, que le cardinal Scipion Borghèse, fit construire à ses frais, en 1633, en même temps que la façade.

C'est de ce couvent que sort le pontife régnant, Grégoire XVI.

Le pavé de cette église est une belle mosaïque mélangée de porphyre, de serpentine et de vert antique, dont une partie appartenait au susdit temple de Bacchus. Dans l'enceinte de l'édifice il y a trois chapelles.

La première est dédiée à sainte Sylvie, mère de saint Grégoire, qui fait le sujet du tableau qui est sur le maître-autel.

Au plafond du pourtour, qui est au-dessus, on voit une peinture à fresque du Guide, qui date de 1608. Elle représente un concert d'anges dans une tribune. Les deux figures qui sont placées à chaque extrémité de cette peinture, qu'on appelle *Gloria del Guido* sonnent le trombone de forme moderne, ce qui donne lieu de croire que le trombone en usage aujourd'hui était connu dans des temps plus reculés, de même que j'ai observé le violon de forme moderne sur une mosaïque noire et blanche, qui orne le pavé d'une galerie du musée du Vatican.

Ce maître-autel est orné de deux colonnes de porphyre.

La seconde chapelle est dédiée à saint André. Elle renferme deux belles peintures à fresque du Dominicain et du Guide, placées l'une vis-à-vis de l'autre, dans lesquelles ces deux grands peintres se sont comme disputés la gloire de la préférence. Ces deux morceaux renferment l'un et l'autre des beautés singulières et si différentes, qu'il est difficile à un artiste de prononcer quel est celui qui l'emporte sur l'autre.

La troisième chapelle renferme une statue en marbre de saint-Grégoire, ébauchée par Michel-Ange, et une grande table de marbre sur laquelle saint Grégoire servait tous les jours à dîner à douze pauvres pélerins.

L'église de Saint-Grégoire est très fréquentée, surtout pendant l'octave des morts.

En visitant ces temples modernes, je me suis borné à voir ce qu'ils renfermaient de plus remarquable, et je n'entre pas ici dans de plus grands détails, car il y aurait matière à n'en plus finir.

SAN PIETRO IN VINCOLI.

SAINT PIERRE AUX LIENS.

Cette église est bâtie sur *le Monte Esquilino* (mont Esquilin). Les murs du chœur derrière le maître-autel, qui sont de forme circulaire, faisaient partie des anciens thermes de Titus, dont on voit les vestiges autour de l'église, du couvent et du jardin, où il y a aussi des ruines du palais de cet empereur. La plupart de ces anciens matériaux ont servi à la construction de cette église, qui est, dit-on, la plus ancienne de Rome. Elle fut brûlée dans l'incendie de Néron, mais saint Léon la fit reconstruire l'an 442 de J.-C. Au fond du chœur, on remarque une belle chaise curule antique de marbre blanc, qui fut trouvée dans les bains de Titus.

Cette église n'a rien de remarquable dans sa construction. L'intérieur est supporté par vingt grosses colonnes d'ordre dorique, de marbre de Paros, qui ressemble à de l'albâtre, et de sept pieds et demi de circonférence.

Elle est desservie par les chanoines réguliers de Saint-Sauveur, à qui Adrien Ier la donna après l'avoir restaurée. San Pietro in Vincoli possède ce beau Mausolée du pape Jules II, où est la superbe statue colossale de Moïse, l'un des chefs-d'œuvre de sculpture de Michel-Ange. *In quo Michæl Angelus Mosis statuam nunquam satis laudatam posuit :* dit Hugon, stat. 6. Le législateur hébreu est assis dans une grande niche, qui est sur le sarcophage, appuyant le bras droit sur les tables de la loi, et ayant la main gauche sur son sein.

Sur l'autel de la chapelle, qui est après le mausolée, à côté de la sacristie, on voit une sainte Marguerite du Guerchin, tableau qui fait l'admiration des connaisseurs.

Dans cette église, nous dit le moine qui nous la fit voir dans ses plus grands détails, sont déposés les véritables liens avec lesquels Hérode fit enchaîner saint Pierre dans sa prison; ils furent apportés de Jérusalem à Léon-le-Grand, par Eudoxie, femme de Valentinien, empereur d'Occident. *Ad vincula Petri*, dit Marlianus, *servantur enim catenæ ibi, quibus princeps apostolorum vinctus fuit.*

PALAIS DU VATICAN.

Ce palais prend son nom du mont Vatican, sur lequel il est assis, qui lui-même tire son origine du mot latin *vaticinare* (deviner) ou *vates* (devin), parce qu'il était habité par les augures, que les Romains allaient consulter. Festus dit: Liv. 16, chap. 11.

Vaticanus collis appellatus est, quòd eo potitus sit populus romanus vatum responso expulsis Etruscis.

Ce mont fut appelé Vatican quand les Romains, après avoir consulté les devins, eurent expulsé les Veiens, peuple d'Etrurie, et qu'ils en eurent pris possession.

Ce palais pontifical tient à la basilique de Saint-Pierre. Ce fut dans un temps la demeure des papes, mais aujourd'hui il n'est pas habité par Grégoire XVI, qui, comme ses prédécesseurs, ne l'occupe que passagèrement lorsqu'il y est retenu par des solennités qui durent plusieurs jours. Son étendue en longueur est de mille quatre-vingts pieds, et sa profondeur de sept cent trente. Plusieurs grandes et petites cours se trouvent entre les divisions du bâtiment; huit grands escaliers, et plusieurs autres de moindre dimension, conduisent aux salons et aux chambres.

L'entrée principale est dans le parvis de l'église à côté de la statue de Constantin, à l'extrémité de la colonnade de gauche. On monte au Vatican par le superbe escalier orné de belles colonnes d'ordre ionique, qui est au pied de cette statue et que l'on nomme à juste titre *la scala regia* (l'escalier royal), dont j'ai déjà fait mention.

On arrive par là au grand salon Paulin, que l'on appelle aussi salle Royale ou Pauline, qui communique aux deux chapelles Sixtine et Pauline.

Ce palais contient une si grande quantité de choses dignes d'être remarquées, qu'il faudrait faire à Rome un séjour de plusieurs années pour en connaître les détails soi-même, à moins de puiser dans des anciens récits qui induisent la plupart du temps en erreur, parce qu'ils ne sont pas au courant des changemens ou des embellissemens qui se sont faits et qui se font de temps en temps dans l'intérieur du palais.

CHAPELLE SIXTINE.

—

Cette chapelle fut fondée par Sixte IV, qui lui donna son nom. Sa forme est un carré long de cinquante pas environ.

On y arrive par un vestibule que l'on nom Salle royale ou Pauline, déjà citée.

Au fond de la chapelle se trouve le maître-autel en marbre, au-dessus duquel est placé le célèbre tableau si connu du *Jugement dernier* de Michel-Ange. Ce chef-d'œuvre tient toute la paroi de l'autel. Il est à regretter que ce bel ouvrage ait été fait à fresque.

Nous avons vu, ici à Paris déposée au Musée des Petits-Augustins, une copie très estimée de ce beau tableau, qui a été peinte à l'huile par un de nos grands artistes que les arts ont perdu.

Le plafond de cette salle représente la création du monde, et plusieurs autres peintures de ce célèbre Buonarotti décorent cette chapelle; tous ces ouvrages sont à fresque.

On y remarque aussi des tableaux de Pérugin et d'autres grands maîtres.

Le pavé de cette chapelle est une belle mosaïque, c'est là où se tient le conclave pour l'élection des papes.

Nous y trouvâmes plusieurs peintres occupés à faire quelques restaurations, d'autres à prendre des copies des plus beaux morceaux qui décorent cette salle.

Pour en connaître le détail, voyez Nibby.

CHAPELLE PAULINE.

Cette chapelle, nommée ainsi d'après son fondateur Paul III, se trouve dans le même vestibule que la chapelle Sixtine.

La chapelle Pauline est plus petite et moins éclairée par le jour que la Sixtine. Toutes les peintures y sont aussi à fresque sur le maître-autel, qui par sa composition, est plus riche que celui de la Sixtine; on voit une grande châsse en cristal avec des ornemens en or. Cette chapelle est pavée en beaux marbres. Voyez-en l'explication dans Nibby.

CHAPITRE SIXIÈME.

Bibliothèque du Vatican ; Galerie de droite, Musée du Vatican : Musée Pie, Campo Vaccino ; Campidoglio, Musée Capitolin ; Fontaines de Rome, Château Saint-Ange : Pont Saint-Ange ; le Tibre ; Palais Quirinal ; Place du Peuple ; Le Cours.

BIBLIOTHÈQUE DU VATICAN.

La bibliothèque du Vatican est une des plus célèbres de l'Europe, et la plus abondante en manuscrits grecs, latins, italiens, orientaux, en livres rares, et en éditions antiques.

On y arrive par le grand corridor des inscriptions, qu'on appelle corridor de Bramante qui a cinq cents pas de longueur.

En outre des inscriptions païennes et chrétiennes qui occupent les parois de cette galerie, ce corridor contient divers monumens antiques, des tombeaux, des urnes cinéraires, des sarcophages, des autels funèbres et autres objets.

Ce corridor conduit dans une vaste salle qui sert d'antichambre à la bibliothèque, où sont les interprètes occupés à la traduction des langues étrangères. Cette salle communique à celle de la bibliothèque, celle-ci est partagée en deux nefs, par six grosses colonnes carrées. Elle peut avoir deux cent soixante-quinze pieds de long, sur quarante-cinq de large.

A côté de la porte d'entrée et dans l'intérieur de la salle, on trouve à droite un tableau où est représenté Sixte-Quint examinant le plan de la bibliothèque, que lui présente l'architecte Fontana.

Sur un socle élevé et tout à côté de ce tableau, est une riche pendule avec des peintures sur émail par M. Constantin, peintre de Paris. C'est un don fait par feu Charles X, ex-roi de France.

En avançant dans la salle, on voit deux grands candélabres en porcelaine et en or, donnés par l'empereur Napoléon à Pie VII. Entre ces deux candélabres, il y a un superbe vase en porcelaine et or de la fabrique de Sèvres, près Paris, envoyés par Charles X.

A l'extrémité de la salle, on a infixé dans le pilier du milieu un calendrier russe, renfermé dans une armoire, ayant la forme d'une croix grecque. Plus bas on trouve un sarcophage qui contient sous verre un linceul d'amianthe ou d'asbeste.

En face, on voit une colonne en albâtre oriental, blanc et transparent. Elle a neuf pieds et un quart de hauteur. Elle fut déterrée en 1702, devant la porte Majeure sur la Via Appia.

L'extrémité de cette salle communique à droite et à gauche dans deux grandes galeries, qui donnent à cet édifice la forme transversale d'un T; elles renferment des vases étrusques. Les côtés de ces galeries sont ornés d'armoires couvertes d'ornemens dorés sur un fond blanc mat d'un style antique; elles contiennent des livres que l'on ne voit pas. Sur les armoires sont placés de distance en distance, les vases étrusques, qui composent la fameuse collection connue sous le nom d'*étrusques du Vatican*.

On entre de cette galerie dans une autre où l'on voit de

chaque côté des armoires de couleur brune, renfermant toutes sortes d'antiquités trouvées dans les catacombes de Saint-Sébastien ; au-dessus de ces armoires sont des bas-reliefs.

On passe de l'extrémité de cette galerie dans une petite salle carrée, tapissée d'anciens papyrus manuscrits que l'on a mis sous verre. De ce vestibule, on suit une autre galerie où l'on voit des peintures en mosaïque, et des armoires vitrées renfermant encore des livres.

Tout-à-fait au bout de celle-ci on arrive dans une autre petite salle carrée, espèce de pavillon qui termine le bâtiment, et où sont encore des armoires, hautes seulement de quatre pieds.

Devant la croisée du fond on a placé une pyramide vitrée en bois d'acajou qui contient des armes et ustensiles offerts par les Indiens du Canada à Grégoire XVI régnant, et quantité d'autres objets divers, comme chaussures, arcs, flèches, ornemens fabriqués par les indigènes.

Dans ces galeries, qui n'en forment qu'une de deux cents pas de longueur, on trouve une petite salle où sont peints au plafond les principaux faits de la vie de Samson par le Guide; toutes ces peintures sont à fresque.

Dans un petit cabinet de forme oblongue, qui est dans cette même galerie, on voit sur des piédestaux la précieuse collection des vases en terre cuite, mis en couleur rouge et noire.

GALERIE DE DROITE.

Cette galerie, parallèle à celle de gauche et de la même longueur, est décorée comme la première que je viens de décrire. Toutes les peintures y sont aussi à fresque.

On y voit peint sur les murs des médaillons de forme carrée représentant l'arrestation de Pie VII à Rome, son départ pour Paris, son arrivée à Fontainebleau et dans différentes villes de France, plusieurs autres faits historiques relatifs à cette époque de sa vie, et son retour à Rome.

Au bout de cette galerie, il y a une salle carrée, où sont encore des armoires, dans l'intervalle desquelles on a placé des statues sur piédestaux. Ces armoires renferment une quantité d'antiquités profanes, des vases lacrymatoires, des patères de sacrifice, des lampes trouvées dans des tombeaux antiques, entre autres objets fort rares une chevelure de femme pétrifiée, où l'on aperçoit très distinctement les nattes, très bien conservées. On suppose, nous dit le cicerone de la bibliothèque, que ces cheveux ont appartenus à Tullie, fille de Cicéron.

Dans la même salle, on voit deux grandes divinités égyptiennes en marbre, ayant des têtes de lions et des ailes au dos; une tête en bronze de Néron, un fragment de la barque de Tibère, trouvé dans un lac, et une quantité d'autres objets, dont Nibby donne les plus grands détails.

MUSÉE DU VATICAN.

En sortant de la bibliothèque, je rentrai dans l'immense corridor de Bramante, désigné aussi sous le nom de *corridor des inscriptions antiques*, collection la plus vaste et la plus rare qui existe au monde. Je me dirigeai vers la grille qui conduit au musée nommé *museum Clementinum*, d'après Clément XIV, son fondateur, le plus riche musée en antiquités que l'Europe possède.

Ce corridor qui est séparé de celui des inscriptions par une grille que vous ouvre un guichetier placé *ad hoc*, porte le nom de corridor *Chiaramonti*, et est enrichi d'un grand nombre d'anciens monumens de sculpture, de statues, de bustes et de bas-reliefs, dont il me serait difficile de donner le détail.

De là, on parvient à la cour du Belvédère, c'est ainsi qu'on appelle cette partie du palais du Vatican, parce qu'elle domine Rome et toute la campagne jusqu'aux Apennins.

Dans cette cour, réputée pour le lieu le plus remarquable pour les arts qui soit dans l'univers, on a pratiqué tout au tour des portiques ouverts, décorés de colonnes antiques, sous lesquels on voit les magnifiques statues grecques d'Apollon, de Pâris, d'Antinoüs, le célèbre groupe de Laocoon, qui fut trouvé dans le palais de Titus, et d'autres chefs-d'œuvres inimitables de l'art.

Au milieu de la cour on remarque un jet d'eau remplissant un bassin d'un seul morceau de porphyre, qui a cinquante pieds de circonférence; il est plein d'herbes aquatiques que l'on a soin d'y entretenir. Cette verdure et ce bassin donnent une teinte de gaîté à la solitude de cette cour qui communique à une pièce appelée *salle des animaux*.

De celle-ci, on entre à droite dans la magnifique *galerie des statues*. On voit à l'extrémité un Jupiter tenant un long sceptre surmonté d'un aigle, et appuyant sur la cuisse sa main droite, armée de la foudre.

A peu de distance de cette statue, est une colonne de marbre noire torse et surmontée d'une tête de faune.

Vis-à-vis on aperçoit une autre colonne en marbre blanc, où sont trois statues réunies en un seul torse.

A l'autre extrémité de cette galerie, en regard de la statue de Jupiter, on voit une belle Cléopâtre couchée, représentée sur un bas-relief.

A côté de cette statue sont deux candélabres en marbre blanc d'un goût exquis.

En parcourant toutes ces salles ornées de chefs-d'œuvre, on en trouve une de forme circulaire que l'on nomme la *Rotonde*. Cette salle reçoit le jour par une grande ouverture pratiquée dans le milieu de la voûte et par des fenêtres distribuées tout autour.

Entre les pilastres qui soutiennent cette salle, il y a huit niches contenant chacune une statue colossale, et deux autres niches qui servent de portes.

La première statue à droite, en entrant par le corridor, est celle de l'empereur Commode sous les traits d'Hercule.

La seconde, celle d'Auguste vêtu en sacrificateur.

La troisième, celle de Cérès.

La quatrième, d'Antonin-le-Pieux.

La cinquième, de Nerva.

Vient ensuite la Junon du palais Barberini, et Junon Sospite ou Lanuvine, etc.

Le pavé de cette salle est une des plus grandes mosaïques antiques que l'on connaisse.

De cette rotonde on pénètre par une grande porte, ornée de colonnes de granit rouge, dans la salle connue sous le nom de *Museum Pium*.

MUSEUM PIUM.

En dedans de la salle du Musée, on lit au-dessus de la porte cette inscription en lettres d'or : *Museum Pium*. A chaque côté de l'entrée on voit deux statues égyptiennes en granit rouge et de forme colossale. Elles furent trouvées dans la villa Adriana.

A gauche en entrant, on voit le tombeau d'Hélène, mère de Constantin, trouvé à *Tor pignattara*, lieu situé à trois milles de la porte Majeure sur l'ancienne *via labiena*, où était le mausolée de cette impératrice. C'est un magnifique monument carré de sept à huit pieds de hauteur, en porphyre avec un superbe relief à chaque face, reposant sur quatre têtes de lions placées aux angles.

En regard de celui-ci est le tombeau de sainte Constance, qui fut trouvé dans son église connue vulgairement pour l'ancien temple de Bacchus. Ce beau monument est également de porphyre et d'une forme pareille à celui de Sainte-Hélène, tant par les dimensions que par le style; ayant de même sur chaque façade de beaux reliefs, et reposant sur quatre têtes de louves placées à chaque angle.

A la suite de cette salle, vient un grand escalier à trois rampes, dont celui du milieu conduit à la bibliothèque, et les deux autres aux galeries des candélabres et aux salles des tableaux.

Cet escalier soutenu par vingt-deux colonnes de granit oriental, est riche en architecture, et orné de statues antiques; les marches sont en marbre et les balustrades en bronze.

En montant une de ces deux rampes, on arrive à la salle du Char. Cette salle doit son nom à un char antique de marbre richement travaillé, qui en occupe le milieu. Elle est ronde, soutenue par huit colonnes de marbre blanc, cannelées, et ornées d'une quantité de belles statues, que Nibby décrit dans le plus grand détail avec le nom des statuaires, et le lieu et l'époque où ces chefs-d'œuvre furent trouvés.

Nous montâmes ensuite aux salles des tableaux qui sont au-dessus de cette galerie. C'est là où sont rassemblés les chefs-d'œuvre des anciens maîtres et dont une partie, après avoir orné pendant vingt ans le Musée impérial de Paris, a été rapportée à Rome, à la chute de l'empire français.

Je ne citerai parmi les ouvrages célèbres qui ornent ces galeries que quelques-uns des plus remarquables, qui sont :

La Transfiguration de Raphaël, considérée comme le plus beau tableau qui existe.

Celui du Titien où sont représentés la Vierge et plusieurs saints.

La Communion de Saint-Jérôme par le Dominicain.

Une Descente de croix de Michel-Ange.

Un tableau de Paul Véronèse, représentant sainte Hélène.

Une Résurrection de Pérugin; où on le voit avec son élève. Pérugin fit dans ce tableau le portrait de Raphaël sous les traits d'un soldat endormi, au moment où le Christ ressuscite. Il est peint sur le premier plan de droite, assis et endormi. Raphaël s'aperçut de la plaisanterie de son maître, et le peignit à son tour sur le même tableau sous la figure d'un soldat épouvanté en voyant le Christ sortir de son tombeau, et fuyant à toutes jambes dans le lointain.

Telle fut l'explication que nous en donna le cicérone du Vatican.

Cette salle est remplie de chefs-d'œuvre qu'il me serait difficile de détailler ici.

Nous y trouvâmes plusieurs peintres placés sur de grands chevalets à escalier, occupés à copier des tableaux. Par le moyen de ces échaffaudages à roulettes, ils s'en approchent à volonté et aussi près qu'ils le jugent nécessaire. Nous remarquâmes parmi cette quantité de peintres de diverses nations une dame qui copiait une Vierge de Raphaël, et qui nous parut posséder un grand talent. Son tableau était presque achevé, et j'avoue que pour bien discerner la copie d'avec l'original, il fallait être artiste soi-même.

Quelles mines riches à exploiter pour un peintre que ces musées d'Italie! et quelle jouissance pour l'amateur qui a quelques connaissances des ouvrages des grands maîtres! Est-il d'étude plus intéressante pour lui que celle de visiter ces grands dépôts, où sont conservés les chefs-d'œuvre des maîtres de l'antiquité?

A l'issue des corridors des inscriptions antiques, on trouve ceux des trois étages qui donnent sur la cour des Loges.

Ces étages ou galeries sont faits en arcades, supportés par des pilastres et couverts de peintures à fresque.

Au second corridor qui conduit aux chambres de Raphaël,

on voit en entrant par le grand escalier, le buste en marbre de ce célèbre peintre.

Les peintures de cette galerie sont en partie de lui, et de son meilleur élève Jean d'Udine; le sujet en a été tiré des écritures saintes, ce qui leur a fait donner le nom de Bible de Raphaël. Les détails de Nibby sur le Vatican en général sont très étendus.

Comme je ne pouvais employer tout le temps que j'avais à passer à Rome, à ne voir que le palais du Vatican malgré le nombre des richesses inappréciables qu'il renferme, je portai mes pas vers le Campidoglio, qui possède aussi un beau Musée.

CAMPIDOGLIO.

CAPITOLE.

Ce monument moderne est bien différent de l'ancien Capitole. La façade de celui-ci était au midi du côté du *forum romanum*, aujourd'hui *campo vaccino*, et celle du Capitole moderne est vers le nord. On y monte de ce côté par un large escalier construit sur les dessins de Michel-Ange, au bas duquel sont deux lions de granit noir, qui jettent de l'eau dans une cuvette.

Ils furent trouvés aux bains d'Agrippa.

Sur la balustrade qui borde le haut de la terrasse, on voit deux statues de formes colossales, représentant Castor et Pollux tenant chacun un cheval par la bride, également de proportions colossales trouvées du temps de Grégoire XII sous la synagogue des Juifs au bord du Tibre.

Deux statues de l'empereur Constantin avec une inscription sur le plynthe; portant l'une: *Constantinus Aug.*; l'autre, *Constantinus Cæsar.*

Elles furent trouvées toutes les deux dans ses thermes sur le mont Quirinal.

A côté sont deux superbes trophées d'armes érigés à Marius pour sa victoire contre les Cimbres.

Au milieu de la place du Campidoglio, on voit la statue équestre en bronze doré de Marc-Aurèle, qui fut trouvée suivant l'opinion adoptée, près de l'arc de Septime Sevère, d'autres disent près du palais de Latran, et que le pape Paul III fit transporter en 1538 où elle est aujourd'hui.

Statuam æneam equestrem. M. Antonini pii, in area capitolina nunc stantem, dit Frabricius, ch. 1.

Au fond de la place est le bâtiment sénatorial qui occupe l'emplacement de l'ancien palais du sénat romain, de ce sénat qui gouverna le monde.

Ce palais moderne fut construit par le pape Boniface IX.

On y monte par un escalier à deux rampes, au milieu desquelles est une fontaine ornée d'une statue de porphyre, représentant Rome triomphante tenant une lance à la main, elle fut trouvée dans une salle des bains de Titus sous le règne d'Innocent x, ensuite de la statue du Tibre, caractérisée par la louve nourrice de Remus et de Romulus, et de celle du Nil placée sur un sphinx ; comme le rapporte Marlianus.

Sed accubans uni sphynx alteri Tiberis facit, Nili et Tiberis celeberrimorum fluviorum eas imagines esse :

Ces deux dernières statues furent déterrées sur le penchant du Mont Quirinal sous les ruines de la maison des Cornélius, aujourd'hui l'église des SS. Apôtres.

Dans les souterrains de ce palais sénatorial, se trouvent les prisons où l'on renferme aujourd'hui les malfaiteurs.

On monte aussi au Campidoglio par l'ancienne voie qui encore à présent porte le nom de montée du Capitole. Elle commence au pied de l'arc de Septime Sévère.

La place du Campidoglio est entourée de deux palais qui ont été bâtis sur les dessins de Michel-Ange. Ils sont d'une très belle architecture, et couronnés par une balustrade ornée de trente-deux statues antiques. Dans toute leur longueur règne une galerie couverte, soutenue par des colonnes doriques où est le Musée Capitolin.

MUSÉE CAPITOLIN.

Ce musée doit son origine à Clément XII, qui l'enrichit d'une collection de statues, bustes, hermès, bas-reliefs, sarcophages, inscriptions, etc. Il fut augmenté par Benoit XIV, et embelli par les papes Clément XIII, Pie VII et Léon XII.

Il renferme une collection d'objets particuliers, et doit sa richesse actuelle à Pie VII.

On ne peut parfaitement en connaître les détails que par la description qu'en a faite le chevalier Tofanelli, qui en fut le directeur ; description qui a été reproduite avec des additions par son fils Alex. Tofanelli, son successeur dans la direction de cet établissement, et que l'on trouve facilement à Rome dans le musée même et chez les libraires.

Sous le portique de droite, sont les six salles qui contiennent les bustes des personnages des XIIIe, XIVe, XVe, XVIe, XVIIe, XVIIIe, et XIXe siècles qu'on appelle *protomothèques* des hommes illustres.

Tofanelli donne le contenu de ce que renferment ces six salles.

Dans la septième salle, on voit un monument dédié à Antoine Canova, où l'on remarque sa statue à demi-nue, de grandeur naturelle, posée sur un grand soubassement, dans lequel on a représenté en bas-reliefs les trois arts de la peinture, la sculpture et l'architecture, qui sont en deuil, à en juger par leur attitude.

Le génie de l'harmonie est assis tout auprès, tenant dans ses mains une lyre avec les cordes cassées, idée du sculpteur qui a voulu signifier qu'à la mort de Canova, ces trois arts ont perdu leur harmonie.

Ce monument a été fait par le chevalier Joseph Fabris d'après les ordres de Léon XII.

A côté de la porte des salles des Grands Hommes on entre dans une cour, où l'on voit divers morceaux de sculpture de proportions colossales. En entrant sous le péristyle de cette cour, on trouve à gauche et à droite deux statues demi-colossales; l'une est celle d'Auguste, après la bataille d'Actium, et l'autre la statue militaire de Jules-César.

Au fond de la cour, sous un petit portique, on a placé dans chaque coin une statue égyptienne de granit oriental, dans le milieu une Minerve en marbre blanc assise, représentant Rome triomphante, elle est sur une base où on a sculpté une province subjuguée; à ses côtés sont les statues en marbre noir de deux rois Daces esclaves. Ces statues ainsi que la Minerve, étaient dans les jardins du proconsul Césius.

Sur le côté droit on remarque le groupe d'un cheval dévoré par un lion, morceau de sculpture grecque très estimé par Michel-Ange, qui le regardait comme un ouvrage précieux de l'antiquité et qu'il avait restauré. Mais depuis il a été gâté par des mains profanes. Voici ce que dit Marlian de ce groupe.

Nec grave sit defigere oculos parumper in effigie leonis prostratum equum mordicùs tenentis, liv. 1.

On ne peut s'empêcher d'arrêter un moment ses regards sur un lion terrassant un cheval.

Ce groupe fut trouvé dans l'eau d'un moulin hors la porte Saint-Paul.

Cette cour renferme d'autres morceaux de sculpture dont on trouve le détail dans la description de Tofanelli.

CAMPO VACCINO.

CHAMP DES VACHES.

Cette place moderne qui remplace l'ancien Forum, es

plutôt un champ qu'une place. C'est là où se tient aujourd'hui le marché du bétail; ce qui l'a fait nommer *Campo vaccino*.

On l'a ornée d'une fontaine moderne et de deux allées d'arbres qui s'étendent parallèlement depuis l'arc de Septime Sevère jusqu'à celui de Titus. Ces belles ruines d'arcs de triomphe, de temples, monumens de la grandeur romaine, s'élèvent au milieu de ce Forum désert; de quelque côté qu'on se tourne dans se lieu si plein de souvenirs, on retrouve des vestiges de son ancienne splendeur; c'est ce que dit Cicéron: *Quacumque ingredimur in aliquam historiam vestigium ponimus.* Mais la principale partie, qui est vers le Capitole, présente encore des restes augustes qui offrent aux amateurs de l'antiquité des sujets de réflexions, et qui rendent cette solitude une des promenades les plus intéressantes qu'il y ait à Rome. On ne peut faire un pas sur cette terre classique sans que l'imagination se retrace les grandes actions de ce peuple dont les images vous entourent de toutes parts.

Au milieu de ces débris qui excitent l'admiration des étrangers, une singularité doit attirer leurs regards; ce sont ces troupeaux de buffles tout noirs, aux cornes recourbées (1), et ces grands taureaux blancs aux énormes cornes, que l'on voit au *Campo vaccino* couchés parmi ces colonnes antiques.

Ils étaient jadis les plus nobles victimes que les vainqueurs pussent immoler aux dieux en signe de reconnaissance; c'étaient celles qui dans leurs marches triomphales précédaient leur char au Capitole, ainsi que nous le dit Virgile :

. . . . . . Et maxima taurus
victima, sæpe tuo perfusi flumine sacro,
Romanos ad templa deum duxere triumphos. Georg. livre 2.

---

(1) Le buffle est une espèce de bœuf sauvage plus grand que les bœufs domestiques; on s'en sert en Italie où ils furent amenés vers la fin du XVIe siècle, pour le labourage et le transport, lorsqu'on les a apprivoisés et dressés.

Ces quadrupèdes Bisulces sont originaires des climats les plus chauds de l'Afrique et de l'Asie. En Italie on les appelle Bufali. *Voyez* Buffon.

Tu vois souvent se baigner dans tes eaux sacrées, des taureaux blancs victimes destinées aux dieux, et qui ont conduit plus d'une fois nos triomphateurs au Capitole.

FONTAINES.

Ce qui attire vraiment l'admiration à Rome, c'est la quantité de ses fontaines, si belles par leurs eaux jaillissantes, qui ornent la plupart des places publiques, et les obélisques avec leurs hiéroglyphes mystérieux, qui les embellissent, et qui attestent la gloire de cette antique cité.

Parmi les fontaines que j'ai vues, voici celles qui ont fixé le plus mon attention.

La fontaine de *Trevi* est la plus remarquable et la plus abondante. Elle est située au bas du mont Quirinal, dans le quartier de Trevi, à qui elle a donné son nom.

C'est une des trois belles fontaines de Rome; elle est alimentée par les eaux de l'aqua Virginis (eau Vierge). Cette eau fut nommée ainsi à l'époque de sa découverte, nous dit Frontin, liv. 1, *des acqueducs,* parce que ce fut une jeune fille qui conduisit les soldats romains à sa source. Pline prétend lui donner une autre origine en disant :

Juxta est Herculaneus rivus, quem refugiens virginis nomen obtinuit
Liv. 31 chap. 3.

Près de cette fontaine est le ruisseau d'Hercule qu'elle semble éviter, ce qui lui a fait donner le nom d'eau Vierge.

Cette eau vient d'une distance de huit milles par un aqueduc, que fit construire Agrippa avant l'ère chrétienne.

Cette fontaine fut appelée Trevi, parce qu'elle a trois bouches.

La fontaine *monte Cavallo* est située sur le mont Quirinal, au milieu de la place Monte Cavallo, qui est à l'extrémité de la Strada-Pia et en face du palais Quirinal; elle est ornée de deux statues de proportions colossales de dix-sept pieds de hauteur, représentant deux hommes nus, retenant ou domptant deux chevaux également de formes colossales; c'est ce qui a donné à cette place le nom de Monte Cavallo.

L'un de ces groupes a été fait par Phidias, et l'autre par Praxitèles, ainsi qu'on le voit par les deux inscriptions qui sont au bas, mais que l'on révoque en doute. Cependant voici ce que disent les *Annales de Martinus*.

Equos marmoreos in Quirinale dicatos fuisse à Tiberio Cæsare duobus adolescentibus Phidiæ et Praxiteli.

Le bassin de cette fontaine, au milieu de laquelle s'élève un obélisque égyptien de porphyre rouge, est taillé dans un seul bloc de soixante-quinze pieds de circonférence.

La fontaine d'*aqua Felice*, que l'on désigne aussi sous le nom de Grande fontaine de Termini, est située sur le mont Viminal, à deux cents pas des Thermes de Dioclétien, sur la place de Termini. Le nom de Felice lui fut donné par Sixte-Quint, qui s'appelait Félix et qui en fut le fondateur.

C'est une des trois belles fontaines que l'on admire à Rome.

On y voit une belle statue demi-colossale, représentant Moïse frappant le rocher; il en fait sortir un fleuve d'eau, qui tombe dans de grandes conques de marbre, sur le bord desquelles sont des lions; ouvrages égyptiens très estimés, dont deux en marbre grec et deux en basalte.

Ces derniers avaient appartenu au Panthéon.

Fontem triplici fornice et marmoreo Mosis virgâ rupem tangentis simulacro insignem, felicem nominatam, dit Cicarella.

La fontaine d'Aqua Felice, a trois arches ou niches en marbre, et est remarquable par la statue de Moïse frappant le rocher de sa verge.

Cette fontaine porte ses eaux au mont Quirinal, au Capitole, et à divers autres endroits de la ville. Elle est alimentée par l'aqua Claudia qui, en arrivant à Rome, prend la dénomination d'aqua Felice du nom de la fontaine.

La fontaine de l'Obélisque, au centre de la place Navone, en face de l'église de Sainte-Agnès, représente les quatre grands fleuves du monde : le Danube, le Gange, le Nil et l'Amazone.

Les auteurs qui ont donné la description de cette fontaine, font mention de la rivière de la Plata pour quatrième grand fleuve du monde, mais c'est une erreur, parce qu'il est reconnu que la rivière des Amazones est de beaucoup supérieure à la Plata, et est même le plus grand fleuve du monde.

Ces quatre fleuves, représentés par des figures de proportions colossales, sont assis sur des rochers servant de base à l'obélisque, qui est au milieu d'un grand bassin ovale de marbre blanc.

Cet obélisque, couvert de caractères hiéroglyphiques est de granit rouge, et a cinquante pieds de hauteur. Il fut retiré, par les ordres d'Innocent X, des ruines du cirque de Caracalla, où cet empereur l'avait fait placer après l'avoir fait venir d'Egypte. Ce pape le fit restaurer et ériger au milieu de cette fontaine, qu'il fit construire par l'architecte Bernini, en 1651, la septième année de son pontificat.

Les statues de marbre blanc des quatre fleuves tiennent des urnes, d'où sort en quantité l'eau qui remplit le bassin, et qui s'échappe dans des antres formés par les rochers.

Dans ces antres, on voit un lion, un cheval marin et d'autres animaux qui semblent en sortir, pour venir s'abreuver dans les eaux de la fontaine.

L'autre fontaine, qui est à une des extrémités de la place Navone, en face du palais Pamphile, se compose de deux bassins. Au milieu du bassin supérieur, on voit un triton tenant par la queue un dauphin, qui jette de l'eau en éventail.

Sur les bords du second, sont des mascarons et des tritons d'un goût parfait, jetant de l'eau par une double conque qu'ils ont à la bouche.

La fontaine de la place du Peuple figure au milieu de cette place, faisant face à la rue du Cours et à la porte du Peuple.

Elle est ornée d'un obélisque de granit rouge oriental et chargé d'hiéroglyphes. Il a plus de quatre-vingts pieds de hauteur, y compris le piedestal, jusqu'au sommet de la croix. Il repose sur quatre lions, et fut érigé en 1589 par Sixte-Quint sur cette place, après qu'on l'eut retiré des ruines du grand cirque, où il avait été mis par Auguste qui le fit transporter d'Héliopolis, où Samneserte, roi d'Egypte, l'avait fait construire 522 ans avant l'ère chrétienne.

L'inscription antique qu'on lit sur ce monolithe, est la même que celle qui était sur l'obélisque horaire qu'Auguste avait fait mettre au Champ-de-Mars, et qui a été brisé; la voici :

Imp. Cæs. Divi. F. Augustus. Pontifex. Maximus. Imp. XII. Cos XI. Trib Pot. XVI. Ægypto. In. Potestatem. Populi. Romani. Redacta. Soli Donum. Dedit.

La fontaine de la place d'Espagne, appelée la Barcaccia, est située au milieu de cette place, au pied du grand escalier de l'église de la Trinité-du-Mont, qui est bâtie sur le mont Pincio, en face de la strada de' Condotti.

Cette fontaine a pris son nom de la forme de son bassin, qui représente une barque sculptée en marbre. Elle fut construite par les ordres du pape Urbain VIII, sur les dessins de Bernini. Cette fontaine est alimentée par l'aqua Virginis, comme celle de Trevi.

La fontaine *delle Tartarughe* (des Tortues) est située sur la petite place Mattei, devant le palais Mattei même. Elle est ornée de quatre figures de bronze sur des dauphins, lesquelles soutiennent un bassin de granit, d'où s'élance une grande gerbe qui est d'un effet admirable.

La fontaine de la Rotonde est sur la place qui est devant le Panthéon, portant aujourd'hui le nom de la Rotonde qu'elle a donné à cette place.

Cette jolie fontaine est en marbre blanc, ornée d'un petit obélisque de granit d'Égypte, chargé d'hiéroglyphes qui était placé jadis devant les temples d'Isis et de Sérapis, situés près celui de la Minerve.

On y remarque sur les angles des dauphins d'un travail exquis. Elle fut érigée par les ordres du pape Grégoire XII.

Pour connaître plus en grand les détails de toutes ces fontaines on peut consulter l'excellent Itinéraire romain de Nibby.

J'ai déjà fait mention des statues colossales que l'on remarque dans divers monumens à Rome. Le lecteur ne sera pas fâché de connaître les différens degrés que les anciens observaient dans leurs proportions.

Les beaux-arts ont de tout temps fait des efforts pour décorer les temples, les monumens publics, et pour perpétuer la mémoire des hommes illustres. L'usage de leur élever des statues; avait passé de la Grèce à Rome qui lui doit une partie de son plus bel ornement.

Dans leurs créations, les anciens distinguaient des statues de quatre ordres.

Les *pariles* ou égales à la grandeur naturelle, étaient les statues qu'on élevait aux savans, aux philosophes, aux simples particuliers.

Les *magnæ* étaient un peu plus grandes que les pariles, elles étaient destinées aux empereurs, aux consuls, aux généraux.

Les *majores* avaient deux fois la proportion des pariles. Elles étaient pour les héros, telles sont les statues de Jules César et d'Auguste, que l'on voit sous le péristyle de la cour du Campidoglio à chaque côté de la porte d'entrée. Les *Maximæ* ou colossales pour représenter les dieux. Celles-ci n'avaient plus de mesure, elles étaient subordonnées à l'imagination ou à la fantaisie de l'artiste qui les créait, telles sont les statues colossales de saint-Ambroise, de saint Augustin qui ornent la chaire de Saint-Pierre; derrière le maître-autel, celles des douze apôtres que l'on voit à Saint-Jean-de-Latran et autres qui décorent divers monumens remarquables.

CHATEAU SAINT-ANGE.

Ce monument, connu aussi sous le nom de mausolée d'Adrien (*Moles Adriani*) fut bâti par cet empereur pour lui servir de tombeau. C'est ce que nous dit Procope. (*De bello gothico.*)

Adriani quondam imperatoris sepulcrum velut molis et arcis monumentum extra portam aureliam jactu lapidis impositum è marmore pario incrustatum.

Le tombeau de l'empereur Adrien fut construit autrefois hors la porte aurélienne en pierres incrustées de marbre de Paros et en forme de citadelle.

C'était un des plus remarquables de Rome, c'est aujourd'hui le château Saint-Ange qui sert de prison d'état. Ce que nous dit Fabricius : *Ex hoc duplici ambitu arx nunc est extructa, quæ castrum divi angeli vocatur.* C'est là où sont renfermés le trésor de l'église, les bulles, et les chartes de la cour de Rome.

La garde en est confiée à un détachement de la garnison, dont une partie de concert avec les Suisses était de service dans l'intérieur de la basilique de Saint-Pierre, le jour où j'assistai à l'office. Ce régiment porte l'habit blanc avec les paremens, collet et doublure d'un bleu foncé; sa coiffure est le schako à la prussienne ayant pardevant les armes du pape.

Le château Saint-Ange est situé sur les bords du Tibre à l'issue du pont Saint-Ange que l'on traverse pour aller à l'église de Saint-Pierre; il est entouré de remparts garnis en partie de pièces d'artillerie. La forme de la grande tour qui le domine, est circulaire et surmontée d'un ange en bronze remettant une épée dans son fourreau, d'où lui a été donné le nom de Saint-Ange. C'est sur ce château que deux fois par an, se tire un fort beau feu d'artifice, dont j'ai déjà parlé.

Ce château communique avec le palais du Vatican par une longue galerie couverte, soutenue par des arcades. Elle fut construite en 1500 par le pape Alexandre VI; dans un cas de révolte ou de danger pour sa Sainteté, elle peut se réfugier en toute sûreté du Vatican dans cette forteresse.

PONT SAINT-ANGE.

Ce pont est l'ancien *Pons ælius* bâti par l'empereur Elias Adrianus, devant son mausolée *ab ælio Adriano prope sepulcri sui molem factus*, dit Fabricius, chap. 17. C'est un des plus beaux de l'antique Rome et par conséquent le plus ancien pont de l'Europe; il a été restauré plusieurs fois, il est composé de cinq arches en pierres travertines, dont trois sous lesquelles le Tibre roule lentement ses eaux jaunâtres, et une à sec de chaque côté du fleuve.

Sur les deux parapets de droite et de gauche, il y a cinq statues en marbre représentant des anges qui tiennent en main les instrumens de la passion; aux deux extrémités du pont du côté de la place, on voit les statues de Saint-Pierre et de Saint-Paul avec des inscriptions latines.

Il a cent cinquante pas de longueur d'un piédestal à l'autre, et douze à quinze pas de largeur. A cinquante toises du pont on aperçoit, quand l'eau du Tibre est basse, les ruines de l'ancien pont triomphal dont j'ai fait mention dans Rome antique.

Fabricius rapporte que c'était sur le pont Œlius qu'étaient sacrés les chevaliers dorés. *In eo ponte equites aurati, creari hodie solent.*

LE TIBRE.

Ce fleuve tant vanté par les historiens, portait anciennement le nom d'Albula; ce ne fut qu'après la mort de Tiberinus, roi d'Albe, qui s'y noya en le traversant, qu'il prit le nom de Tibre; selon Tite-Live (1) et Varron, cette version ne diffère pas beaucoup de celle de Virgile, qui dit que le nom de Tibre est plus ancien qu'Albe elle-même, et lui vient d'un ancien roi toscan, nommé Tybris, qui conquit le Latium:

« A quo post Itali fluvium cognonime Tibrim.
« Diximus : Amisit verum vetus Albula nomen. En. liv. 8.

Les Italiens donnèrent son nom (2) à ce fleuve qui quitta son vieux nom d'Albula.

Ce fleuve prend sa source dans les monts Apennins, près de Camaldoli et de monte Corvajo, descend à Rome et vient se jeter par deux embouchures dans la Méditerranée, à cinq lieues de cette dernière ville au-dessous d'Ortie, après un cours de soixante lieues pendant lequel il reçoit la Neva, le Teverone et plusieurs autres rivières. Il divise Rome du nord au sud en deux parties inégales, *Tiberis autem inter septentrio-*

(1) 1re Dec. liv. 1.
(1) Le nom du roi Tiberinus.

nem et meridiem in urbem influit versùs apud ostiam oppidum, dit Fabricius. Sa rive droite forme le *Rione di Trastevere*, quartier au-delà du Tibre, où sont situés le mont Vatican et le mont Janicule, que le pape Léon IV fit entourer de murailles, époque où ce quartier prit le nom de cité Léonine ou Nouvelle Rome, comme le rapporte Fabricius, chap. 3 : *à Leone Quarto pontifice urbs Leonina et nova Roma appellata* : il est habité par les transteverains dont je ferai mention plus loin. Pline dit que le Tibre est très profond : *profunditate tanta est, magnarum etiam navium sit capax* : son cours est rapide et tortueux selon Fabricius, *impetu celer et verticosus* : il est navigable dans presque toute son étendue, en commençant à trois milles au-dessous de Pérouse. Aux environs de Ponte-Molle, c'est-à-dire deux milles avant d'arriver à Rome, sa largeur est plus grande qu'elle ne l'est dans la ville au pied du château Saint-Ange où il n'a que trois cents pieds environ, il peut égaler alors la moitié de la Seine devant le Louvre, à Paris.

Les eaux du Tibre sont bourbeuses, à cause des terres qu'il emporte sur ses bords : *propter terram quam radit* : C'est pourquoi Virgile et Horace l'appellent *Flavus Tiberis*. Fabricius rapporte qu'elles sont très potables après s'être reposées et dépouillées de leur limon : *fitque in fictilibus urceis limpidissima potu amabilis et absque corruptione longo tempore pura*, puisque les premiers Romains en firent usage jusqu'à l'an 444 de Rome où ils commencèrent à boire de l'eau de fontaine.

Quand l'abondance des eaux pluviales de l'hiver, ainsi que le dit Ovide : *hybernis forte tumebat aquis*, Fast. liv. 2, ou celles qu'amène la fonte des neiges des Appennins, règnent avec le vent du Midi qui refoule ses eaux vers leur source, ce que Horace exprime si bien par ces vers :

« Vidimus flavum Tiberim retortis littore,
« Etrusco violenter urceis. . . . Liv. 1, Ode 2.

Nous avons vu le Tibre dont les ondes étaient repoussées avec violence du bord toscan.

alors malgré la profondeur de son lit, il inonde la campagne, et se répand dans les quartiers bas de la ville.

On pêche dans le Tibre d'excellens esturgeonsd'un goût très délicat, les anciens en faisaient grand cas; on les prend à l'endroit où est le *Ponte Rotto* (le pont rompu), voyez ce que j'en ai dit à l'article du pont Palatin dans Rome ancienne.

On pêche aussi dans cette rivière un certain poisson d'une grosseur prodigieuse que l'on appelle à Rome *ombrina*, dont la chair a le goût de la morue.

On y prend encore le *pesce-spada* (le poisson-épée), et le turbot. Tous ces poissons quittent la Méditerranée et remontent le Tibre.

PALAIS QUIRINAL.

—

Ce palais est désigné aussi sous le nom de palais pontifical de *Monte Cavallo*, que lui a donné la belle fontaine qui est en regard sur la place.

Il est situé sur le mont Quirinal d'où il tire également son nom. Il fut construit d'abord par Paul III en 1540, et fut ensuite augmenté et embelli par ses successeurs.

Ce palais est aujourd'hui habité par Grégoire XVI régnant. Il est confié à la garde papale qui a sa caserne attenante audit palais.

Cette garde a conservé son antique costume que l'on connait, et qui consiste en un pourpoint et un haut-de-chausse à bandes de diverses couleurs avec des bas rouges ou jaunes, chapeau rond retroussé, chaussure ornée d'une rosette sur le coude-pied, gants jaunes recouvrant le poignet. Elle est armée d'une hallebarde et d'une longue épée supportée par un large baudrier à l'instar de nos suisses d'église.

Les jours de solennité seulement, cette garde est affublée d'un casque et d'une cuirasse en fer assez mal tenus qu'elle met sur cet habit; ce qui ne laisse pas que de faire un équipement très grotesque.

Ce palais pontifical renferme des tableaux de prix, nous dit notre cicérone romain, mais nous n'eûmes pas le temps de les voir; il possède un jardin assez vaste, d'un mille de circuit environ, et que j'ai vu en partie fort bien entretenu.

Pour connaître l'intérieur et le contenu de ce palais, je renvoie le lecteur à l'itinéraire de Nibby qui donne le détail de tous les tableaux qu'il renferme.

En sortant du palais Quirinal, nous suivîmes à gauche la *strada Pia*, qui conduit directement à la *porta Pia*, à moitié de cette rue nous trouvâmes le carrefour de *Quattro-Fontane*, qui est formé par l'intersection de deux autres rues, dont l'une se dirige vers *Santa-Maria-Maggiore*, et l'autre, qui est la rue Félix, descend vers la Trinité-du-Mont.

A chaque angle de la maison qui forme ce carrefour, on voit une fontaine dont les dessins ne sont pas très estimés, c'est ce qui lui a fait donner le nom de Quatre-Fontaines.

De cet endroit on jouit du plus beau point de vue qui soit dans Rome, par la longueur immense de ces quatre rues, qui coupent la ville moderne, du nord au sud-ouest et du nord-ouest au sud-est, et qui ne diffèrent pas de beaucoup dans leur étendue.

PLACE DU PEUPLE.

Cette place qui est une des plus grandes de Rome moderne, est à l'entrée de l'ancienne *porta Flaminia*, aujourd'hui *porta del Popolo* (porte du Peuple) qui lui a donné son nom.

On prétend que ce mot qui dérive du latin *populus* (peuplier) lui vient d'une forêt de peupliers qui entourait le mausolée d'Auguste, et qui s'avançait jusque vers cette porte. Une autre tradition dit, que c'est par rapport à l'affluence du peuple qui entrait dans Rome par cette porte, qui en était la principale. Elle est la plus septentrionale, et celle dont l'entrée est la plus belle, et la plus majestueuse.

Il est peu de ville qui en offrent une aussi imposante que l'entrée de Rome par la porte du Peuple; la vue de l'étranger, qui arrive par la route de Florence, est frappée d'admiration en entrant sur cette place immense, qui annonce la splendeur de cet antique cité.

Au milieu s'élève une belle fontaine ornée d'un obélisque égyptien de granit rouge, et dont j'ai déjà fait mention aux fontaines de Rome.

A chaque côté de la place, on voit de beaux groupes en marbre, sur l'un des côtés, on arrive par une double et large montée, décorée de belles statues, à une promenade dont la vue s'étend au-delà du Tibre sur le Vatican, sur la campagne, et sur une partie de Rome; on va de là, à l'école française de dessin (*academia di Francia*), qui occupe aujourd'ui la Villa-Médicis, située sur le mont Pincio, à peu de distance de l'église de Notre-Dame-du-Mont.

Du milieu de la place du Peuple, on découvre dans une grande partie de leur longueur, trois rues principales de Rome que séparent les deux églises de Sainte-Marie-des-Miracles, et Sainte-Marie-de-Monte-Santo dont les portiques uniformes et élégans, donnent à cette place un air grandiose.

Ces trois rues sont celles du cours (*il corso*), de la Petite-Rive (*di Ripetta*), et du Babouin (*del Babuino*).

IL CORSO.

La rue du Cours occupe le milieu des deux autres rues et se termine vers le palais de Venise. Elle tire son nom des courses de chevaux, qui y furent instituées par le pape Paul II. Elle occupe l'emplacement de l'ancienne Via-Lata; c'est la principale rue de Rome et la plus fréquentée. Sa direction en approchant vers sa fin, est un peu courbe, sa longueur est d'un mille et demi, sa largeur de vingt pas, elle est ornée de trottoirs et de magasins. On y trouve quantité de palais, d'églises et de couvens. Henric. à Pflaum. en parle ainsi :

Viaque à populi porta recta per spatium octo stadiorum dirigitur, cursus vulgò nominata.

C'est dans la rue du Cours qu'a lieu ce célèbre carnaval qui, au rapport des habitans de Rome, est un des plus beaux d'Italie.

A droite de la place du Peuple, est la *strada di Ripetta* (rue de la Petite-Rive), qui conduit au port du même nom, sur les bords du Tibre.

PORTO RIPETTA.

Le quartier du Port, est un des plus vivans de Rome. Il fut embelli au commencement du XVIIIe siècle, par le pape Clément XI, qui y fit faire deux larges et grands escaliers, qui descendent jusqu'au bord de l'eau, l'un pour charger, et l'autre pour décharger les marchandises. C'est là qu'abordent toutes les barques de la Sabine et de l'Ombrie, qui apportent des denrées à Rome. Henric. à Pflaum. , nous dit que Ripetta était autrefois le port des Romains.

Ripetta enim seu parva ripa vulgò nominata, minùs hodie frequens, sed olim romana ibi navalia steterunt.

Aux environs de ce port, il y a quelques beaux édifices et de magnifiques églises, ce qui en fait un des *rioni* (quartiers) les plus remarquables.

L'autre port nommé la *Rippa-Grande* (la Grande-Rive), situé plus bas, est aussi environné d'assez belles maisons. C'est là où mouillent les embarcations qui remontent le Tibre.

A l'extrémité gauche de la place du Peuple, est la rue du Babouin (*strada del Babuino*), qui conduit à la place d'Espagne, qui est le rendez-vous des étrangers à Rome.

C'est dans les environs de cette place et dans la rue *de' Condotti*, que sont les magasins où on trouve en tableaux, en pierres, en mosaïques et en antiquités, tout ce que les amateurs des beaux-arts et de l'antique peuvent desirer.

CHAPITRE SEPTIÈME.

Piazza di Pietre (place des pierres); Théâtre Valle; Amphithéâtre Correa, Palais Borghèse, Villa Borghèse; Courses extra-muros et basilique Saint Sébastien; Catacombes de Rome; mausolée de Cecilia Metella, Route de Tivoli, Villa adriana, Tivoli, Grotte de Neptume; Cascatelle de Tivoli; Villa estense. Observations sur Rome; apprêts de départ.

LA PIAZZA DI PIETRE.

LA PLACE DES PIERRES.

Cette place qui doit son nom à plusieurs espèces de pierres rares et précieuses qu'on y a déterrées, est située au sud du monte Citorio, et à peu de distance de la rue du Cours. Dans l'espace qu'elle occupe, on trouve de très beaux restes d'antiquités, enfoncées sous terre; c'est là qu'étaient les débris du temple d'Antonin-le-Pieux. Les uns ont prétendu que ces ruines appartenaient au temple de Mars, d'autres au portique des Argonautes ou au temple de Neptune, que fit construire Agrippa.

Quelque soit ce monument, il est remplacé aujourd'hui par la douane (*Dogana di terra*), que le pape Innocent XII, fit bâtir en 1595, sous la direction de Fontana. Cet habile architecte a adroitement laissé exister sur la façade principale de ce bâtiment, onze superbes colonnes de ce temple. Elles sont de marbre grec cannelées, et ont cinq pieds de diamètre. L'architecture et les frises sont antiques, cependant on voit que la corniche est moderne.

On pourrait placer ces colonnes, au rang des plus belles qui soient à Rome, mais elles ont été fortement endommagées, par les fréquens incendies qui ont dévastés cette célèbre cité.

En arrivant à Rome, c'est là que l'on va faire visiter ses effets; quand on n'a pas su adroitement, se tirer de cet embarras à la porte par où l'on est entré, en donnant quelques paoli d'étrennes aux préposés de la douane. Le paolo est une monnaie romaine, de la valeur de dix bajoques: lesquelles n'équivalent pas tout-à-fait à cinquante centimes chacune.

TEATRO VALLE.

Ce théâtre est au second rang, parmi les huit que l'on compte à Rome. Il est situé derrière le palais Valle dans un quartier assez populeux du côté du Panthéon, en allant de Saint-André à la Sapience.

La salle, vu son ordre secondaire, est grande, elle a cinq rangs de loges disposées, selon le goût ancien, par petits compartimens, et sans amphithéâtre ainsi qu'elles sont généralement en Italie; elle est assez mal éclairée comme elle le sont presque toutes.

Une compagnie de chanteurs (1) était venue jouer pen-

---

(1) En France on dit une troupe, en Italie *una compagnia*.

dant la quinzaine de la fête de Saint-Pierre, parce qu'il n'y a de spectacle à Rome que depuis le jour des rois jusqu'au mardi gras. Je vis représenter l'opéra de *Sémiramis* un des chefs-d'œuvre du célèbre Rossini; comme zélé partisan d'un si grand génie, je ne pardonnerai pas à des Italiens une exécution aussi faible, et je ne passerai pas sous silence cette soirée de spectacle.

L'orchestre était de beaucoup au-dessous de la réputation dont jouissent en Europe les orchestres d'Italie. La partie du haut-bois surtout de cette belle partition, était confiée à un malheureux exécutant qui en tirait un son grêle et chevrotant, qui aurait fait le tourment des oreilles les plus barbares et que je ne puis mieux comparer qu'à un de ces aveugles qui courent les rues.

Aucune nuance de *piano* ne se fit entendre, ni dans l'exécution de l'ouverture, qui est une des plus belles du répertoire moderne, ni pendant l'exécution du premier acte qui dura près de deux heures.

Peu satisfait de cette première partie de l'opéra, j'abandonnai le poste parce qu'il était minuit d'abord, ensuite que depuis mon entrée dans la salle, j'avais été assailli par un essaim de puces qui me dévoraient et qui ne m'épargnèrent pas plus que ceux qui étaient assis autour de moi à la *platea* (au parterre) et à qui je voyais faire les mêmes contorsions.

Le chant fut généralement médiocre, et l'exécution instrumentale mauvaise.

Les théâtres ne sont ouverts à Rome que pendant un certain temps, il n'y a dans le courant de l'année que quelques spectacles de différens genres, c'est une grande privation pour les habitans de cette ville, car sous le rapport du goût pour les fêtes et les spectacles, les Romains n'ont pas dégénéré; comme leurs ancêtres ils en sont avides, on connaît ce que disait Juvenal du peuple romain....

. . . . Atque duas tantum res anxius optat :
Panem et circenses. . . . . . Sat. X.

Il ne demande que deux choses, du pain et des jeux.

Le dimanche après la Saint-Pierre, il y eut une de ces fêtes publiques données à l'amphithéâtre Correa. Elle commença à la nuit, c'était à bien dire, moins une fête qu'une réunion à l'instar des concerts Musard à Paris. Pendant que les spectateurs se promenaient autour d'une vaste enceinte au milieu de laquelle était disposé un feu d'artifice, une musique guerrière faisait retentir ces lieux de ses sons belliqueux et harmonieux. L'assemblée était nombreuse et assez brillante.

Le cirque, selon l'usage antique, était à découvert et fort bien éclairé, les loges pratiquées dans les étages supérieurs, étaient garnies de dames romaines; dans le bas étaient des gradins construits à l'imitation des grands amphithéâtres de l'ancienne Rome.

La soirée se termina par un feu d'artifice dont l'exécution fut brillante. Aux approches du moment où on devait y mettre le feu, on réduisit le luminaire qui éclairait l'enceinte, et on la laissa dans un degré d'obscurité suffisant pour faire ressortir les effets merveilleux de ces feux pyrotechniques.

Ce spectacle fut fini à onze heures du soir.

AMPHITHÉATRE CORREA.

Cet Amphithéâtre que l'on désigne sous le nom moderne de Correa, a été construit sur l'ancien mausolée d'Auguste, pour des spectacles de différens genres qui ont lieu à Rome dans le courant de l'année.

L'intérieur de cet édifice est très vaste, et peut contenir dix à douze mille personnes. On n'a conservé de l'antique monument de cet empereur que les murs d'enceinte.

Ce mausolée qui était un des ouvrages les plus remarquables de Rome, était comparé pour la magnificence à celui d'Arthémise ; c'est ce que dit Strabon.

Artemisiœ reginæ luxu imitatus, quæ conjugi Mausolo ejus modi sepulcrum struxisse traditur, lir. 5.

Il fut érigé dans le Champ-de-Mars par Octavius Auguste, pendant son sixième consulat.

Mausoleum rotundum et reticulato opere incinctum, quod in campo martio somptuosissimè Augustus struxit, dit Strabon, liv. 5.

Derrière cet édifice, il y avait un bois de cyprès et de peupliers qui s'étendait jusqu'à la porte du temple, ainsi que le dit encore Strabon.

A tergo verò mausolei locus est, mirifica continens ambulachra
. . . et plantas interiùs præse ferens populos. Liv. 5

Aujourd'hui on entre dans cet amphithéâtre par la *strada dei pontifici* (rue des pontifes) qui aboutit d'un côté dans la rue *delle Colonnelle* et de l'autre dans la *Strada Ripetta* tout près du port.

PALAIS MATTÉI.

On compte à Rome presqu'autant de palais que d'églises. Le palais Mattei, est un des plus beaux de Rome par la quantité de bas-relief, et autres morceaux d'antiquité de prix qu'il renferme.

Il a été construit dans l'enceinte même du cirque flaminien, par Caius Flaminius consul qui fit la voie consulaire appelée de son nom Flaminienne, commençant à la porte du Peuple.

En entrant dans la cour du palais, on voit neuf belles statues en marbre qui furent trouvées sur le monte Celio. Audessus de ces statues on remarque des bustes en marbre placés dans le mur.

Dans l'escalier du palais on trouve deux fauteuils ou siéges antiques en marbre d'un goût parfait. Ce palais possède une quantité de statues, de bustes, de bas-reliefs, des peintures à fresque du Dominicain, de l'Albano, des curiosités enfin, dont l'itinéraire de Nibby donne un détail complet.

La vaste étendue de cet édifice forme une espèce d'ile qui renferme cinq bâtimens différens, dont l'un a l'entrée sur la petite place des tortues, sur la quelle est la fontaine de ce nom dont j'ai donné la description.

PALAIS BORGHÈSE.

—

Le palais Borghèse est un des plus riches palais de Rome. Il fut bâti sous le pontificat de Paul V, qui était de cette maison; on lui donna en le construisant la forme d'un clavecin. Il est situé un peu au sud du port Ripetta, sur la place qui porte son nom en directe ligne de la rue Dei Condotti.

On trouve dans la cour du palais un pourtour à deux étages d'arcades portées sur quatre-vingt seize colonnes de granit doriques et ioniques qui forment en bas et en haut des portiques couverts.

Ce palais, ainsi que la villa Borghèse, est d'une richesse et d'une magnificence que rien n'égale. Il possède des tableaux précieux. On prétend qu'il renferme jusqu'à dix-sept cents originaux de tous les grands maîtres d'Italie, dont treize de Raphaël. Il faudrait, disent les amateurs, un volume pour décrire une si belle collection.

Nibby fait mention de ceux qui sont le plus estimés.

Au fond de la cour en face de la porte d'entrée, il y a un

petit jardin orné de statues et de jets d'eau ; c'est sur la place Borghèse qu'aboutit le *vico Della Lupa* où je logeai dans une maison particulière. Les étrangers qui ne veulent pas aller à l'hôtel, trouvent facilement un logement chez des personnes qui tiennent des appartemens garnis, qui sont aussi sous la surveillance de la police, mais où on a l'agrément, en cas de maladie, de recevoir tous ces petits soins nécessaires en pareil cas, et que l'on ne peut avoir dans les ··ls.

VILLA BORGHÈSE.

Les Romains appelaient *villa* des maisons de campagne qui étaient pour eux d'une grande importance, tant pour l'utilité que pour tous les agrémens de la vie; tout contribuait alors et encore aujourd'hui à faire de ces demeures le séjour le plus enchanteur, leurs positions, la variété, la richesse des points de vue, les ornemens intérieurs, et les belles collections de statues, et de tableaux dont elles étaient décorées. Les villa étaient pour les Romains ce que nous appellions assez improprement châteaux, depuis que convertis en palais ou maisons, ils ont cessé d'être forteresses.

Les villa prenaient le nom de leur propriétaire, et non comme chez nous le nom du lieu où elles sont situées.

Rome en possède encore un nombre infini, toutes plus belles et plus somptueuses les unes que les autres, parmi lesquelles on peut citer la villa Borghèse, qui est une des plus vastes et des plus opulentes de toutes les villa aux environs de Rome.

Il y en a peu où l'on ait accumulé autant de luxe et de magnificence. Ce qui la rend plus agréable, c'est que l'enceinte de ses murailles commence aux murs de la ville à côté de la porte du Peuple, d'où elle s'étend jusqu'à la porte Pinciana. ce qui lui fit donner aussi le nom de villa Pinciana; sa circonférence est de quatre milles.

A cent pas de la porte du Peuple, on entre par une grande grille en fer dans une longue et large avenue fréquentée par une quantité de voitures qui y affluent sur le soir, à l'heure de la promenade. Sur la gauche, on trouve un petit lac au milieu duquel est un temple de forme sphérique orné de huit colonnes et d'une belle statue de Diane. Cette villa est ornée de jolis bosquets, de prairies, de jardins agréables, de fontaines, de cascades et d'allées d'arbres qui en font un séjour enchanteur. Les jardins et les bosquets y sont remplis de fleurs, de bustes, de sarcophages et autres marbres antiques; de tous côtés, on est attiré par des vues ravissantes. Au haut de la grande allée, on trouve un pont qui la divise, et qui conduit à une construction d'architecture égyptienne d'une teinte rougeâtre qui orne ce lieu pittoresque et contraste merveilleusement avec la verdure qui l'entoure.

Le jardin est un des plus étendus qu'il y ait aux alentours de Rome. Il est divisé en trois parties, et celle qui est du côté de la principale porte d'entrée, est toute plantée en bois de différente nature.

Le terrain est partagé en allées qui se coupent à angles droits, et dans les carrefours on trouve de jolies fontaines.

Sans parler des meubles précieux qui décorent cette villa, des machines à eau, des bassins, des théâtres, des parterres, des grottes, et autres objets de somptuosité et d'agrément que l'on y voit en abondance, toutes les salles sont ornées de belles statues et de peintures de grands maîtres, dont on ne peut trouver la description complète que dans Nibby qui a pu à loisir faire ce travail.

Cette villa fut construite par le cardinal Scipion Borghèse sous le pontificat de Paul V.

COURSES EXTRA-MUROS ET BASILIQUE SAINT-SÉBASTIEN.

On fait rarement seul ces courses hors la ville, à moins que l'on en ait le desir, mais dans le cas contraire, on trouve toujours dans le café des étrangers, qui est sur la place d'Espagne, des voyageurs qui viennent visiter Rome auxquels on se réunit pour ces excursions qui alors ont un double agrément, celui d'une société quelquefois très gaie, et celui de la modicité des frais qui se paient en commun. Nous étant donc reunis plusieurs voyageurs pour aller visiter les grandes catacombes de Rome, nous sortîmes un matin par la porte Saint-Sébastien, l'ancienne *porta Appia*. Nous nous dirigeâmes vers la partie sud où se trouve la basilique de Saint-Sébastien qui possède ces catacombes. Cette basilique est située à trois milles environ hors des murs de la ville sur la voie appienne, elle est au nombre des sept basiliques de Rome. C'est ce que confirme Hugon :

e septinis potissimis basilica sacro D. sebastiano extrà portam ejusdem nominis appiæ viæ dextra adjacet, 29e stat.

Elle fut fondée par Constantin et consacrée à Saint-Sébastien par le pape Saint-Sylvestre, ce qui place cette église au rang des plus antiques de cette capitale. Elle a été mise dans l'état où elle est aujourd'hui par le cardinal Scipion Borghèse neveu de Paul V. Sa façade est décorée d'un portique soutenu par six colonnes parmi lesquelles on en remarque deux de granit blanc, et deux de granit vert singulièrement tacheté

Le maitre-autel est orné de quatre colonnes d'un beau marbre vert antique.

Quatuor ad maximam aram sitis columnis.

Cette basilique est desservie par des Feuillants.

En entrant dans l'église, on voit à gauche un autel sous lequel est la statue en marbre de Saint-Sébastien, il est représenté dans son tombeau expirant percé de flèches.

C'est un assez beau morceau de sculpture fait par Antonio Giorgetti sur les dessins du célèbre Bernini. A côté de cet autel se trouve l'entrée de des fameuses catacombes.

CATACOMBES DE ROME.

Parmi les catacombes qu'il y a à Rome et dans ses environs, celles de Saint-Sébastien que l'on désigne aussi par le nom de cimetière de Saint-Calixte, sont les plus remarquables et les plus fréquentées par les voyageurs.

Quod appellatur in hodiernam diem cœmeterium Calisti ; Boissard, liv. x.

Elles sont les plus grandes que Rome possède.

Ce sont des grottes souterraines d'où les anciens Romains tiraient des pierres pour construire, et qui dans des temps de persécutions furent agrandies par les premiers chrétiens qui s'y étaient refugiés pour faire les saints exercices, et où ils ensevelissaient leurs morts.

Les écrivains ecclésiastiques rapportent que dix-neuf papes, et près de soixante mille martyrs y furent enterrés.

In quibus sepulcris, dit Boissard, liv. x, martyrum, atque inter hos decem et novem romanorum pontificum, condita corpora fuerunt.

Ces catacombes sont des galeries étroites de quatre pieds de largeur au plus, sur six ou sept de hauteur ; à droite et à gauche il y a des niches ou tombeaux creusés dans le tuf. C'est là qu'étaient placés les corps des martyrs avec tous les instrumens de leur supplice, des palmes, des croix, des épitaphes, etc. C'est de là qu'on extrait toutes les reliques des saints que les papes accordent aux églises, aux puissances et aux ambassadeurs.

On y descend par un escalier en maçonnerie qui est éclairé par une fenêtre. A une certaine profondeur, on arrive dans un petit caveau carré, où on trouve sur un autel le buste de saint Sébastien par Bernini. Vis-à-vis est un second caveau qui renferme aussi un petit autel en pierre, qui, au récit du frère feuillant, notre cicérone, fut le premier où célébrèrent la messe les chrétiens persécutés sous le règne de Dioclétien.

A l'issue de ce caveau, le révérend père nous distribua à chacun une bougie allumée, et nous nous enfonçâmes sous les grottes.

Parvenus à une certaine distance, nous trouvâmes le tombeau de sainte Cécile, à côté duquel était une pierre tumulaire portant cette inscription :

« Hic quondam reconditum fuit corpus.
« Beatæ Ceciliæ virginis et martyris.
« Hoc opus fuit fieri reverendissimum
« Pater Dominus Gullielmus archiepiscopus
« Biturigensis anno Domini. . . . .

Ici le corps de la bienheureuse Cécile, vierge et martyre, fut autrefois remis dans son tombeau par ordre du révérend père et seigneur Guillaume, archevêque de Bourges ; l'an du . . . . Seigneur.

A l'extrémité de l'endroit où fut exhumé le corps de sainte Cécile, il y a à main droite, un caveau de six pieds carrés qui est une espèce de chapelle avec un autel en pierre peu élevé, sur lequel on a placé une petite croix en marbre.

Il existe dans ces souterrains, qui se prolongent à cinq ou six milles, et qui se croisent dans tous les sens, des labyrinthes dont on ne pourrait sortir sans guide.

On trouve plusieurs issues qui ont été fermées exprès ; d'autres que l'éboulement des terres a bouchées.

C'est sur les questions que nous adressâmes à ce sujet au frère feuillant, qu'il nous raconta une horrible catastrophe arrivée sur la fin du XVIIIe siècle, à un séminaire tout entier.

En visitant ces catacombes, quatre-vingts jeunes gens périrent pour s'être enfoncés trop avant dans ces souterrains. En revenant sur leurs pas, ils ne trouvèrent plus d'issues, les terres s'étaient éboulées, et les avaient fermées derrière eux.

Toutes les recherches furent vaines, parce qu'on ignorait la direction qu'ils avaient prise. Depuis lors le pontife régnant à cette époque, fit boucher toutes les issues qui se prolongeaient trop avant.

Pour avoir de plus amples détails sur ces catacombes et sur l'intérieur de la basilique Saint-Sébastien, je renvoie le lecteur à l'Itinéraire de Nibby.

A cinq minutes de distance de cette église, dans les champs qui sont entre l'ancienne *via Appia* et la nouvelle *via Appia*, (*via Appia nuova*), nous trouvâmes les ruines du cirque de Romulus, que l'on a toujours cru être celles du cirque de Caracalla jusqu'en 1815, époque où furent mises au jour les fouilles du duc de Torlonia, et où l'on reconnut l'erreur où l'on avait été jusqu'alors.

A côté de ces ruines, nous dit notre cicérone, sont celles du temple du dieu Ridiculus, en italien *dio Ridicolo*, qui fut bâti dans le temps de la seconde guerre punique, à l'endroit même où Annibal avait établi son camp à trois milles de Rome : *ac proximus urbi Annibal*, dit Juvenal, sat. 6. Ce temple fut élevé par les Romains en dérision de son départ précipité, qu'il effectua sur des présages contraires.

D'autres font ressortir le nom de *Ridiculus* du mot latin *reditus* (retour), parce qu'Annibal, pouvant facilement se rendre maître de Rome, s'enfuit précipitamment sur des présages défavorables qu'il eut.

Junon, dit Silus Italicus, *de bello punico secundo*, liv. 12, lui apparut, et par des menaces qui effrayèrent le vieux guerrier, elle le força à rentrer dans son camp et à lever le siège :

Respectans abit, et castris avulsa moveri
Signa jubet ductor, remeaturumque minatur.

Annibal se retourne encore en se retirant, ordonne à ses troupes de rentrer dans le camp, et en partant, menace Rome d'un prompt retour.

MAUSOLÉE DE CECILIA METELLA.

A un mille de là, sur la même voie Appienne, on voit le mausolée de Cecilia Metella, épouse du triumvir Crassus Metellus.

Il est de forme sphérique, de quarante pieds de hauteur, et de quatre-vingt-dix de diamètre, fait de pierres tiburtines, et reposant sur une grande base carrée revêtue des mêmes pierres.

Ce monument sépulcral est simple et élégant. On remarque sur la frise de la corniche, des bas-reliefs en festons, ornés de têtes de bœufs, qui lui ont fait donner le nom moderne de *capo di bove*.

Vulgus caput bovis nominat, scilicet à bovum capitibus, quæ circumcircà exsculpta spectantur. Boissard, Topog. Romæ.

On y entre par une porte pratiquée à la base, et l'intérieur est une chambre sans toiture, dans laquelle on trouva sous le pontificat de Paul III, la grande urne cinéraire cannelée, de marbre de Paros, où étaient renfermées les cendres de Cecilia.

On voit cette urne aujourd'hui dans la cour du palais Farnèse.

A côté de cette ruine, sont deux grandes pièces contiguës qu'on dit être les restes d'un château qu'on y avait adjoint dans le moyen-âge, dont on avait fait du tout une espèce de forteresse, comme on le voit par les créneaux qui sont au sommet de ce monument, et que Sixte-Quint fit abattre.

Sur le mur qui est attenant au mausolée et qui donne sur la route, on a incrusté beaucoup de fragmens d'antiquités qui appartenaient à ce tombeau, pour les exposer aux yeux des voyageurs qui vont les visiter.

Aux nombreux vestiges d'antiques monumens que l'on trouve sur cette route, qui est l'ancienne *via Appia*, on voit que les Romains y avaient élevé une quantité de tombeaux.

Ce grand peuple avait coutume d'ériger les monumens des hommes illustres dans les chemins les plus fréquentés.

Cet usage noble avait pour but de rendre plus souvent et plus vivement présente aux passans la mémoire des hauts faits de ces grands hommes, et pour les porter à imiter leurs vertus. C'est ce que nous dit Varron :

Erat quippe olim admodùm in usu ut secundùm vias sepulcra mortuorum ponerentur, quæ prætereuntes admonerent et se fuisse et illos esse mortales.

Coutume que cite aussi Juvénal, Sat. 1.

Quorum flaminià tegitur cinis atque latinà.
Ceux dont les cendres reposent le long des voies latine et flaminienne.

Ces tombeaux étaient embellis de divers ornemens, de figures, de reliefs en marbre, de colonnes, de trophées. On les chargeait d'emblèmes et d'inscriptions. On les entourait d'arbres, de cyprès, de palmiers, pour les rendre plus respectables, et les préserver de la profanation.

Les funérailles étaient pour les Romains une cérémonie sacrée, et peu de peuples furent plus religieux et plus exacts à rendre les derniers devoirs à leurs parens et à leurs amis.

En quittant le mausolée de Cecilia Metella, à deux milles de distance dans les champs, à l'endroit même où commençait l'antique forêt d'Aricie, qui avait vingt milles d'étendue, ainsi désignée par Ovide :

> Vallis Ariciæ silva præcinctus opaca
> est lacus. . . . . Fast. liv. 3.

Auprès de la vallée Égerie, qu'entoure un bois touffu, est un lac. . . . .

on trouve les ruines de la fontaine Égerie :

> In vallem Egeriæ descendimus, et speluncas
> Dissimiles veris, dit Juvenal, sat. 3.

Nous descendîmes la vallée d'Égerie pour visiter ses grottes défigurées.

Ces ruines consistent dans une grande voûte, au fond de laquelle on aperçoit une statue couchée, très mutilée, et dans une source remarquable par l'abondance et la fraîcheur de ses eaux.

C'est dans cette grotte, nous dit Valère Maxime, que Numa Pompilius, second roi de Rome, venait rêver et consulter l'oracle pour la sagesse de ses lois, afin de mieux gouverner un peuple superstitieux.

Ut populum Romanum sacris obligaret, volebat videri sibi cum dea Egeria congressus esse nocturnos. . . . . . Liv. 1, chap. 2.

Pour attacher le peuple Romain à la religion, il feignait d'avoir des entretiens nocturnes avec la nymphe Égerie.

Cette source est située au bas d'une petite colline, sur le sommet de laquelle était, à deux cents pas de la grotte, un temple que les uns attribuent à Bacchus, d'autres disent aux Muses.

On en a fait aujourd'hui une église dédiée à Saint-Urbain. Cet édifice est de petite dimension. Il porte sur sa façade quatre colonnes cannelées d'ordre corinthien, qui en soutenaient le portique, et qui se trouvent infixées par des mains profanes dans un mur élevé dans l'entre-colonnement.

C'est pareillement de ce côté qu'était le fossé *cluilien*, connu aujourd'hui sous le nom de *la cafarella*, à cinq milles de distance de Rome, selon Tite-Live, que vint camper Coriolan à la tête des Volsques, l'an 264 avant J.-C. lorsque Véturie, sa mère, accompagnée de sa femme Volymnie et de ses enfans se rendit au camp ennemi, ainsi que le rapporte Valère Maxime :

Tum Veturia Coriolani mater, Volumniam uxorem ejus, et liberos secum trahens, castra Volscorum petiit. . . . . . Liv. 5, chap. 4:

et par leurs prières firent renoncer ce guerrier à son projet de vengeance contre sa patrie. Ce que n'avaient pu obtenir ni les pontifes, ni les sénateurs les plus distingués, qui avaient été députés vers lui :

Et quam armis viri defendere urbem non possent, mulieres precibus lacrymisque defenderunt, dit Tite-Live.

Et des femmes défendirent par leurs larmes et leurs prières une ville que des hommes ne pouvaient plus défendre par la force des armes.

C'était à cette même place qu'était le temple dédié à la Fortune féminine (*fortunæ muliebri*), qui fut érigé en mémoire de cet évènement, de ce que des femmes par leurs prières délivrèrent Rome du péril qui la menaçait, nous dit Fabricius, chap. 10.

In loco fectum, quo Coriolanus à Veturia matre et Volumnia uxore fuerat, ut armis abstineret, exoratus.

ROUTE DE TIVOLI.

Je ne voulais pas quitter Rome sans en connaître quelques alentours, je me procurai l'occasion de faire une course *extra muros* avec trois voyageurs que le même motif me fit rencontrer.

Escortés de notre cicérone, nous montâmes un beau jour

en voiture de très grand matin, *allo spuntar delle alba*, comme disent les Romaines dans leur doux accent, *au lever de l'aurore*, afin de profiter de la fraîcheur de la matinée, et nous dirigeâmes nos pas vers le Tivoli.

Nous sortîmes par l'ancienne porte Tiburtine, aujourd'hui porte Saint-Laurent, où nous rencontrâmes l'antique *via Tiburtina* (voie tiburtine ou de Tivoli). On trouve encore des vestiges de cette voie consulaire dans certains endroits de la route, ce sont de gros blocs polygones d'une lave bazaltine d'un bleu d'ardoise sans forme régulière que les Romains trouvaient dans les carrières de Tibur.

A neuf milles environ de la ville, on traverse un petit pont, connu sous le nom de *la Solfatara*, sous lequel passe un ruisseau de sept à huit pieds de large sur deux de profondeur, qu'on appelle *Albula*. Ce ruisseau sort d'une source qui est à deux milles environ dans les terres, et un lac de près d'un mille de circonférence sur cent trente-cinq pieds de profondeur. Ce ruisseau roule des eaux épaisses d'un blanc fortement azuré et répandant à plus d'un quart de lieue une odeur fétide et sulfureuse; c'est *l'aqua albula*, l'eau blanche des anciens. Ces eaux, dit Fabricius, étaient salutaires aux blessures :

> Unda salutares post offert albula fontes,
> Læsaque, ab infesto medicatur corpora ferro. (Iter Romanum).

Ce ruisseau dépose, dit-on, sur ses bords, quoique assez encaissés, des incrustations nommées dans le pays *confetti di Tivoli* (bonbons de Tivoli). Il peut avoir deux milles de cours, et va se perdre dans le *Teverone*, l'ancien *Anio* ou *Anienus*. A peu de distance de ce lac, que l'on nomme *lago dei Tartari*, parce que ses eaux ont la propriété de pétrifier tout ce qui en est baigné, on trouve celui *delle isole natanti* (des îles flottantes), qu'on appelle aussi *lago d'aqua zolfa* (eau de soufre), dont les eaux épaisses et blanchâtres répandent aussi une odeur sulfureuse. Il est couvert de petites îles flottantes, que l'on désigne ainsi parce qu'elles sont légères et formées de roseaux, de buissons et de plantes unies par la poussière et l'écume du lac; ce qui lui a fait donner ce nom. Son eau sans être chaude, bouillonne à certains endroits; son diamètre est de six cents pieds, et sa profondeur de cent soixante-quinze.

A deux milles du ruisseau *Albula*, on passe sur le Teverone, l'ancien pont de *Lucano* qui a pris son nom d'une victoire remportée sur les Lucaniens, et qui fut construit par Plautius, comme le rapporte Fabricius, dans son *Iter Romanum* :

> Pons superabatur lucanus Plautius olim
> Quem fecit. . . . .

A l'issue de ce pont, on trouve sur la route le mausolée de la famille *Plautia*, qui est à l'instar de celui de *Cecilia Metella*; il est construit en pierres de Tivoli, et est fait aussi en forme de tour circulaire, avec son entablement au milieu. Ces deux monumens ont beaucoup d'analogie. On y lit deux inscriptions : l'une de *Marcus Plautius Silvanus*, en mémoire de ses exploits en Illyrie; l'autre de *Titus Plautius Silvanus*. Je joins ici la première, n'ayant pu transcrire l'autre, qui est entièrement dégradée :

« M. Plautius, M. F. an. Silvanus. cos. VII. vir. epulon. huic. senatus
« triumphalia. ornamenta. decrevit. ob. res. in. Illirico. bene. gestas. lartia
« gn. F. uxor. A. Plautius. M. F. Virgulianus. Vixit. ann. IL. »

Après ce monument sépulcral de la famille Plautius, on détourne à gauche dans un chemin qui conduit à Tivoli. En montant cette petite route, on trouve à deux milles de distance la *villa Adriana*.

VILLA ADRIANA.

Cette maison de plaisance fut bâtie par l'empereur Adrien. Il y avait réuni et fait construire tout ce qu'il avait vu de plus remarquable dans ses voyages d'Égypte et de Grèce ; hyppodrome, théâtres, lycée, bains, temples, bibliothèques, naumachie, jusqu'aux champs Élysées et aux enfers ; enfin tout ce qui était digne d'exciter l'admiration. C'était une des plus belles villa qui fut aux environs de Rome.

Nous nous y présentâmes de grand matin, le gardien que nos coups redoublés à la porte amenèrent vers nous, commença d'abord, avant d'ouvrir, par nous demander si nous étions munis d un permis pour la visiter ; lui ayant répondu affirmativement, il nous donna l'entrée et nous conduisit partout. Aujourd'hui elle est la propriété du duc de Braschi, et on ne peut la visiter sans permission.

De tous les monumens qui embellissent cette maison de plaisance, on ne voit plus que ruines et débris, qui sont épars dans ce séjour abandonné.

Le sol est jonché de fragmens, de statues brisées, et de cette enceinte jadis si brillante, il ne reste plus que des murs antiques, ruinés, tapissés de mousse et de lierre, et un terrain inculte couvert d'herbes et d'arbustes séparés des terres cultivées par une haie délabrée.

L'édifice le mieux conservé, est la caserne des gardes prétoriennes, dont on visite les compartimens qui existent encore ; ces chambres communiquent les unes avec les autres, et sont connues sous le nom de *cento camerelle* (les cent petites chambres).

Le concierge qui nous guidait nous fit voir l'emplacement

du lycée, de labibliothèque, du prytanée, et de l'enfer. Ce dernier consiste encore en une immense bâtisse, dont les murs sont très élevés et sur lesquels on ne distingue plus que quelques peintures à fresque. Il nous montra aussi plusieurs autres débris de monumens célèbres qu'Adrien avait imités.

Le détail de ce que renferme encore en ruines cette villa serait trop long à faire ici, d'autant plus qu'elle avait six à sept milles de circuit, et qu'il faudrait plus d'une journée pour la voir entièrement. Je renvoie donc le lecteur à l'Itinéraire de Nibby, fait pour donner tous ces renseignemens.

Après avoir parcouru à la hâte ces nobles ruines qui remplissaient l'âme de souvenirs délicieux à l'aide du silence profond qui règne dans cette enceinte, image effrayante de la fragilité des choses humaines, nous nous acquittâmes du tribut qu'avait mérité notre gardien pour sa complaisance, et nous reprîmes la route de Tivoli, qui en est distante de trois milles.

Nous étions sortis de Rome de très grand matin, sans nous être munis de provisions de bouche. Après notre course à la *villa Adriana*, qui avait aiguisé notre appétit, nous n'eûmes rien de plus empressé en arrivant à Tivoli, que de nous rendre à l'auberge située sur la place, où nous nous fîmes servir à déjeûner. Des œufs frais et du poisson de l'*Anieno* apaisèrent une faim dévorante.

Après nous être dûment ravitaillés, nous nous mîmes en route pour visiter ce que cette ville et ses environs offrent de curieux.

TIVOLI.

Tivoli est l'ancienne Tibur des Romains, sur l'Anio ou l'Anienus, à dix-huit milles de Rome. Selon Pline, elle fut fondée quinze cents ans avant J.-C. par Tiburtus, fils aîné d'Amphiaraüs et selon d'autres, fils d'Hercule.

Virgile rapporte que Tibur fut bâti par les deux frères Catillus et Corax d'Argos, qui lui donnèrent le nom de leur frère Tiburtus :

« Tum gemini fratres Tiburtia mœnia linquunt,
« Fratris Tiburti dictam cognomine gentem,
« Catillusque, acerque Coras, Argivà Juventus. (1)

Alors les deux frères Catillus et le bouillant Corax, jeunes Grecs de la ville d'Argos, quittent les murs de Tibur, et le peuple appelé du nom de leur frère Tiburte.

Catillus donna le sien à la montagne qui est devant Tibur, lequel nom de Catillus elle porte encore de nos jours.

Tibur fut donc une colonie argienne, comme le dit Horace: *Argeo positum colono* (2) et comme s'exprime Ovide en parlant de cette ville :

. . . . . Jam mœnia Tiberis udi stabant,
Argolicæque posuere manus. (3)

Déjà des Grecs d'Argos avaient bâti les murs de l'humide Tuscule.

Elle fut célèbre même avant Rome, avec qui elle fut long-temps aux prises et dont elle finit par être la plus fidèle alliée.

Elle fut aussi une ville marquante du Latium. Aujourd'hui elle n'a rien de remarquable ni dans la construction de ses édifices, ni dans ses rues, qui sont très étroites. Il ne lui reste de grand que son ancien nom de *Superbum*, que lui

---

(1) Eneid. liv. 7.
(2) Od. 6, liv. 2. Tibur, cette belle colonie d'Argos.
(3) Fast. liv. 4.

donna Virgile (1) par allusion à la réponse que firent les Romains aux Tiburtins: *vos superbi estis*, et sa légende S. P. Q. T. *Le sénat et le peuple Tiburtin*, que l'on voit encore à peine sur quelques inscriptions que les siècles ont dévorés.

Sa cathédrale, dont la construction est assez ordinaire, est assise sur les ruines de l'ancien temple d'Hercule, qui y était en grande vénération; c'est pourquoi Properce l'appelle *Tibur Herculeum*. (2)

Cette ville est située au penchant d'une colline, ce qui lui fit donner par Horace l'épithète de *Supinum:* bâtie sur une pente (3). Elle est en regard de l'ancien mont Catillus, dont elle n'est séparée que par une petite vallée excessivement étroite, où le Teverone, à l'issue de ses cascades, roule paisiblement ses eaux et en occupe l'espace.

Tivoli ne compte plus aujourd'hui que six à sept mille âmes de population.

On y trouve encore les ruines d'un temple de forme sphérique, que les uns attribuent à la sybille Tiburtine, et d'autres le disent consacré à Vesta (voyez la planche en regard);

Templum fastidiæ conscendimus indè sibyllæ.

De là nous montâmes au temple de la Sibylle prophétesse, dit Nardini, (*de Roma antic.*)

quel qu'il soit, ce temple a conservé extérieurement dix colonnes cannelées d'ordre corinthien, de dix-huit qu'il possédait autrefois.

La frise est ornée de têtes de béliers et de guirlandes.

A côté de ce monument est un édifice de forme oblongue, que les gens du pays nomment aussi le *temple de la sibylle*. Conséquemment l'un et l'autre sont les deux temples indi-

---

(1) Eneid. liv. 7.

(2) 34e Elegie.

(3) Od. 4. liv. 3.

Vue du Temple de la Sibylle a Tivoli.

qués par la tradition. Ils sont situés sur la terrasse de la montagne que l'on descend par un sentier que fit pratiquer le général français Molitor, qui fut gouverneur de Rome, pour arriver à la grotte de Neptune.

GROTTE DE NEPTUNE.

Le Teverone, qui prend sa source au mont Trevi, aux confins des Abbruzzes, dans le royaume de Naples, sépare le pays des Sabins du Latium, et arrive lentement des montagnes voisines sur un lit parfaitement uni, large de trente pieds environ.

Cette rivière baigne d'un côté la ville de Tivoli, et se trouvant tout-à-coup resserrée dans son cours, elle passe sous un pont nouvellement construit, où elle forme sa première cascade, et s'élançant ensuite vers la montagne qu'elle a percée par le volume et la force de ses eaux, elle se précipite en bouillonnant à grands flots dans l'abîme qu'elle a creusé. Avant cette chute, le Teverone peut être comparé pour la largeur à l'une des branches de la Seine qui passe sous le pont Saint-Michel à Paris, près de l'Hôtel-Dieu.

Cette montagne, qui forme à sa base la grotte de Neptune, est un énorme massif de rochers à travers lequel cette rivière s'est frayé un passage.

Nous voulûmes approcher autant que possible de l'ouverture de la grotte pour contempler ce phénomène de plus près, mais nous en fûmes empêchés par un nuage humide de poussière, formé par l'énorme masse d'eau qui tombait au fond de cette voûte ténébreuse, et qui se brisait en bouillonnant avec fracas sur les pointes des rochers. Fabricius nous dépeint cette chute étonnante par ces vers dans son *Iter Romanum* :

> . . . . Quam magno monte volutas,
> Contemplari Anienis aquas : ut præpete lapsu,
> Fument, ac multa sudent, aspergine cautes.

Nous vînmes contempler l'Anius, qui, dans son cours rapide, roule le volume de ses eaux comme une énorme montagne et qui inonde d'une pluie d'eau les rochers d'alentour.

Cet aspect vous émeut et vous effraie. Le bruit que produit cette chute d'eau, égale celui du tonnerre, et tout en étant les uns à côté des autres, on peut difficilement se faire entendre, même en criant; rien ne saurait égaler l'émotion que la vue de ce lieu pittoresque et de ce merveilleux spectacle fit naître en ce moment dans mon âme.

Tout à côté de cette cascade, on en voit une seconde, qui s'échappe de la montagne à une hauteur de soixante-dix pieds, et qui mêle ses eaux écumantes à celles du Teverone, dont elle augmente le volume immédiatement après sa chute.

Après cette jonction, le Teverone, presque perdu dans le fond de la vallée étroite qui sépare les deux montagnes à leur base, se dirige vers la *grotte des Sirènes*, formée plus bas par un énorme rocher qui joint ces deux monts, et dont les arcades sont tapissées de mousse et de plantes qui pendent en festons. Arrivée à l'embouchure de cet abîme profond, cette rivière se précipite de nouveau avec un horrible fracas dans ce gouffre effroyable, où on la voit entièrement disparaître pour venir se montrer de l'autre côté du rocher qu'elle a percé. Là elle reprend paisiblement son cours à travers un large vallon bordé de collines peu élevées et couronnées d'arbres, pour aller déboucher dans le Tibre, à trois milles au-dessous de Rome.

Après avoir contemplé à loisir ce site pittoresque que nous quittâmes à regret, nous reprîmes le même sentier par où nous étions descendus à la grotte de Neptune.

A mi-chemin de la montagne que nous remontâmes, on rencontre de petites grottes percées à jour, dans lesquelles on voit des pétrifications très curieuses que le passage des eaux, qui dans un temps ont dû abonder en masse dans ces contrées, et qu'a détournées une inondation récente, avait sans doute formées à des époques plus reculées.

Arrivés sur le mont Catillus, situé en face, qui tire son nom de Catillus, frère de Tiburtus, fondateur de Tibur, nous trouvâmes le nouveau lit que l'on pratiquait au Teverone, afin de détourner son cours, qui minerait peu-à-peu la montagne à travers laquelle elle s'est frayé un passage, et qui finirait infailliblement par s'écrouler.

Là, nous trouvâmes les montures locales que nous avions arrêtées à Tivoli, et qui étaient venues nous attendre pendant que nous étions descendus à la grotte.

Ces montures sont des ânes très pacifiques qui vous conduisent d'un pas assuré de l'autre côté de la montagne, d'où l'on voit admirablement bien *les cascatelles* (les petites cascades). Nous suivîmes en caravane un chemin pratiqué sur le mont Catillus, et nous arrivâmes après une demi-heure de marche en vue de leur chute.

CASCATELLES DE TIVOLI.

Ces *cascatelles* sont formées par une partie des eaux du Teverone, que l'on a détournées au-dessus de la grande cascade, citée plus haut et qui alimente Tivoli. Elles coulent dans la ville et dans les campagnes voisines, qu'elles fournissent d'eau. C'est pourquoi Horace a donné à Tibur, l'épithète d'*Udum* humide, où il y a beaucoup d'eau. Elles sont distinguées par grandes et petites cascatelles, parce qu'il y en a deux.

Les premières que nous rencontrâmes, et dont nous entendions le fracas en nous approchant, sont les *grandes cascatelles* que l'on voit s'échapper en nappes d'eau, de divers volumes, sur le penchant de la montagne, où est située la ville de Tivoli, et se précipiter dans le Teverone qui coule à ses pieds, à travers les arbustes sauvages et les buissons épais, qui tapissent les flancs de cette colline.

Rien n'est plus digne d'admiration que l'effet de ces gerbes argentées, que les rayons du soleil, en venant s'y jouer, font briller parmi ces mousses touffues de verdure.

A dix minutes de distance de celles-ci, on rencontre les petites cascatelles, qui produisent le même effet que les premières, sortant également de Tivoli, pour s'élancer dans le Teverone. On les appelle *petites cascatelles*, à cause du moindre volume de leurs eaux et de leur petit nombre.

Après ces deux stations, nous descendîmes la montagne au milieu d'un délicieux bosquet d'oliviers, prêtant leur ombre à de nombreux troupeaux, au poil argenté, qui, pittoresquement groupés, se reposaient sur le penchant de la colline, et cherchaient un abri contre la chaleur.

Nous suivîmes un petit sentier rapide et tortueux, qui conduit à un pont, sous lequel vient passer le Teverone grossi par ses chutes d'eau, et nous remontâmes à la ville de Tivoli, par l'ancienne voie Tiburtine, dont on voit encore les restes par intervalles.

Un peu avant d'y arriver nous trouvâmes sous nos pas la *villa Estense.*

Tous les poètes du siècle d'Auguste ont vanté la belle situation de Tivoli. L'air pur qu'on y respire, l'abondance et la fraîcheur de ses eaux; tous ces avantages avaient engagé un grand nombre de Romains illustres à y bâtir de magnifiques maisons de plaisance, dont on voit encore les restes de quelques-unes.

Parmi ces villa, on distinguait celle de Mécène, de Brutus, de Cassius, de Salluste, de Properce, de Manlius, de Quintilius Plancus, de l'infortunée Zénobie et autres. Horace, qui y avait aussi la sienne, préférait le séjour de Tibur, à celui des plus belles villes de la Thessalie et de la Grèce, comme il le dit:(1)

« Me nec tam patiens Lacedemon,
« Nec tam Larissæ percussit campus, opimæ
« Quam domus Albunæ resonantis,
« Et præceps Anio, et Tiburni lucus, et ruda
« Mobilibus pomaria rivis. »

« Mais pour moi, je ne suis point si charmé de la patiente Lacédemone, ni « des fertiles campagnes de Larisse, que de ma maison et de ma fontaine « d'Albunea qui coule avec un grand bruit : que de l'Anio qui se précipite « sur des rochers; que de mon bois sacré de Tiburet de mes vergers qui sont « arrosés de mille ruisseaux ductiles.

Arrivés à Tivoli, nous quittâmes nos montures, et rejoignîmes la voiture, qui attendait notre retour, pour reprendre la route de Rome, où nous rentrâmes assez tard.

Pour avoir de Tivoli et de ses environs les détails des objets curieux à voir, je renvoie le lecteur à l'*Itinéraire* de Nibby, parce qu'une journée ne peut suffire pour le parcourir et le connaître en entier.

VILLA ESTENSE.

Cette maison de plaisance fut bâtie par le cardinal d'Est, en 1549. Elle est agréablement située, dominant toute la campagne.

Elle possède en quantité des fontaines, des bosquets, des cascades, des grottes, des jets d'eau admirables, des

(1) Ode 7, liv. 1.

plantations de cyprès, et de beaux pins à parasol, qui en font un séjour délicieux.

L'architecture du bâtiment ne présente rien d'extraordinaire, mais l'intérieur, où l'on monte par une rampe de quatre-vingts pieds d'élévation, pratiquée dans des charmilles de chaque côté, mérite d'être vu; il renferme des restes de peintures à fresque de divers auteurs, que l'humidité a fortement endommagées.

A l'entrée de l'une des salles du premier étage, se trouve une belle statue de Vénus, en marbre blanc, reste de l'ancienne splendeur de cette villa.

Ce grand palais est inhabité et sans meubles. On voit avec regret qu'il soit abandonné et si mal entretenu, se dégradant chaque jour davantage, au point que les orgues hydrauliques, que possédait le château, et qui faisaient l'admiration générale, sont entièrement ruinés.

On y jouit de tous côtés des vues les plus belles et les plus variées.

Des terrasses ou balcons qui sont établis sur la façade, le coup-d'œil est magnifique; on domine sur la vaste plaine de Rome, couverte de ruines, de temples, de tombeaux et d'aqueducs.

A l'horizon et à l'extrémité des campagnes romaines, on aperçoit le dôme de Saint-Pierre et une partie de Rome; ainsi que s'exprime Martial :

« Hinc septem dominos videre montes
« Et totam licet estimare Romam :
« Albanos quoque Tusculosque colles. » (1)

« De là vous pouvez découvrir Rome entière, les sept montagnes qui la « dominent, les collines d'Albe et de Tusculum. »

Du côté du midi, on découvre Frascati, Ostie, la mer et

---

(1) Liv. 4, ép. 64.

le mont Tripoli, au pied duquel est sise la villa Adriana; au couchant Civita-Vecchia et Monte-Fiascone.

Nous voyions devant nous se dérouler à nos yeux la campagne de l'antique Latium, baignée par le Teverone, qui va mêler ses eaux à celles du Tibre. Il serait difficile de trouver une vue plus admirable et plus propre à faire naître de puissantes réflexions : mon âme s'exaltait en contemplant ce tableau enchanteur que les rayons du soleil couchant embellissaient; mille idées confuses se pressaient dans mon esprit. C'est dans ce lieu de délices, nous dit notre cicérone romain, que l'Arioste a composé une partie de son poème.

Voulant partager entre Rome et Naples le temps limité que j'avais consacré à mon voyage, je bornai mes courses aux monumens dont j'ai donné un précis, ne pouvant les prolongerplus avant.

Je ne parlerai pas même de la société de Rome, que j'ai peu connue, faute de temps, malgré les invitations que j'avais reçues, et dont je ne pus profiter, préférant m'occuper à mettre en ordre les notes que j'avais recueillies dans mes courses du jour.

Cependant je ne passerai pas sous silence une des soirées musicales, qu'on appelle à Rome *Conversazioni*, où je me trouvai, et où j'entendis exécuter au piano, plusieurs morceaux du célèbre Rossini et du maestro Mercadante.

Les *cantanti* qui faisaient les frais de cette agréable réunion, étaient des dames dilettanti et des artistes, dont le goût ne fit qu'ajouter à la réputation justement acquise à l'exécution vocale en Italie.

Relativement au peuple de Rome, je n'ai guère eu le temps, dans un séjour de plusieurs mois, de le connaître assez pour porter un jugement sur lui.

S'il faut en croire divers auteurs qui ont écrit sur les mœurs des Romains modernes, le peuple est facilement enclin au meurtre, mais comme ces relations sont un peu surannées, il est à présumer pour le bien de l'espèce humaine, que le temps et le séjour qu'ont fait dans ces contrées les armées européennes, ont jusqu'à un certain point, porté chez ce peuple les bienfaits de la civilisation.

Si je dois à cet égard me livrer à quelques conjectures, d'après la vivacité que j'ai observée maintes fois dans ses actions et le feu avec lequel je vis des jeunes filles du peuple s'escrimer à une certaine danse qu'on nomme *Tarentelle*, son caractère doit être fougueux et facile à s'irriter. Cette danse, qui appartient à l'Italie, est assez connue en France sur nos théâtres; elle est d'un mouvement très vif. Ces jeunes Romaines dansaient au milieu de la rue devant leur porte, au son d'un tambour de basque.

Leurs mouvemens étaient gracieux, elles entrelaçaient leurs mains en élevant les bras sous lesquels elles passaient et repassaient avec des pauses qui tenaient des anciennes danses grecques, que nous voyons représentées sur des monumens antiques; une d'elles agitait et battait ce tambour avec une adresse et une légèreté admirable, ensuite elle précipitait le mouvement, qui dégénérait alors en une espèce de fureur, et me rappelait les prêtresses de Bacchus, dont parle Horace :

« Non acuta sic geminant Corybantes æra. »

« Les Corybantes ne battent pas leurs cymbales avec tant de force. »

Nous nous arrêtâmes devant elles, mais nous ayant reconnus pour des étrangers, notre présence les troubla et suspendit leur danse; comme nous ne voulions pas nous imposer la privation de les voir, parce qu'il y en avait de très jolies dans le nombre, ni à elles celle de danser, nous nous éloignâmes jusqu'à l'extrémité de la rue, alors feignant de partir, elles recommencèrent leur danse, et nous les observâmes de loin avec plaisir. Nous étions entre le Capitole et la roche Tarpéienne à la rue Monte-Caprino.

J'avais ouï dire à Rome que les habitans de l'autre côté du Tibre, sur la rive droite du fleuve, qui sont connus sous le nom de *Transtéverains*, se disaient être les vrais descendans des Romains et prétendaient être supérieurs à tout ce qui habite en deçà du fleuve dans l'intérieur de la ville. Ayant eu un jour l'occasion de me trouver avec un de ces riverains, je le questionnai à ce sujet, il me répondit que dans leur *rione* (quartier) ils étaient tous de pure race romaine; je voulus alors poursuivre plus loin, mais il me quitta et je n'en eus pas la faculté.

Ces Transtéverains sont des hommes de petite taille et ramassés, plus vigoureux par l'habitude de leurs travaux pénibles de vignerons, de laboureurs et de jardiniers, plus courageux peut-être que le commun du peuple, qui est en deçà du Tibre.

Ils font souvent des séditions, et forcent alors le pape à transiger avec eux. Cette classe est ménagée en quelque sorte par le gouvernement de Rome; et les sbires de la police, qui passent de l'autre côté du fleuve pour exécuter quelques ordonnances, n'en reviennent pas toujours.

Rome moderne est bâtie à côté de l'ancienne; quoique assez grande, elle est à peine aujourd'hui la moitié de ce qu'elle fut jadis. On lui donne quinze milles de tour; du temps d'Auguste elle avait quinze lieues de tour; elle compte quinze portes d'entrée, qui sont, en suivant du nord à l'est :

La porte du peuple, l'ancienne *porta Flaminia.*

La porte Pinciana, l'ancienne *porta Collatina.*

La porte Salara, l'ancienne *porta Colina.*

La porte Pie, l'ancienne *porta Nomentana.*

La porte St.-Laurent, l'ancienne *porta Tiburtina.*

La porte Maggiore, l'ancienne *porta Labiena.*

La porte St.-Jean de Latran, l'ancienne *porta Celimontana.*

La porte St.-Sébastien, l'ancienne *porta Appia*, la plus méridionale.

La porte St.-Paul, l'ancienne *porta Trigemina.*

Telles étaient les portes de l'antique Rome avant qu'elle eût subi des changemens dans son enceinte; les suivantes appartiennent au moyen âge :

La porte Portesa, l'ancienne *porta Pontensis* (du port).

La porte St.-Pancrace, l'ancienne *porta Aurelia.*

La porte Cavalligeri (chevau-légers), l'ancienne *porta Fornaci.*

La porta Fabrica, l'ancienne *porta Vaticana.*

La porta Angelica.

La porta Castello, qui est derrière le château St.-Ange.

La population romaine qui, du temps de son ancienne splendeur, était de plusieurs millions d'habitans, puisque Pline nous dit que sous le règne d'Auguste elle en possédait trois, est réduite de nos jours à cent quarante ou cent cinquante mille âmes.

Malgré cette déchéance, ses églises, ses palais, ses places embellies de fontaines et d'obélisques, ses musées, ses statues, ses villa, ses ruines, ses antiquités, et ses monumens immortels, tout annonce dans cette ville son ancienne magnificence, et sa grandeur actuelle pour les arts, les débris vénérables des monumens qui sont en ruines suffisent pour attester la puissance de leurs fondateurs. Pline disait de cette reine du monde ;

Quasi quæ orbis contineret universus, in una urbe collecta et conspicua essent :

Tout ce que renfermait l'univers, était réuni dans Rome.

Rome est le musée de l'Europe ; le peuple y est en général moins misérable qu'à Naples, sans doute parce qu'il est moins nombreux. La vie animale y est à bon compte ; je désignerai *la trattoria della Lepre* (le restaurateur du Lièvre), rue *de' Condotti* près la place d'Espagne, au voyageur qui n'est pas dans l'intention de faire une grande dépense de bouche. Malgré la modicité de ses prix, la carte est copieuse et variée, on y est fort bien traité, et très proprement servi à la française.

On boit à Rome du vin d'Orvietto qui est une des bonnes qualités de vin que produisent les états romains. Il est blanc, agréable à boire, flattant le goût des dames par sa douceur, et à très bon compte.

Cette capitale est située à une certaine distance de la mer, la chaleur s'y fait sentir plus qu'à Naples.

Ce qui rend Rome un séjour qui excite l'intérêt des étrangers qui vont la visiter, c'est un amalgame étonnant des vestiges de l'antiquité, de ceux du moyen âge, et ceux du temps moderne; on se transporte d'une période à l'autre en parcourant les monumens qui sont à peu de distance les uns des autres, sur les mêmes lieux, dans certains édifices.

La veille de mon départ je retournai pour la dernière fois à la basilique de Saint-Pierre. Je ne sortis jamais de ce temple sublime, sans éprouver le sentiment d'une admiration toujours nouvelle, et d'une douce satisfaction; ensuite je remontai au troisième corridor de la grande cour du Vatican.

A une des extrémités de ce corridor, on domine sur une grande partie de Rome. En promenant mes regards sur cette cité pour la dernière fois, je me sentis saisi d'une douce et sublime mélancolie, que m'inspirait le regret de quitter un pays où j'eusse désiré faire un plus long séjour, et où j'avais goûté tant de jouissances auparavant inconnues, qui sans doute ne reviendront plus.

Je planais sur cette métropole de l'empire romain, jadis la reine des nations, ainsi qu'Ovide a su si bien l'exprimer par ce vers :

« Romanæ spatium est urbis et orbis.

« L'étendue de Rome est celle de l'univers. »

Sur ce sol mémorable par tant d'évènemens divers, je me retraçais l'empire absolu qu'avait exercé sur le monde entier ce peuple roi :

Populum latè regem, belloque superbum.

comme l'appelle Virgile, En. liv. 1, ce colosse redoutable qui est aujourd'hui dans une si grande impuissance, et le contraste cruel de la nullité de ses descendans avec son état et sa gloire passés.

Je réfléchissais à l'influence du Saint-Siège, qui depuis tant de siècles, a ajouté à la dépopulation et à la décadence de Rome. Je promenais mes regards sur cette belle cité dont les collines, comme le dit Claudien, brillaient jadis d'un éclat radieux :

« . . . . Septem circumspice montes
« Qui solis radios auri fulgore lacessunt. »

Je recueillais enfin dans ces pénibles adieux, de si grands souvenirs pour le reste de ma vie.

Le soir de ce même jour, je fis mes dispositions pour partir le lendemain pour Naples par les voitures à petites journées, qu'on appelle dans le pays *i vetturini*, les voituriers, avec l'un desquels j'avais eu soin d'arrêter mon départ quelques jours auparavant. Je n'étais pas pressé à mon retour par le même motif qui avait hâté mon départ de Naples, et je pris cette voie, afin d'avoir la faculté de mieux observer cette route, ce que je n'avais pu faire en venant en poste à Rome, surtout pendant la nuit.

Pour faire ce voyage, voici les dispositions que l'on a à prendre : on trouve sur la place d'Espagne beaucoup de ces voituriers, qui viennent vous offrir des places pour toutes les villes d'Italie, on convient avec eux du prix de la voiture, du jour et de l'heure du départ, on leur donne son adresse, et on exige des arrhes.

Ces voituriers mettent ordinairement quatre jours pour aller de Rome à Naples, et *vice versà*, quoique nous n'ayons été que trois jours en route. Le prix de la voiture est de huit à neuf écus de Rome ou piastres fortes d'Espagne, qui équivalent à cinquante-quatre francs, en y comptant *la buona mano* (le pour-boire) du conducteur.

Dans cette somme sont payés les trois couchées et les trois soupers que l'on fait en route, qui sont aux frais du conducteur, et qu'on est libre de prendre ou de laisser. Le prix de ce voyage diffère de plusieurs piastres de plus ou de moins, selon le cas où se trouve le voiturier pour compléter le contingent de ses voyageurs, parce que les voitures viennent plus abondamment de Naples à Rome, que de Rome à Naples, et pour ne pas retourner à vide, leur prix de route varie selon cette circonstance.

Je sortis donc de Rome à quatre heures du matin par la porte Saint-Jean de Latran par où j'étais arrivé. Nous fûmes enveloppés d'un brouillard épais, que l'on appelle dans le pays le *malaria* ou l'*aria cattiva* (le mauvais air) ; ce brouillard règne principalement dans la campagne, aux environs de Rome en juillet et en août. On est convaincu que pendant tout ce temps-là l'air y est fiévreux et très dangereux ; c'est au point que beaucoup de personnes n'osent coucher à la campagne, et reviennent en ville, où le *malaria* est beaucoup moins sensible.

On prétend même que les religieux des environs abandonnent leurs couvens, et viennent à Rome pendant ces mois-là, habiter les quartiers les plus élevés, où l'air passe pour être meilleur.

CHAPITRE HUITIÈME.

Malaria; retour de Rome à Naples, Albano, Gensano, Velletri; Cisterna: passage des Marais-Pontins pendant le jour; observations sur les Marais-Pontins; Terracine; Fondi; Itri, Mola di Gaëta; sainte Agathe; Capoue, Aversa.

MALARIA.

MAUVAIS AIR.

Considérations sur les Marais-Pontins.

D'après la discussion qui s'éleva dans la voiture, relativement au *malaria*, entre nos voyageurs et deux citoyens de Rome, qui tous deux différaient d'opinions, il paraît que les traditions sur le mauvais air qui infecte Rome en juillet, août et une partie de septembre, varient sur son origine.

L'un prétendait que les vapeurs empoisonnées qui s'élèvent des Marais-Pontins étaient portées dans cette cité par les vents du sud, qui passent sur eux et répandent dans cette ville les maladies fiévreuses et pestilentielles que l'on y éprouve.

Le second assurait que le principe de ces fièvres n'était point apporté par les vents de cette contrée dangereuse, parce que, disait-il, l'air ne s'élève pas à une assez grande hauteur du sol; que ce mauvais air prenait sa source dans les terrains qui environnent Rome, et de plus, que dès long-temps et depuis que le pays du *Latium* avait été dépouillé des bois qui le couvraient en grande partie, le *malaria* avait pris plus d'intensité.

Si mon séjour dans ces régions eût été plus long, peut-être aurais-je pu être à même de donner une opinion, mais cependant je penche pour la première version, que je présume être la plus probable, d'autant plus qu'Horace s'exprime ainsi en parlant des régions pontines : *Ce marais semble animé d'une rage ennemie pour désoler le pays circonvoisin;* et qu'ensuite du temps de Pline, on disait déjà :

« Ob putridas exhalationes harum paludum, etc. »

« A cause des exhalaisons putrides de ces marais. »

Rome est située dans une vaste plaine plus aride que marécageuse, excepté lorsque le Tibre a débordé. Elle n'a de marécages que les Pontins vers le sud, mais leur extrême voisinage peut la mettre dans le cas d'en recevoir les mortelles émanations.

Ce qu'il y a de bizarre dans le *malaria*, c'est que les quartiers de Rome, élevés et couverts d'habitations, comme ceux du *Campidoglio*, du Champ-de-Mars et d'autres, n'en ressentent point l'influence, et l'ancienne ville, vers le Forum et le Colysée, déserte de maisons et d'habitans, est en proie à ces fièvres

Il y a lieu de croire que dans ces contrées, la nature d'un terrain pyriteux et volcanique, constamment abreuvé d'eau et réchauffé par les rayons d'un soleil brûlant, engendre ce fléau plus que tout autre sol, car il est des lieux plus marécageux que les Marais-Pontins, dont le séjour n'est pas aussi pernicieux.

Les régions Pontines n'ont pas toujours été en proie à cette insalubrité, puisque les Volsques, qui les habitèrent, en avaient fait le grenier de Rome, et avant eux des colonies grecques s'étaient établies dans cette contrée, dans laquelle on compta plus tard vingt-trois villes, selon le rapport de Pline, qui dit:

A Circeï palus pomptina est, quem locum viginti trium urbium fuisse, Mutianus ter consul, prodidit..... Liv. 3, chap. 5.

Plus loin que Circé où l'on voit aujourd'hui les Marais-Pontins, et où Mutianus trois fois consul, dit qu'il y avait autrefois vingt-trois villes. »

de ce nombre étaient

« Sulmona, Sezza, Pipernum, Antium, et Forum Appii : »

Indépendamment de ces villes, il y avait dans ses environs un grand nombre de maisons de campagne assez considérables.

Telles étaient celles de Titus Pomponius Atticus, de la famille Antonia, de Mécène et d'Auguste.

Cet état florissant prouve donc qu'on était parvenu à assainir les terres que l'on avait rendues fertiles. Horace confirme le fait en faisant honneur à Auguste, dans son *Art poétique*, d'avoir converti des marais en terres labourables :

« . . . . . Sterilisve diù palus aptaque remis
« Vicinas urbes alit, et grave sentit aratrum. »

« Soit qu'un marais qui a été long-temps stérile, et qui n'a jamais connu que la rame, sente déchirer son sein par le soc, et nourrisse les villes voisines. »

L'an de Rome 594, selon Tite-Live, le consul Cornelius Cethegus les avait fait dessécher, le sénat romain en récompense de ses soins, lui accorda une partie du territoire qu'il avait desséché.

L'an de Rome 856, Trajan mit à sec une partie de ces marais, et fit construire une chaussée magnifique qui les traversait directement depuis le *Forum Appii* jusqu'à *Terracine* (l'antique Anxur), comme le rapporte Dion Cassius :

« Trajanus iisdem temporibus stravit paludes pomptinas lapidibus ex-
« truxit que juxta vias edificia, pontesque magnificos: »

Pline dit que par la suite des ans, ces ouvrages s'étant dégradés, on pensait à les rétablir de son temps, en faisant un nouveau déssechement, et voici comme il s'exprime au liv. 26, ch. 4:

« Siccentur hodie meroïde pomptinæ paludes, tantumque agri suburbanæ reddatur Italiæ. »

« Qu'on nous dessèche donc aujourd'hui les Marais-Pontins, par la vertu de
« la meroïs (1), et que l'on rende cette grande étendue de terrain à la por-
« tion de l'Italie voisine de Rome. »

L'abandon où sont aujourd'hui ces contrées, fait penser qu'on a laissé dépérir les canaux ou autres anciens ouvrages qui en avaient opéré le désséchement, que ces champs se sont trouvés de nouveau livrés aux eaux d'une quantité de ruisseaux descendant des montagnes qui bordent cette vallée, que les rivières d'*Ufeus* et d'*Amazenus* qui ont conservé leurs noms, portèrent encore le ravage dans ces terres delaissées, qui ont été derechef inondées, et qu'il n'y a nul doute que ce ne soit là le motif qui entretient ce pays dans un état marécageux.

On voudrait ignorer que ces lieux n'étaient jadis qu'une immense plaine riche et bien cultivée, et l'on fait un cruel retour sur la fragilité humaine, quand on n'y découvre plus en grande partie que des marais insalubres.

César avait eu aussi le projet d'entreprendre le désséchement des régions pomptines; mais sa mort prématurée le fit échouer.

---

(1) La meroïs était une herbe magique à laquelle du temps de Pline, on attribuait des miracles, et qu'en cette circonstance, on tournait en dérision.

Plusieurs pontifes de Rome, entre autres Sixte-Quint, y firent construire des ouvrages considérables qui en ont assaini une partie; c'est celle que j'ai vue moissonner à mon passage. Henricus à Pflaumern dans son *Iter neap*, nous confirme le fait.

Sixtus Quintus pontifex max. aliquid circà pomptinas aquas molitus fuit, impenditque aureorum nummûm ducenta millia.

Sixte-Quint, souverain pontife entreprit plusieurs ouvrages dans les Marais-Pontins, et y dépensa même deux cent mille écus d'or.

Pie VI a suivi l'exemple de ses prédécesseurs, et si le gouvernement du saint-siège le voulait bien décidément, on parviendrait à rendre ce pays à son état primitif de fertilité, en creusant un canal très profond au pied de la chaîne des montagnes qui l'entourent, en partant de *Sonnino* jusqu'à *Terracine*, qui est l'endroit d'où viennent les torrens qui inondent ces plaines.

Ce canal communiquerait avec d'autres canaux pratiqués au milieu de ces terres humides; ceux-ci recevraient en même temps, par le moyen de nombreuses dérivations, les eaux qui les submergent, et viendraient se décharger à leur tour dans le grand canal de *Naviglio grande*, qui se rend à la mer, et dont il sera fait mention plus avant.

Par ce procédé, ce pays reprendrait un caractère de salubrité.

On me pardonnera cette digression, parce qu'elle est le résultat des réflexions les plus simples qui ne peuvent échapper à l'homme qui marche en observateur; je reviendrai donc à mon voyage.

Je me retrouvai sur la *via Appia nuova* (la nouvelle voie Appienne); elle était aussi déserte qu'à mon arrivée, et aussi silencieuse qu'elle dut être tumultueuse dans les beaux temps de Rome

Les alentours ne présentaient qu'un horison triste, resserré; la campagne de Rome, toute défigurée par ses ruines, et caractérisée uniquement par la stérilité de son sol et la misère de ses habitans, n'en réveille pas moins des souvenirs d'une nature particulière.

La route et les champs sont jonchés de vestiges de monumens antiques. La plupart étaient des tombeaux qui ont été revêtus de marbres ou de belles pierres dont on les a dépouillés. On n'en voit plus à présent que la carcasse de la construction, qui consiste en tas de briques fort dégradées, et sur laquelle il est très difficile de prendre une idée de leur premier forme.

Nous nous acheminâmes à travers le *malaria* vers *Torre di Mezza Via*, à sept milles de Rome sur la route de Naples, et où est fixée la première poste. On y voit de très beaux restes d'aqueducs antiques, qui jadis traversaient la route. Dans la plaine et dans les terrains bas, ces aqueducs sont soutenus à une hauteur considérable par de grandes arcades ouvertes dans les cintres; les montans sont de pierres de taille, et le reste en briques.

Les Romains, comme je l'ai déjà dit, se montrèrent magnifiques dans ces sortes de constructions, qui ne furent connues et mises en exécution que 444 ans après la fondation de Rome. Ce fut sous le consulat de Valerius Maximus et de P. Decius Mus, que le sénat rendit un décret pour faire transporter l'eau des montagnes voisines, et selon Pline, Ancus Martius, quatrième roi de Rome, fut le premier qui fit venir dans cette ville l'eau d'une fontaine qui fut depuis appelée *aqua Marcia*, dont j'ai déjà parlé plus haut.

Primus eam in urbem ducere auspicatus est Ancus Martius unus è regibus, liv. 3, ch. 3.

Frontin, qui était grand-maître des eaux sous l'empereur Nerva, nous dit que le premier aqueduc fut construit par Appius Claudius, censeur, et que de son temps on comptait déjà à Rome neuf aqueducs d'une structure merveilleuse.

Ce qui éternisa sa mémoire chez les Romains, rapporte Tite-Live:

Memoriæ tamen felicioris ad posteros nomen Appii quod aquam in urbem duxit.

On prétend que ces canaux, qui portaient l'eau à Rome, sont du temps même de la république, et ont plus de deux mille ans d'antiquité.

A peu de distance du chemin on trouve sur la droite, des ruines amoncelées sur une petite élévation, qui ont l'apparence d'être les restes d'une ville, et que l'on croit être ceux d'un camp prétorien.

ALBANO.

Nous vînmes nous rafraîchir à *Albano* où nous laissâmes passer la grande chaleur. C'est la première ville que nous trouvâmes en sortant de Rome, dont elle est éloignée de trois postes et demie.

Albano est l'antique ville d'Albe, *Albanum Pompeï,* bâtie sur les ruines d'*Alba longa,* qui fut fondée par Ascagne, fils d'Énée, 40 ans avant Rome, ainsi que le dit Ovide : liv. 14, met 15.

« Inde sub Ascanii ditione binominis Alba. »

Albe passa alors sous la domination d'Ascagne.

Cinq cents ans après sa fondation, Albe fut démolie par les Romains sous le règne et par l'ordre de leur roi Tullus Hostilius qui fut trahi par Metius Suffetius, général des Albains : c'est ce que rapporte Florus, liv. 1, ch. 3.

Albam que ipsam quamvis parentem, æmulam, tamen diruit, quùm priùs omnes opes urbis, ipsum que populum Romam transtulisset.

Ses habitans furent transportés à Rome, et sur ses ruines s'éleva plus tard la petite ville d'Albano qui existe aujourd'hui.

D'autres ne font mention de sa fondation qu'au temps de Néron.

Avant d'y arriver du côté de Rome, on voit sur la gauche un massif élevé, construit de pierres carrées et couvert en partie de ronces. Ces ruines qui présentent encore l'aspect d'un beau monument, font présumer que c'était un tombeau que la tradition locale donne à son fondateur.

Cette petite ville, dont la population s'élève à quatre mille âmes environ, est située à mi-côte sur la montagne qui porte son nom. Elle domine la campagne de Rome et la vaste plaine du *Latium*, que le Tibre arrose de ses tranquilles eaux.

« . . . . Ubi lydius Arva
« Inter opima virum teni fluit agmine Tibris.» Virg. En. liv. 2.

Elle est habitée, dans la belle saison, par des familles romaines qui y ont des maisons de campagne et des vignes, qui produisent du vin assez estimé. Les anciens faisaient assez de cas du vin d'*Albano*. Pline, liv. 14, ch. 6. les dit fort doux et rarement âpres.

« Prædulcia ac rara in austero. »

Nous y fîmes un repas où on nous servit à très bon compte. des homards excellens qui arrivaient de la mer, dont *Albano* n'est qu'à cinq ou six lieues.

Après avoir stationné dans cette petite ville jusqu'à quatre heures de l'après-midi, nous remontâmes en voiture.

En sortant de la ville, par la porte de *Riccia*, à dix minutes de marche, avant d'entrer dans un chemin frayé dans le roc et ombragé d'ormeaux, on trouve sur la route un grand mausolée ruiné par le temps. Il est flanqué de quatre cônes renversés dont deux existent encore. On le nomme vulgairement le ombeau des Curiaces, qui succombèrent sous les coups du dernier des Horaces, dans le combat décisif qui eut lieu en présence de l'armée romaine et de l'armée albine.

D'autres prétendent qu'il fut élevé à la mémoire de Pompée qui avait une maison de campagne dans les environs, sentiment qui est plus probable selon Plutarque, qui dit que les cendres de ce héros furent apportés d'Egypte à sa veuve Cornélie, et qu'elle les plaça dans sa maison d'*Albanum.*

" Pompei reliquiæ ad Corneliam delatæ apud Albanum positæ sunt. (Vie de Pompeï.)

Ce tombeau, dans son intégrité, devait être d'un bel effet; dans l'état où on le voit en passant, ces ruines qui se confondent avec les ronces, sont d'un pittoresque admirable qu'un artiste rendrait parfaitement bien. On en trouve quelques détails dans Nibby.

GENSANO.

Ce bourg est à quatre heures de distance de Rome et à une lieue et demie d'Albano; il est assis sur une colline d'où la vue s'étend au loin sur les campagnes du *Latium*, qui sont parsemées de petites ruines d'édifices, décorés de pilastres, dont on ignore l'origine.

En traversant cette petite ville, ou pour mieux dire ce bourg, nous fîmes une remarque toute particulière; nous vîmes écrits à la porte d'entrée de chaque maison, même de quelques-unes assez remarquables par leur construction, ces mots: *Viva il sangue di Gesu.* (Vive le sang de Jésus). Serait-ce un vœu fait par les habitans en commémoration de quelque évènement dont ils auraient été préservés? Est-ce un excès apparent de dévotion que nous n'avons rencontré nulle autre part? c'est ce que nous aurions dû demander sur les lieux pour en connaître le motif, parce que les itinéraires, Nibby même, n'en disent rien.

Gensano a quelque réputation pour ses vins, que l'on dit assez bons.

Nous allions promptement, et nous arrivâmes peu de temps après à Velletri.

VELLETRI.

Cette petite ville est l'ancienne capitale des Volsques.

« Velitra quondam Volscorum prepotens urbs fuit. »

Elle est bâtie sur le penchant méridional du mont Albano, à vingt-quatre milles de Rome (huit lieues). Tite-Live désigne sa position ainsi :

« Transalbanum montem, in hujus radicis erat oppidum Velitræ. Liv. 2. »

Nous voulions mettre à profit la fraicheur de la soirée, pour aller coucher à *Cisterna*, et nous traversâmes *Velletri* sans nous y arrêter bien long-temps. Ses rues sont étroites, tortueuses et malpropres ; on évalue sa population actuelle à douze mille habitans environ. On y trouve quelques antiquités, mais du reste elle n'est remarquable que pour avoir été la patrie d'Auguste, ou du moins de sa famille, comme le dit Suétone *(in August.)* :

« Ex hac urbe octavia gens egressa est ad Romanæ urbis et orbis terrarum imperium. »

Fabricius en fait mention aussi.

« Mox, Auguste, tuis habitata parentibus arva. »

et pour avoir illustré son nom pendant les guerres de la république romaine.

Les campagnes des environs y sont mieux cultivées que celles de Rome :

« Tum pulcherrimi campi excipiunt montibus clausi mirè fertilibus et licet aspera inter saxa oleas ferentibus, *Henricus à Pflaumern.* (*Iter neap.*)

Viennent ensuite de beaux champs terminés par des collines extrêmement fertiles, où croissent les oliviers au milieu d'un terrain raboteux.

Les vins de Velitres, dit Pline, liv. 14, ch. 6, étaient jadis assez estimés; c'est ce que confirme Baccius, liv. 7, page 287, en disant que le territoire de Velletri est encore aujourd'hui un pays de vignobles.

En sortant de *Velletri*, dont le site est élevé, la vue s'étend au loin sur la vaste solitude des Marais-Pontins. Lorsque nous quittâmes cette ville, la soirée s'avançait.

Jam labor exiguus Phœbo restabat.

et nous nous arrêtâmes à la chute du jour à *Cisterna*, où nous couchâmes.

CISTERNA.

—

Ce bourg est à cinq postes de Rome; il est de peu d'importance, et sa construction n'est pas de vieille date, à ce qu'on voit par les maisons qui sont tout nouvellement bâties.

Une ancienne tradition prétend que ce bourg est le *Tres tabernæ* (les trois Loges), que saint Paul cite dans les *Actes des apôtres*, parce que ce fut là où il fut joint par les chrétiensq ui allèrent à sa rencontre.

« Undè fratres cùm de nobis audivissent, profecti sunt nobis obviàm ad Appli usquè Forum et tres Tabernæ. Act. Apost. Cap. ultimo. »

Aussitôt que nos frères eurent appris notre arrivée, ils vinrent au-devant de nous au Forum d'Appius et à Tres Tabernæ.

Voici ce qu'en dit encore Henricus à Pflaumern, dans son *Iter Neap.*

« Autumant Leander atque alii autores reliqua esse è tribus Tabernis. »

Léandre et plusieurs autres auteurs pensent que ce sont les restes de Tres Tabernæ.

Une autre version veut que les ruines de Tres Tabernæ soient à huit milles de Cisterna, près de la ville de Sermoneta. Mais Cicéron, liv. 2, épit. 12, confirme l'opinion de Léandre, en disant :

«Intra Volscorum regionem et campum Pomptinum Tres Tabernæ fuerunt ubi locus nunc vulgò Cisterna.»

Entre le pays des Volsques et les Marais-Pontins étaient les Trois Loges, qu'on appelle à présent Cisterna.

Du reste, tout ce qu'on peut dire de ce village, c'est que la seule auberge, qui est celle de la poste, où s'arrêtent toutes les voitures de passage, est très propre et que pour un endroit aussi isolé on y est assez bien servi.

MARAIS-PONTINS.

—

Le lendemain matin nous nous remîmes de très bonne heure en route, pour traverser ces fameux Marais-Pontins, dont l'origine se perd dans les temps fabuleux.

Après une heure de marche, nous arrivâmes à *Torre di tre ponti*, qui en est la clef du côté de Rome.

En venant de Naples, je les avais passés pendant la nuit, en dormant paisiblement dans la voiture, et je desirais les parcourir pendant le jour, pour connaître jusqu'à quel point étaient fidèles les récits qu'en font quelques itinéraires, et si réellement le passage en était aussi dangereux que le disent certains auteurs modernes, que je m'abstiendrai de nommer.

La description qu'on en donne est de nature à effrayer l'imagination des personnes qui ne les connaissent point. On en fait un séjour pestilentiel pour les campagnards qui les habitent, et un passage funeste, mortel même, pour les voyageurs qui ont l'imprudence de se livrer au sommeil, en les traversant. Telle est l'idée généralement répandue; c'est avec l'esprit imbu de ces craintes, que je les avais parcourus en allant de Naples à Rome, et j'avoue qu'après les avoir passés pour la première fois, en dormant d'un bon somme, mon étonnement fut grand quand nous arrivâmes, à six heures du matin à Cisterna, tous bien portans, sans avoir éprouvés la moindre incommodité.

Je puis donc assurer après l'expérience que j'en ai faite la nuit et le jour, que rien n'est moins digne de foi aujourd'hui que de pareils récits. Je dis même plus, que la distance que l'on parcourt depuis *Bocca di Fiume*, maison de poste située au cœur des Marais-Pontins, jusqu'à Terracine, qui en est l'entrée du côté de Naples, est un des endroits les plus agréables que l'on trouve sur la route de Rome à Naples, et *vice versà*.

C'est un berceau continuel d'ormeaux qui ombragent le chemin pendant cinq heures, et mettent le voyageur à couvert de l'ardeur du soleil, qui se fait vivement sentir, surtout au mois de juillet, depuis huit heures du matin jusqu'à onze heures et demie, à laquelle je les ai traversés pour la seconde fois.

Pendant long-temps on suit à droite le canal de Naviglio-Grande. Ce canal coule lentement, au pied de la chaussée qui est élevée, il procure une agréable fraîcheur à la route, et ramasse dans son cours paisible plusieurs ruisseaux, et des eaux stagnantes qui inondent ces terres. Il est navigable pour de petites barques, et va se jeter à la mer après un cours de vingt milles.

C'est l'ouvrage de Pie VI, qui le fit construire en même temps que le pont, dont il va être question plus loin.

On trouve à chaque maison de poste, une petite bâtisse en maçonnerie avec une guérite; ce sont des espèces de corps-de-garde, destinés à la sûreté des voyageurs, et qui étaient occupés par des troupes aux époques où ces routes étaient infestées de brigands.

Aujourd'hui ces postes militaires sont abandonnés, et même en mauvais état, parce que ces contrées sont à présent parfaitement sûres.

Les Marais-Pontins, cette vallée de l'antique *Latium*, connue autrefois sous le nom de *Paludi, Pontini* ou *Pontina Palus*, tirent leur dénomination de l'ancienne *Suessa Pometia*, une principale ville des Volsques, dont fait mention Pline, liv. 3, ch. 5.

« A Suessa Pometica Volscorum urbe ita dicti. »

Ils ont huit lieues de longueur ; leur largeur dans certains endroits est de trois à quatre lieues et varie dans leur étendue.

L'ancienne *Via Appia*, cette reine des routes comme l'appelait Ciceron : *Appia Viarum Regina*, cette route remarquable par les lieux célèbres dont elle est entourée, traverse entièrement ces marais :

« Ausoniæ maxima fama viæ. »

Le chemin le plus célèbre de l'Italie ; nom que lui donne Martial, liv. 9. ép. 104.

Per paludem etiam fuisse ductam : écrit Léandre.

Et qua Pomptinas via dividit uda paludes, dit Lucain, 3.

Et cette voie qui sépare les Marais-Pontins.

J'y ai vu dans les plaines de droite et de gauche, d'immenses troupeaux de buffles, qui se plaisent dans ces fanges marécageuses, des cochons et des chevaux qui pâturent au milieu de ces terres humides.

Sur les bords de la route les chardons y croissent en quantité, à la hauteur de cinq à six pieds ; quoique une grande partie de ces marais soit en friche, nous vîmes dans divers endroits les paysans occupés à faire la moisson qui nous parut abondante, ceci nous donna lieu à croire que si on défrichait toutes les terres susceptibles de l'être pour être mises en culture, on en tirerait un parti très convenable; tout le terrain généralement ne répondrait pas peut-être à une telle opération, et laisserait toujours une partie de ces lieux en proie à ce *Malaria* indigène, qui n'est pas pernicieux au point où on le dit.

Les habitans de ces contrées, les postillons qui servent la route des Marais-Pontins, les bouviers, les femmes et les jeunes paysannes que nous y avons vus par bandes, et qui y séjournent, ne sont ni hâves, ni décharnés, ni dévorés par les fièvres, ainsi que le rapportent certains écrivains. Ils ont, comme tous les naturels des pays chauds, le teint basane et les parties du corps exposées à l'ardeur du soleil fortement hâlées. Voilà ce que j'ai vu en traversant les pays pontins.

On voit même dans les terres cultivées une belle végétation. J'ai trouvé dans des Landes des régions d'un aspect plus triste et plus malheureux, et où on ne rencontrai pas un arbrisseau dans une plus vaste étendue de pays.

Je viens de dépeindre ces lieux, qui sont entachés d'un préjugé fâcheux, tels que je les ai vus, non que je veuille douter de leur insalubrité, mais le tableau en a été outré, d'autant plus que jamais personne n'est mort en les traversant.

On dirait qu'une destinée insurmontable ait condamné cette terre proscrite, car de tous temps Rome ancienne et Rome moderne ont travaillé à rendre son séjour plus salubre. Pie VI y a même dépensé des sommes immenses sans pouvoir parvenir au but.

Le seul désagrément que nous ayons éprouvé en passant les Marais-Pontins, est une mauvaise odeur très forte et même insupportable qui s'est fait sentir après avoir dépassé *Bocca di fiume*. Cette puanteur, nous dit un des Romains qui étaient dans la voiture, était occasionnée par des Myriades de mouches cantharides qui, à ce que nous pûmes observer par l'odeur qui n'était sensible que par intervalle, se jettent de distance en distance sur quelques-uns des arbres qui bordent la route, et les dépouillent entièrement, sans y laisser vestige de feuilles.

Il y a tout lieu de croire que cette mauvaise odeur que nous avons endurée pendant l'espace de deux heures, est la seule cause qui a fait dire aux voyageurs qui n'en connaissent pas le motif, que l'on sentait s'exhaler des Marais-Pontins une odeur fétide et malsaine.

Sur la route, à peu de distance de *Ponte maggiore*, on trouve un beau pont en marbre, que fit construire Pie VI, lorsqu'il fit pratiquer le canal et la chaussée qui commence à un mille en avant de *Torre di tre ponti*, du côté de Cisterna et qu'on appelle *Linea pia*.

Une lieue avant d'arriver à Terracina, la campagne était fort belle, et le chemin était ombragé par d'énormes figuiers chargés de fruits.

A onze heures et demie du matin, par une chaleur excessive, nous arrivâmes dans cette petite ville, où il fallut nous arrêter pour déjeuner et y attendre le retour de la fraîcheur.

TERRACINE.

Terracine est l'ancienne *Anxur*, ville maritime des Volsques, elle était située et l'est encore de nos jours à l'extrémité orientale des Marais-Pontins; c'est ce que confirme Strabon :

« Terracina olim Volscorum caput et metropolis naud procul à paludibus pontinis. »

Elle était bâtie sur des rochers escarpés qui la faisaient découvrir de loin en mer :

« In scopuloso maris promontorio sita. »

Ce qui a fait dire à Horace, dans le récit de son voyage à Brindes, sat. 5, liv. 1 :

« Impositum saxis late candentibus Anxur. »

Qui est plantée sur des rochers qu'on découvre de fort loin, à cause de leur blancheur.

C'est aussi par allusion à sa situation, que Martial l'appelle *superbus Anxur*, liv. 6, ép. 42 :

« Anxur superbum dictum asserit eo quia priscis temporibus Saxo conditus erat, et posteà in æquorem locum deposita sit civitas. »

Il affirme qu'Anxur fut appelée Superbe, parce que dans les premiers temps de sa fondation, elle fut bâtie en pierres et qu'ensuite la ville fut transplantée dans un lieu uni.

Anxur eut autrefois un port assez vaste, qui fut restauré par Antonin-le-Pieux; ce port est aujourd'hui entièrement comblé et il n'en reste plus que quelques vestiges. C'est ce qu'on lit aussi dans l'*Iter Neap.*, d'Henricus à Pflaumern :

«Et magnifici ab Antonino Pio instaurati portùs aliqua vestigia supersunt.»

Le nom de Terracine succéda à celui d'Anxur comme le rapporte Tite-Live, liv. 4.

Anxur fuit quæ nunc Terracina sunt, urbs prona in paludes pomptinas.

Ce nom, qui dérive du mot grec *trachina*, signifie terrain montueux et convient parfaitement à sa situation. C'est ce qui est confirmé par Strabon, liv. 5.

Ab asperitate loci ut potè saxosi in quo positus erat.

Pie VI fit construire la ville moderne sur la montagne, au pied de laquelle passe la grand'route, sur laquelle on trouve encore des vestiges bien conservés, de la *via Appia* ; ce qui a fait dire à Quintilien, liv. 4 :

« Nullibi magis integra quam apud Terracinam. »

Cette route n'est nulle part mieux conservée qu'à Terracine.

Strabon a dit aussi :

Maximè integram juxtà Terracinæ montes pomptinam viam quòd fecerit censor Appius.

La route que fit le censeur Appius est bien conservée près de Terracine.

Une portion de la ville s'étend à sa base sur la route. Cette partie basse étant abritée des vents du nord par les énormes rochers qui la dominent, l'air y est plus doux et la végétation extrêmement précoce.

Virentem frequentibus arbustis.

Couverte d'arbustes verdoyans.

Cette ville est la dernière des états de l'Eglise, donnant entrée au royaume de Naples. Elle possède une douane nouvellement bâtie dans un fort beau local, au bord de la mer, à l'entrée de la porte de Fondi.

Quoique la situation de Terracine soit des plus agréables, le voisinage des Marais-Pontins n'en rend pas le séjour très sain, aussi sa population n'excède-t-elle pas neuf mille âmes. On y voit quelques maisons modernes très bien bâties.

La cathédrale est élevée en partie sur les ruines d'un temple antique de Jupiter Anxur, mot volsque, qui signifie *imberbe* (jeune), que les Romains avaient construit et d'où cette ville tirait son nom. Virgile nous en parle dans son Enéide, liv. 7 :

« Circæumque jugum : queis Jupiter Anxurus arvis,
« Præsidet, ... »

Ceux qui habitent les campagnes de Terracine où Jupiter est révéré.

Nous déjeunâmes à Terracine, où on nous servit sous une tente que nous fîmes dresser sur le rivage, du poisson frais et des figues fraîches et succulentes. Nous nous reposâmes jusqu'à quatre heures de l'après midi, heure à laquelle nous en partîmes, quoique la chaleur fût encore très forte; mais nous avions formé le projet d'aller coucher à *Mola di Gaëta*, qui en est éloignée de huit lieues et demie.

En sortant de Terracine la route s'éloigne des bords de la mer, au fur et à mesure qu'on avance vers Fondi. L'espace que l'on parcourt depuis l'antique Anxur jusqu'à la porte frontière, qui sépare le territoire romain du napoli tain, est d'environ cinq milles. Les collines couvertes d'oliviers qui cotoient et abritent cette route bordée d'arbustes odorans, en font un paysage charmant. Les narcisses, les myrthes et les aloës abondent dans les buissons.

Nous arrivâmes à la *torre de' Confini* (tour des frontières). C'est une vieille tour que l'on voit dans les champs, à cinquante pas de la grand'route; elle sert de limite à la campagne de Rome et au royaume de Naples.

Un peu plus loin se trouve *Portello*, où est la douane napolitaine, et où l'on exhibe de nouveau ses papiers. D'après la relation du voyage à Naples d'Henricus à Pflaum., il paraît qu'à l'issue de Terracine, on lisait jadis sur la troisième borne, qui n'y est plus aujourd'hui, cette inscription :

«Hospes hic sunt fines regni Neapolitani. Si amicus advenis paccatè omnia invenies et malis moribus pulsis bonas leges. »

Étranger! Ici sont les limites du royaume de Naples, Si tu viens en ami, tu trouveras la paix et de bonnes lois qui repoussent de mauvaises mœurs.

Cette barrière est une grande porte, que l'on ferme la nuit, où sont établis des gardes et un vérificateur de passeports, qu'il faut gratifier selon l'usage.

Après cette cérémonie, qui se renouvelait assez souvent, nous vinmes à la douane, qui en est à cinquante pas, pour la visite de nos malles, vérification qu'on peut esquiver par une déclaration que l'on signe, par laquelle on n'introduit ni marchandises en fraude, ni sujette à des droits, et que l'on a soin d'appuyer par une douzaine de carlins, monnaie napolitaine équivalant chacune à quarante-cinq centimes.

Cette opération finie, nous nous dirigeâmes vers Fondi; en avançant vers cette ville, la campagne s'ouvre et s'étend à gauche et à droite. Les terres y sont fertiles et bien cultivées. On y voit les orangers et les citronniers en pleins champs; les grenadiers, les oliviers et les figuiers en grande quantité.

On s'aperçoit déjà que l'on entre dans la fertile et heureuse Campanie.

Nullibi magis admirabilem, dit l'Iter Neap. d'Henr. à Pflaum, quàm in hoc inter Terracimam et Fundos spatio.

Rien n'est plus admirable que les champs fertiles qui sont entre Terracine et Fondi.

Je rassasiais ma vue des richesses de la nature, qui a semé libéralement dans les prairies de cette délicieuse vallée, le lys, le narcisse, les roses et un grand nombre d'autres fleurs embaumées, dont on respire le parfum sur la route.

FONDI.

Fondi est située aux confins du *Latium*, du côté du nord t à l'extrême frontière de l'antique Campanie. C'était jadis une ville des Aurunciens (*Auruncii*), peuple latin, dont le territoire s'étendait depuis le Garigliano jusqu'à Terracine.

C'est la première ville du royaume de Naples frontière des états Romains. Elle est à sept milles de Terracine. La Via Appia la traverse, et sert même de pavé à la rue principale que l'on parcourt d'une porte à l'autre en ligne directe.

Cette ville est peu considérable, n'ayant qu'une population de cinq mille habitans.

«Exiguum et speciosum oppidum, suprà Appiam viam positum: (Iter neap; d'Henr. à Pflaum.

On trouve à Fondi un second bureau de douane, où l'on inspecte de nouveau les effets, sur la déclaration que l'on a faite au premier bureau de la frontière.

Fondi possède un château situé du côté des hauteurs qui

la dominent; mais il est abandonné de ce moment-ci. Ses environs sont d'une grande fertilité, et sa situation étant abritée par des montagnes du côté du nord, on y cultive des ananas et des palmiers, que nous avons vus dans des jardins couverts de fleurs et de fruits au milieu des orangers et des citronniers. Comme dit Fabricius :

« Citria cui florent hortis et littore myrti. »

Sa situation, dit Fabricius, dans son *Voyage à Naples*, est du plus agréables :

« Urbs parva in plano, positù pulcherrima campo.
» Collibus hinc. . . . . »

Les vins de Fondi jouissaient autrefois d'une certaine réputation. Pline, en leur donnant la préférence sur certains vins les désigne ainsi, liv, 14, ch. 6.

« Et quæ in vineis arbustisque nascuntur.

Et ceux qui proviennent des vignes étagées d'arbres ou échalassées.

Martial, liv. 18, p. 110, fait aussi l'éloge des vins de Fondi dans ces deux vers :

« Hæc Fundana tulit felix autumnus Opimi,
« Expressit mustum consul, et ipse bibit. »

L'heureux automne d'Opimus porta ce vin de Fondi, et le consul qui le recueillit le but comme du meilleur Falerne.

A six milles environ de cette ville, on trouve une montagne élevée où passe la route, au milieu de laquelle on voit les restes de quelques fortifications qui paraissent avoir été faites pour défendre ce passage resserré et qui offre une position militaire avantageuse. Je crois qu'on peut les rapporter à l'époque où les Autrichiens, par ordre de la sainte-alliance, entrèrent dans les états de Naples, défendus par les Napolitains en 1821.

Une heure après avoir dépassé ces ruines, nous arrivâmes à Itri; le jour fuyait à grands pas :

« Jamque diem ad metas defessis Phœbus Olympo
« Impellebat equis. . . . . »

Le soleil pressait vers la fin de sa carrière ses coursiers fatigués. Sil. it. liv. 11.

Et nous nous y arrêtâmes fort peu de temps.

ITRI.

—

Cette ville est l'ancienne Mamurra, *urbs Mamurrarum*, du Latium. Elle est située à huit milles de Fondi et à trois milles de la mer. Elle est traversée comme cette dernière par la Via Appia, qui en forme aussi la principale rue, fort étroite et fort dégradée, montant jusqu'au sommet de la montagne, sur le penchant de laquelle Itri est assise. Les collines qui l'environnent sont abondantes en vignes, figuiers, lauriers, myrthes, et couvertes d'une végétation brillante, comme on le lit dans l'*Iter. Neap.*, d'Henr. à Pflaum. :

«Appiæ inde insistens viæ, laureis, myrteis, lenticinis sepibus vestitæ, per obliquos montes perges.....

L'aspect de ce bourg est celui de la plus profonde indigence sous tous les rapports, soit dans la construction des maisons, soit dans le physique de ses habitans converts de haillons. Cette ville, à ce qu'il paraît, a de tout temps présenté un aspect malheureux, puisque Fabricius, dans son *Iter Neapolitanum*, s'exprime ainsi :

Hinc via fumosum nos appia, duxit ad Itrum.

De là, la voie appienne nous conduisit à Itri l'enfumé.

En la traversant, nous fûmes assaillis par une horde de mendians de tout sexe et de tout âge. Pour satisfaire cette quantité de pauvres, il eut fallu une somme, tant il y en avait, car dans toutes les villes où nous passions, et surtout dans ces bourgades où le peuple est dévoré par la misère, nous étions assiégés par une foule de malheureux.

Nous fîmes à notre passage dans cette misérable ville une remarque assez singulière, et nous n'en pûmes connaître la cause. Beaucoup de ces femmes et filles d'Itri étaient à travailler sur le pas de leurs portes, elles étaient tête nue, ce qui nous fit apercevoir de cette particularité. Elles avaient toutes, jeunes et vieilles, la chevelure composée de deux couleurs bien distinctes sur le même individu, d'un blond pâle tirant sur le lin et d'un blond ardent presque rouge. Il était extraordinaire, disions-nous, que sous le climat brûlant de l'Italie, surtout dans ces contrées limitrophes de la mer, où la population est partout d'un noir très prononcé pour la chevelure, cette ville fût atteinte d'une exception aussi bizarre, et ce qui rendait ce contraste encore plus frappant, c'est qu'il n'avait pas la plus petite analogie avec les hommes qui avaient, selon l'usage de ces contrées, les cheveux très noirs et le teint très prononcé.

Depuis Itri jusqu'à Mola di Gaëta, la campagne ne présente que des sites plus pittoresques et plus beaux les uns que les autres. Elle ne forme qu'un verger continuel planté d'orangers, de lauriers de toutes espèces, de grenadiers, de myrthes et d'aloës. La route traverse alternativement des coteaux couronnés d'oliviers, de figuiers et d'énormes vignes qui s'élèvent en les embrassant. Horace, Ode 4, liv. 5, rem. dit :

« Ligatis ad arbores, vitibus omnes arantur vinæ: »

Les vignes labourées entrelacent leurs ceps aux arbres.

La nuit savançait et avec elle nous approchions de Mola.

« Devexo interea propior fit Vesper Olympo. »

L'étoile du soir commençait à monter sur l'horizon. Virg. En. liv. 8.

Cependant, tout près de ce bourg, nous pûmes encore distinguer dans les terres, les restes d'une ancienne tour qu'on appelle *Torre di Mola*, et que notre conducteur napolitain nous dit être le tombeau de Cicéron. Cette version pourrait d'autant plus être juste, que cette ruine se trouve à proximité de la maison de campagne que ce célèbre orateur avait à Formies, et que Plutarque rapporte que l'an 44 avant J.-C., Cicéron fuyant et étant sur le point de s'embarquer, fut assassiné par les sicaires d'Octave, à l'âge de 64 ans.

Ab Antonianis satellitibus oppressum, exertoque è lectica capite, quod ultrò ferendum præbuit, cæsum fuisse existimant.

Les sicaires d'Antoine ayant rejoint Cicéron, lui tranchèrent la tête qu'il leur présenta de plein gré en la sortant de sa litière.

D'Itri à Mola di Gaëta on compte près de trois lieues (huit milles), et nous y arrivâmes à la nuit :

« Nox ruit, et fuscis tellurem amplectitur alis.

La nuit arrive et enveloppe la terre de ses sombres ailes,

dit Virgile, Én. liv. 8.

MOLA DI GAETA.

Ce bourg est bâti sur les ruines même de l'ancienne Formies, ville antique du Latium. Elle fut habitée par les Lestrigons (1) dont nous parle Ovide, liv. 14, met.

Veterem Lestrygonis in urbem venimus :

Nous vînmes dans l'ancienne ville des Lestrygons.

Formies, dont Horace, Virgile et Martial ont tant célé-

(1) Selon Thucydide, ancien peuple de Sicile, qu'on a dit anthropophages.

bré l'heureux climat, était dans la plus agréable situation qu'il soit possible d'imaginer :

> O temperatæ dulce Formiæ littus.
>
> O rivages délicieux de Formies,

dit ce dernier : liv. 10, Ép. 30.

Ce bourg est abrité au nord par des coteaux couverts de vignes, de figuiers et d'oliviers. La campagne qui l'entoure, est une pépinière d'orangers, de grenadiers, de lauriers, de myrthes, de jasmins et autres arbustes odoriférans qui exhalent un parfum suave après le coucher du soleil ; ainsi que s'expriment nos auteurs anciens :

> Aurei ibi horti videntur, adeò auratis pomis scatent, et integræ circà silvæ sunt oleis consitæ.
>
> On y voit des jardins couverts de pommes d'or, et des forêts entières plantées d'oliviers.

D'autre part : Henric, à Pflaumern, dit :

> Littus lætissimis hortis, odorantissimis fructibus, aureis citriisque pomis totum flagrat.
>
> Ce rivage n'est qu'un jardin suave où fourmillent les citronniers, les orangers et des fruits odoriférans.

La partie principale de ce bourg est bordée d'un quai qui s'étend le long du golfe, d'où l'on voit d'un côté Gaëte située à la partie occidentale, du côté opposé quelques vieilles tours bâties sur le bord de la mer. Quand cet élément est calme, on voit assez avant dans le golfe à vingt pieds de profondeur dans l'eau, des ruines de maisons, restes de l'antique Formies.

La petite ville de Gaëta est placée sur une pointe rocailleuse, se prolongeant fort avant dans la mer, formant le golfe de Mola du côté de l'ouest. Elle est à seize lieues de Naples et à vingt-huit de Rome. Elle possède une population de dix mille âmes, selon Maltebrun.

Cette ville est de la plus haute antiquité, puisqu'on la dit fondée par Enée à son arrivée dans le Latium en l'honneur de Gaëta, sa nourice, qui y mourut; Virgile nous le dit dans ces deux vers :

« Tu quoque littoribus nostris, Æneïa nutrix,
« Æternam moriens famam, Caïeta dedisti. » En. liv. 7.

Vous aussi Gaëte, nourrice d'Énée, vous avez en mourant illustré à jamais nos rivages.

Cette petite ville est resserrée dans l'enceinte de ses remparts, ce qui lui donne peu d'étendue. Elle a toujours été une place importante et bien fortifiée depuis qu'Alphonse, roi d'Aragon, y fit construire en 1440 le château qui existe encore et qui est très fort. On a toujours regardé cette forteresse comme la clef du royaume de Naples de ce côté. C'est cette Gaëte dont il est fait mention dans les guerres d'Italie. Elle fut assiégée et prise pour la première fois, par l'armée de la république française sous les ordres du général Rey en 1799 (l'an VII de la répub.); elle était défendue par quatre mille hommes. En second lieu, reprise sous le règne de l'empereur Napoléon, par l'armée française. Elle se rendit au maréchal d'empire Masséna, le 18 juillet 1806, malgré la force de sa garnison, composée de sept mille cinq cents hommes. (*Victoires et Conquêtes des Français; Guerre d'Italie.*)

Il était nuit, nous n'eûmes pas le temps d'aller la voir. Nous descendîmes à l'hôtel de la poste, qui est la principale auberge de Mola. Ce bourg est presque tout entier sur le bord de la mer et fort peu étendu; ses habitans, qui ne forment qu'une très petite population, sont presque tous adonnés à la pêche, qui est leur principale nourriture. Le poisson y est excellent.

Entre Mola et Gaëte, on voit quelques ruines que l'on dit être celles de la villa de Cicéron qu'il appelait Formianum. Nous attendîmes l'issue des préparatifs du souper, en respirant l'air frais que nous renvoyait la mer sur les balcons de l'auberge; nous y jouîmes d'une vue magnifique qui s'étend à droite vers Gaëte, et à gauche sur les rochers d'Ischia et de Procida.

Après le repas, nous retournâmes respirer la fraîcheur de la nuit jusqu'au moment où nous allâmes nous livrer au repos. Nos regards s'étendaient devant nous, sur cette masse d'eau dont la surface était légèrement ridée par un doux zéphir, et d'où nous voyions par intervalles les poissons s'élancer et folâtrer au milieu de ce calme paisible.

Hic summa leni stringitur Thetis vento,
Nec languet æquor. Mart. liv. 10, ép. 30.

En ces beaux lieux, un vent léger ride le sein de Thetis et ne permet pas la langueur à ses flots.

Sur les côtés ils se prolongeaient au loin sur ses collines enchantées, nous jouissions alternativement des masses d'ombres, des coups de lumière produite par une certaine clarté crépusculaire, et de tous les accidens que nous présentait un paysage délicieux; tout reposait dans la nature.

» . . . . . Et terras animalia fessa per omnes
» Alituum pecudumque genus sopor altus habebat, dit Virg., en. liv. 8.

Les habitans de la terre et de l'air, ensevelis dans un profond sommeil, goûtaient les douceurs du repos.

L'air était pur, la sérénité du ciel n'était troublée par aucun nuage, nous eussions pu sans peine compter les étoiles qui y étincelaient.

La mer et l'horizon formaient le cadre de cet immense tableau qui avait quelque chose de grand, de solennel, et qui mêlait de l'extase à nos sensations.

Comme nous désirions arriver le lendemain à Naples avant la nuit, nous quittâmes Mola au point du jour : *artâ luce*, pour profiter en même temps de la douce fraîcheur du matin.

Nous traversâmes le terroir fertile qui produisait jadis le célèbre vin de Falerne, tant vanté par Horace, et ses riantes collines, *Formiani colles*, dont parle aussi Martial dans ce vers.

« Nec in Falerno colle major Autumnus :

Versez-nous le Falerme à longs traits, dit Tibulle, liv. 3, éleg. 6.

Et nobis prona funde Falerna manu;

Tous les anciens auteurs ont vanté le vin de Falerne; Pline dit: Liv. 14, ch. 6.

Secunda nobilitas Falerno agro erat ; nec ulli in vino major auctoritas.

Après le vin de Setia, le plus estimé était le Falerne ; aucun vin n'a plus de réputation que celui-là.

Nous trouvâmes sur notre route les restes d'un amphithéâtre qui avait appartenu à l'ancienne *Minturnes*, colonie du *Latium*, situés sur les frontières de la Campanie, et quelques vestiges d'aqueducs, dont fait mention l'*Iter neap.* d'Henricus à Pflaumern :

Præter alia extant theatrum et operosi aquæductus reliquiæ.

Peu de temps après ces ruines, nous arrivâmes sur les bords du *Garigliano* (l'ancienne Lyris), qui séparait le *Latium* de la *Campanie*

Latium hâc parte terminantem ostium.

et qui dans ses débordemens, formait vers *Minturnes*, les marais où les proscriptions de Sylla forcèrent le vainqueur des Cimbres et des Teutons à se réfugier, dit Fabricius.

. . . . . . Marii ardentis celebrata latebri.

Ces marais illustrés par la retraite secrète du bouillant Marius.

Voici ce que dit Juvénal de ce Marius, qui fut sept fois consul à Rome :

Exilium et carcer Minturnarumque paludes et mendicatus victa Carthagine panis, hinc causas habuere : Sat. 10.

C'est à la vieillesse que Marius dut l'exil, les fers, les marais de Minturne, le pain mendié sur les ruines de Carthage.

Ce même lieu, dit Appianus (*de Bello civile*) servit aussi d'asile à Varus, proscrit par le triumvirat d'Octave, d'Antoine et de Lepide.

Jadis on passait le *Garigliano* sur une barque que l'on nommait *barca del Garigliano*. Aujourd'hui on le passe sur un pont en fer nouvellement construit, et très hardi. Il est orné aux deux avenues de deux sphinx en pierre.

Arrivé à ce pont, on quitte la voie Appienne, qui tourne vers la mer jusqu'au Volturne, rivière qui descend de Capoue, que Fabricius nous décrit par ces deux vers, dans son *Iter Neapolitanum* :

Postea arenosum Vulturni legimus Amnem
Festinis violenter aquis simul imbribus auctum.

Nous suivîmes ensuite les bords sablonneux du Volturne, dont les eaux légères sont abondamment gonflées par les pluies.

Du *Garigliano* à Capoue, on compte dix-huit milles ; nous avions heureusement de bons chevaux, nous vînmes nous rafraîchir et nous reposer à Sainte-Agathe.

SAINTE-AGATHE.

Ce hameau est à deux lieues du *Garigliano*. On n'y trouve que quelques maisons et l'auberge où nous prîmes un à-compte sur le déjeûner.

Ce canton, nous dit notre conducteur de voyage, fournit des vins, qui dans le pays ont quelque renommée.

N'ayant pas de temps à perdre, nous ne pûmes nous y reposer qu'une couple d'heures. A midi nous remontâmes en voiture, nous fîmes les cinq lieues de Sainte-Agathe à Capoue par une chaleur excessive et inévitable à pareille heure sur le sol campanien.

Sol medium cœli conscenderat igneus orbem :

Le soleil était au milieu de sa course, Virg. En. liv. 8.

Nous vînmes dîner à Capoue.

Inde laborinos campos, Tifataque montes
Transgressi, Capuæ alterius nova tecta subimus.

dit Fabricius, dans son *Iter Romanum*.

Ensuite traversant la terre de labour et le mont Tiphate (1) nous entrâmes dans la nouvelle Capoue.

La route que nous avions parcourue depuis notre départ de *Mola*, était aussi belle que celle que nous avions vue la veille ; la campagne y était aussi riante et aussi fertile ; les plantations de vignes, d'orangers, de grenadiers et d'oliviers cachaient de temps en temps à nos regards une multitude de fragmens de tombeaux, d'aqueducs antiques de toutes grandeurs et de toutes formes, dont il ne reste plus que ce qui peut prouver qu'ils ont existé.

---

(1) Montagne de l'Italie dans la Campanie et près de Capoue qu'elle domine.

CAPOUE.

Nous dînâmes à Capoue, qui est la capitale de la terre de Labour et de la principauté. Cette ville moderne n'est point l'antique Capoue, si célèbre par ses délices et sa puissance; séjour de la mollesse et de la volupté, qui fut sous ce rapport la rivale de Carthage et de Rome, comme le rapporte Florus.

Et ipsa caput urbium Capua quondam inter tres maximas Romam, Carthaginemque numerata, liv. 3, ch. 16.

Où les vainqueurs de Trasimènes et de Cannes vinrent ensevelir leur gloire.

Annibalem indomitum nivibus et Alpibus virum enervaverunt fomenta Campaniæ, lettre 51.

Annibal, ce guerrier que ne purent abattre les neiges et le climat des Alpes, fut énervé par les délices de la Campanie.

Elle n'est pas même bâtie sur ses ruines; les restes de cette dernière sont à deux milles à l'orient de la nouvelle Capoue.

Comme le temps nous pressait, ayant encore quinze milles pour arriver à Naples, il ne me fut pas possible d'aller visiter ces restes abandonnés. Je ne parlerai donc que de la nouvelle Capoue. *Nova est, periit vetus*, dit Florus, liv. 1.

Cette ville date du IXe siècle; malgré son peu d'étendue, elle compte une population de près de six mille âmes. On y voit quelques maisons assez bien bâties, et une cathédrale dont on ne peut rien dire quand on vient de Rome; mais aux ornemens intérieurs de l'église, et aux usages du pays, on s'aperçoit que l'on approche de Naples.

Capoue fut fortifiée par le célèbre Vauban, dont on reconnait le génie au double rempart qui ceint la ville, à l'instar des fortifications de Lille en Flandre, et de Toulon, port maritime de la Méditerranée. Elle possède un château-fort, et est baignée par le Volturne qui dans le besoin inonde ses doubles fossés. L'*Iter neap* d'Henr. à Pflaum. la désigne ainsi :

Capuam quæ supra fluvii ripam sita est ac tecta sinistris montibus, valida muris et propugnaculis.

Capoue, qui est située sur le bord du fleuve dominée sur la droite par des montagnes et défendue par ses remparts et sa forteresse.

Cette place forte est occupée par les troupes de S. M. le roi des Deux-Siciles.

Sous le portique, qui est sur la place, et sur quelques maisons particulières, on voit des inscriptions et des fragmens d'antiquités infixés dans le mur. On les reconnaît aisément pour des dépouilles de l'ancienne Capoue, employés à la construction de la Capoue moderne.

Nos passeports ayant été visés pendant que nous dînions, nous fîmes quelques courses en ville pour en connaitre la topographie, et nous nous remîmes en route aussitôt après.

Nous foulions depuis Fondi la terre de l'heureuse et fertile Campanie (*Felix Campania*), nom que lui donnèrent Pline et les écrivains de l'antiquité, et qu'elle mérite bien. La Campanie est la plus belle contrée, non-seulement de l'Italie, mais du monde entier. Cicéron l'appelait: *Orbis terrarum pulcherrima*. Voici ce que Pline dit de cette contrée :

Qualiter Campaniæ ora per se, felixque illa ac beata amenitas? ut palàm sit, uno in loco gaudentis opus esse naturæ.

Comment décrire les charmes de la Campanie, ce territoire heureux et fortuné par lui-même, et tellement favorisé de la nature qu'elle semble y avoir épuisé ses bienfaits.

La Campanie, selon Eutasthe, tire son nom de *Campum*, ancienne ville de cette province; d'autres auteurs prétendent que cette contrée a été nommée la Campagne par excellence, d'où ses habitans prirent le nom de Campaniens. Tite-Live, l. 3, ch. 4, s'explique ainsi : *A Campestro agro appellatur.*

Comme les pluies avaient été assez fréquentes dans ces régions, en allant de Naples à Rome, j'avais vu la végétation belle et brillante de vigueur ; à mon retour les pluies avaient cessé depuis quelque temps, et je vis ces mêmes campagnes un peu fatiguées par les chaleurs. Les terres qui bordent la grande route étaient dévorées par la quantité de poussière qu'engendrent ces longs intervalles de sécheresse, et la verdure était languissante.

Généralement les terres du royaume de Naples produisent de doubles et abondantes récoltes. L'usage antique de marier la vigne aux arbres s'est conservé dans la Campanie. Celle-ci qui égale leur hauteur, se plaît à s'entrelacer avec eux, et s'étend jusqu'aux dernières branches, comme le dit Tibulle:

Et lenta excelsos vitis conscendere ramos : Eleg. liv. 4.

Et la vigne flexible monte jusqu'aux rameaux les plus élevés.

Une partie de ses rameaux serpente librement, et retombe entre ceux des arbres, une autre partie se relève en festons en passant d'un arbre à l'autre, et procure un ombrage charmant.

. . . . . Sic lenta texunt umbracula vites : Virgile, Egl. 9.

Et les vignes entrelacées nous couvrent de leur ombre.

C'est entre ces plantations délicieuses que s'étendent de vastes champs de blé et de maïs, où l'on voit pêle-mêle l'aloës, le grenadier, le figuier et l'olivier d'une grandeur et d'une grosseur peu commune. Fabricius dit:

[1] Eminent quippe inter flaventes segetes, viridantes arbores onustæ pomis, eædemque implexas vites gerunt ipsas quoque graves uvis.

Les arbres chargés de fruits s'élèvent du sein des moissons dorées, et les vignes entrelacées sont couvertes de nombreuses grappes.

La fécondité de ce sol est telle, que Henricus à Pflaum. écrit:

Incredibile videatur diversas fruges ex eodem solo vitalem humorem haurire.

Il est incroyable de voir un même terrain produire tant de différentes récoltes.

Partout on reconnaît dans cette fertilité, moins la main active du cultivateur que celle de la nature, et en l'observant de près, on voit aisément que celui-ci ne prend aucune peine pour en favoriser et en activer la marche par ses travaux.

Dans le royaume de Naples, ainsi que dans les états du pape, on ne trouve d'une ville à l'autre, ni hameau ni ferme isolée. Les cultivateurs habitent ou les faubourgs des villes, ou les bourgs, et on ne les rencontre dans les champs ou sur la route qu'à certaines époques; ils quittent alors leurs habitations à l'aube du jour, et quelque soit la distance, ils se rendent dans les champs, ou pour ensemencer, ou moissonner, ou pour faire la vendange.

Cet éloignement rend les routes peu fréquentées, du moins celles que j'ai parcourues.

A moitié chemin de Capoue à Naples, nous trouvâmes la ville d'Aversa.

AVERSA.

—

Cette petite ville est jolie, et assez bien bâtie. La principale rue qui la traverse dans toute sa longueur, est large et ornée de belles maisons, ayant des terrasses à l'instar des édifices de Naples. Elle est pavée en pierres du Vésuve. Aversa est située dans une plaine délicieuse, à un mille de l'ancienne *Atella* des Romains. Virgile en parle à cause des inondations du *Clanius*.

. . . . . Et vaculs Clanius non equus acerrls. Geor. liv. 2.

Elle fut fondée en 1130, par Robert Guichard, duc de Normandie, qui venait de faire la conquête de Capoue et de Naples. Il la bâtit entre ces deux villes comme une forteresse, pour les tenir toutes les deux en respect. Comme le rapporte Henric. à Pflaum : *Iter neap :*

Medio fermè inter Capuam ac Neapolim spatio aversa sita est utiquidem conditor ejus Robertus Guiscardus Normanorum dux illam voluit, tanquam oppositam hinc Capuæ, indè Neapoli.

Elle est à huit milles de Naples, dont elle est séparée par une longue avenue, qui pourrait la faire considérer comme un de ses faubourgs. C'est dans cette distance qu'on trouve le dernier village qui est *Capo di Chino*, composé de quelques maisons.

A l'approche de cette capitale, cette avenue, qui conduit aussi à Caserte, séjour enchanteur où Ferdinand II réside une partie de l'année, est large et bordée de grands arbres qui procurent un ombrage agréable, et que lient des guirlandes de vignes qui les entrelacent :

Et vitem viduas ducit ad arbores, Horace, Od. 5, liv. 4.

Il marie la vigne à l'ormeau.

Cette grande route qui s'élargit au fur et à mesure que l'on descend vers la ville, est taillée dans une montagne de tuf. De cette hauteur on commence à distinguer le bruit confus que l'on entend ordinairement aux approches d'une ville aussi peuplée que Naples. On en découvre une partie, et on arrive au faubourg Saint-Antoine, où sont la barrière et le bureau pour le visa des passeports. Nous entrâmes à Naples par ce faubourg, qui a près de deux milles de longueur.

Le premier édifice remarquable qui s'offrit à nos yeux, fut le grand hospice d'*il Seraglio,* sur la porte duquel on lit cette inscription en lettres d'or :

Regium totius Regni pauperum hospitum.

Hospice royal des pauvres de tout le royaume.

Ce monument n'a rien de particulier dans son extérieur : sa façade peut avoir cinquante toises de longueur. A son origine, son usage était à l'instar de nos hôpitaux de la Salpêtrière et de Bicêtre à Paris.

Après avoir dépassé la place des Pins (*piazza delle Pegne*), à l'extrémité de laquelle sont situés les *Sudii*, dont je ferai mention plus tard, nous gagnâmes la place du Saint-Esprit, où commence la grande rue de Tolède, dont il va être question plus loin.

Comme la nuit avançait, nous nous fîmes conduire à la rue Sainte-Anne du Palais (*Santa-Anna di Palazzo in Toleda*), dans l'hôtel de Sainte-Anne, où nous voulions loger. Cette maison est tenue par un Français, et en qualité de compatriotes, nous y fûmes fort bien accueillis. Je la recommande aux voyageurs.

CHAPITRE NEUVIÈME.

Retour à Naples; rue de Tolède; Sainte-Lucie; Villa Reale; palais du roi; Place-Royale; Saint-François de Paule; Largo del Castello, fontaine de Medine; Château-Neuf; garnison de Naples; port de Naples.

NAPLES.

Je n'entreprendrai pas plus que je ne l'ai fait pour Rome, la description d'une cité aussi connue que celle de Naples, sur laquelle tant d'auteurs ont écrit. Le séjour que j'y ai fait d'ailleurs, ne m'a pas permis de la connaître aussi parfaitement que si je l'eusse habitée plusieurs années, et j'en donnerai seulement quelques notions que j'ai recueillis sur les lieux.

Naples, capitale du royaume des Deux-Siciles, est l'antique Parthénope, nom qui lui fut donné, dit Pline, d'une des trois sirènes, dont le tombeau était en cet endroit:

Parthenope a tumulo sirenis appellata: liv. 3, ch. 5.

Cette ville est si ancienne que son origine, qui est grecque, est pour ainsi dire fabuleuse, car il y a trop de versions sur sa fondation. *In ea discrepant auctores*, dit Pighius. Velleïus Paterculus rapporte que Naples fut fondée par les Cuméens, qui étaient une colonie de Chalcidiens:

Pars horum civium magno post intervallo Neapolim condidit, liv. 1.

Léandre Alberti est du même avis, puisqu'il dit, liv. 7 :

Parthenope fuit à Cumanis exstructa et ab unius sirenum juxta id littus sepultæ nomine vocitata.

Parthenope fut bâtie par les Cumeens et appelée du nom d'une sirène enterrée sur son rivage.

Elle est bâtie en amphithéâtre sur le versant d'une colline, autour d'un golfe demi-circulaire, à qui on donne dans le pays le nom de *cratère*, et dont la lisière est embellie par les petites villes de Portici, Resina, Torre del Greco, Torre dell' annunciata, Castellamare, et Sorrento, toutes dominées par le Vésuve, et bordant cette côte fertile.

A la pointe méridionale du golfe, on trouve le cap Massa (l'ancien promontoire de Minerve), séparé par un détroit de l'île de Caprée, fameuse jadis par la retraite d'Auguste, et les débauches de Tibère ; lequel cap, avec les îles d'*Ischia*, de *Procida* et le mont *Pausilippe* situés à l'ouest, forment les deux extrémités du golfe dont la circonférence est évaluée à seize milles (cinq lieues et un tiers). La situation de ce golfe nous est fidèlement retracée par Strabon :

Porrò Pausilippo monte et appendicibus ejus Neapolis vallata est : cernet pariter amplissimum maris sinum in crateris formam curvatum retractumque intorsus inter Misenum ac Minervæ promontoria.

Ce développement et ce coup-d'œil sont une des plus belles choses du monde. Tous les voyageurs qui ont vu ou habité Naples et d'autres parties du golfe, s'accordent à dire qu'aucune ville n'offre un aspect aussi majestueux et aussi varié que celui de cette métropole, quand on la voit du côté de la mer ou du sommet du Vésuve, ou de la Chartreuse qui la domine; et je doute en effet qu'il y ait une autre contrée au monde où la nature ait été aussi prodigue de ses dons.

Situ est amœnissima, ut nihil mirum sit jam vetustissimis temporibus fuisse qui ea loca tenerent.

La situation de cette contrée est si belle qu'on a jamais rien vu de plus admirable, dit Pighius.

L'œil étonné admire avec enchantement tous ces points de vue, de terre et de mer, ce ciel toujours pur, cet heureux climat, et cette terre si féconde. Aussi le Napolitain, dans son enthousiasme, s'écrie : *Vedi Napoli e poi mori.* Pour bien rendre ces mots en, français, il faut les traduire ainsi : Étranger ! vois Naples et puis meurs sans regret.

Naples s'étend sur une longueur de trois milles, depuis l'extrémité de Chiaya jusqu'au pont de la Madelaine, et son circuit, en y comptant les faubourgs qui sont très grands et très agréables, est d'environ douze milles. C'est ce que rapporte Pighius.

Murorum ambitus duodecim millia non excedit. Amplissima et ædificiis, densa suburbia videntur longiùs latiùsque extendere urbem, quam stringant definiantque Augusti muri.

Elle est défendue par trois forteresses ou châteaux-forts, qui sont le château de l'Œuf, le château Neuf, et celui de St.-Elme, dont je donnerai la description.

Les principaux monumens de cette ville sont le palais du roi, les Studii ou le Musée, la cathédrale de Saint-Janvier, l'église de Saint-François-de-Paule, nouvellement bâtie, le théâtre Saint-Charles, le nouveau palais du ministère sur la place du *largo del Castello,* la nouvelle douane sur le port vis-à-vis la santé, et les greniers publics après le pont de la Madelaine.

RUE DE TOLÈDE.

Naples est traversée de l'ouest à l'est-nord-est par la rue de Tolède qui est la plus riche et la plus grande de cette ville tant par son étendue et la quantité de belles maisons que l'on désigne sous le nom de *palazzo* (palais), que par le nombre de magasins de toutes espèces et l'affluence du monde et du mouvement tumultueux qui l'animent sans interruption.

Cette rue fut construite sur les fossés des anciens remparts de la ville, en 1540, par le vice-roi, don Pierre de Tolède, qui lui donna son nom. Elle a un mille de longueur depuis la place du Saint-Esprit jusqu'à l'extrémité de la place Royale, sur vingt pas de largeur. La rue de Tolède est pavée avec de grandes pierres de lave, ainsi que toutes les rues de Naples, ce qui n'est pas commode pour les pieds des chevaux. Elle sert de cours et de promenade quelquefois en hiver, quand on ne va pas à la *Villa reale*. Les équipages y affluent au point, que ne possédant point de trottoirs pour les piétons, on est exposé à être blessé par le nombre des voitures qui y circulent.

A l'issue de cette rue, du côté de la place Royale, on descend à Sainte-Lucie.

SAINTE-LUCIE.

La rue Sainte-Lucie part de la fontaine du Géant, qui est à l'extrémité de la place Royale, et vient finir à celle de Chiaya. Cette rue longe le quai et c'est dans le commencement de la rue, me dit mon cicérone, qu'était à l'époque du règne de Joachim, la promenade nocturne. C'était là que la société de tout rang se rendait le soir à pied et en voiture pour se divertir et manger à la belle étoile les fruits de mer (*i frutti di mare*), comme on dit dans le pays. Ces fruits de mer sont des oursins, des moules, des huîtres, des coquillages de toutes espèces, et des poissons que l'on pêche dans le jour. Cet usage, qui était une espèce de régal quotidien, a beaucoup perdu de sa vogue; l'affluence n'y est plus, mais les étrangers y vont pour jouir du coup-d'œil et manger du poisson; j'y ai trouvé pour mon compte des homards excellens et à très bon marché. A ces heures-là ce quai est très vivant, et ces étalages multipliés de pêcheurs, qui sont en plein air et fort bien éclairés, offrent au voyageur un panorama très curieux et très animé.

Après avoir dépassé le château de l'Œuf, la rue Sainte-Lucie est continuée par de nouveaux édifices et de fort belles maisons, qu'occupent les Anglais qui viennent à Naples, et les étrangers qui ne craignent pas la dépense pour être bien logés.

C'est sur le quai de Sancta Lucia que se trouvent les deux sources d'eaux minérales que l'on prend au renouvellement de la belle saison. La première en venant de la place Royale est la source d'eau soufrée (*aqua sulfurea*), et celle qui est après avoir dépassé le château de l'Œuf, est celle de l'eau ferrugineuse (*aqua ferrata*).

RUE DE CHIAYA.

Cette rue, que l'on considère comme un faubourg, parce qu'elle est à l'extrémité de la ville, est encore une de celles qui embellissent Naples; elle est grande, et peut avoir trois mille pas de longueur à partir de la rue Sainte-Lucie jusqu'à l'entrée du Pausilippe.

Sa situation au bord de la mer et devant la promenade de *villa reale*, l'air pur que l'on y respire, la vue admirable que l'on a sur le golfe, en font un séjour des plus agréables de cette capitale.

On voit à Chiaya de fort beaux édifices, habités par des familles nobles, par des ambassadeurs, et les légations des différentes puissances du globe.

MAISON DE PLAISANCE ROYALE.

VILLA REALE.

—

La Villa Reale est une jolie promenade qui se trouve à l'issue de Santa-Lucia. Elle longe la rue de Chiaya et le bord de la mer du côté du sud. C'est là où se réunit la belle société qui s'y rend en équipage, pour respirer la fraîcheur du soir, et prendre des glaces à la Sorbetière qui est à la porte de la promenade, café où se transportent à cette heure-là les oisifs et les étrangers.

Tous les dimanches et fêtes avant la nuit, la musique de la garde royale vient faire retentir ces lieux de symphonies militaires, sur le mérite desquelles je ne prononcerai pas, ayant entendu en Allemagne et en France ce qu'il y a de mieux dans ces sortes de compositions musicales; cet agrément attire une grande affluence d'auditeurs.

Après ce concert, on peut se procurer de nouveau le plaisir d'en entendre un second, qui est exécuté devant le palais du roi par l'un des régimens de la garnison, et qui tous les soirs sert de point de départ pour l'heure de la retraite militaire.

La Villa Reale peut avoir environ un mille de longueur sur cinquante ou soixante pas de largeur. Elle a plusieurs allées d'accacias et de platanes, à l'ombre desquels on brave la chaleur de l'été. Ces allées sont ornées de fleurs et de beaux oléandres à bouquets purpurins que l'on cultive avec soin, et dont on respire le parfum au coucher du soleil. Elles sont embellies d'une quantité de statues et de fontaines décorées de tritons, de nayades, et autres groupes de figures. Le milieu de la promenade est orné d'une belle conque de granit oriental, de soixante-trois pieds de circonférence et d'un seul morceau. Elle fut trouvée dans les fouilles de Pestum.

Le roi de Naples, François Ier, la fit transporter de Salerne, en 1825, et la fit placer au lieu même qu'occupait le célèbre groupe du taureau Farnèse, que l'on voit aujourd'hui au Musée.

Du côté de la mer, qu'elle cotoie, cette promenade est garantie par un parapet couvert d'arbres, et du côté de la rue de Chiaya elle est close par une grille de fer, à l'instar du jardin des Tuileries à Paris.

Que de délicieuses soirées j'ai passées dans ce site enchanteur, assis sur le parapet entendant le doux murmure des vagues qui se brisaient lentement sur le rivage, respirant ce zéphir rafraîchissant qui portait la vie dans mes sens abattus par la chaleur et les courses de la journée. Mes regards s'étendaient sur cette immense nappe d'eau que l'homme a su faire servir à sa gloire et à ses intérêts, tout en y trouvant si souvent son tombeau. Tantôt la surface de l'eau réfléchissait le scintillement des étoiles, tantôt la lune dans son méridien la faisait briller de l'éclat de ses rayons d'argent; rien ne troublait ce calme imposant, qui contribuait à donner un caractère de tranquillité à ce tableau sublime et romantique, que je contemplais avec ravissement.

Quel salutaire délassement je goûtais au bord de ce golfe paisible ! Dans ce silencieux recueillement je me retraçais la vie du voyageur, et me livrais à des réflexions assez singulières. Aujourd'hui, me disais-je, je suis au pied du Vésuve, et dans huit jours je peux, à ma volonté, être sur les tours de Notre-Dame à Paris. Quelle distance dans un laps de temps si court! Quelle différence entre ces deux peuples, sous tous les rapports ! O industrie, quel est ton pouvoir ? Le paquebot qui vient de Naples à Marseille, arive le quatrième jour dans la matinée, et dans quatre jours on va de Marseille à Paris par la malle-poste.

PALAIS DU ROI.

A l'extrémité de la rue de Tolède, on trouve sur la place Royale le palais du roi.

Ce palais, qui est le monument le plus remarquable de Naples, n'a rien de merveilleux extérieurement; je ne parlerai pas de l'intérieur que je n'ai pu voir, parce que la famille royale était à Naples. Sa façade a près de cent toises de longueur; elle a vingt-deux croisées et trois portes d'entrée égales en hauteur; elle est ornée de trois rangs de pilastres doriques, ioniques et corinthiens, placés les uns sur les autres et formant les trois étages, qui sont surmontés par une balustrade garnie de petites pyramides et de vases alternativement.

La décoration du premier étage est en colonnes de granit. Ce palais date de 1600. Il communique d'abord avec le théâtre Saint-Charles, de façon que la famille royale va au spectacle sans sortir du palais. Dans un cas d'émeute, il a des communications avec le château Neuf, par une galerie bâtie sur des arcades, qui traversent les fossés du fort, et peut servir de retraite. Il en a aussi avec l'arsenal par un pont couvert, qui est sur la partie latérale de gauche qui domine le golfe. C'est de ce côté que s'enfuyait Ferdinand Ier lorsqu'il fut arrêté par le peuple, à l'époque de la dernière révolution napolitaine en 1820.

PLACE ROYALE.

Cette place se trouve devant le palais du roi, elle est grande et d'une forme carrée. Elle est entourée de belles maisons parmi lesquelles on distingue sur la gauche, le palais qui est habité par le prince de Salerne.

Au milieu de la place, on voit les deux statues équestres en bronze de Charles III et de Ferdinand Ier.

Derrière ces statues, en regard du palais du roi, on vient d'édifier l'église de Saint-François-de-Paule. A l'extrémité de la place qui descend à Sainte-Lucie, on trouve la fontaine du Géant, ainsi que je l'ai déjà dit.

Cette statue, que les Napolitains ont surnommée *il Gigante* (le Géant), est un Jupiter de proportion demi-colossale, en forme de therme, qui fut trouvée à Pouzzoles sous le gouvernement du duc de Medina, et dont on a fait une fontaine attenante à la caserne de la gendarmerie royale.

Elle représente, dit la tradition populaire, la petite rivière de Sebetto, couchée au milieu de quelques tritons.

Ce monument n'a rien de remarquable dans sa construction. L'inscription qu'on lit y est celle de sa fondation, qui eut lieu en 1590.

SAINT-FRANÇOIS-DE-PAULE.

Cette église, qui avait été abattue sous le règne de Joachim Ier, pour donner plus d'étendue à cette belle place, et la rendre plus régulière, vient d'être réédifiée d'après un vœu de Ferdinand IV, en mémoire de son retour au trône à l'aide de la sainte-alliance, en 1814, époque où il prit le nom de Ferdinand Ier.

Elle n'est pas encore finie intérieurement, mais elle sera au rang des plus belles églises de Naples. Sa forme est sphérique, et ornée de deux portiques demi-circulaires, qui sont soutenus par de magnifiques colonnes de marbre de Cararre d'un diamètre colossal.

LARGO DEL CASTELLO.

PLACE DU CHATEAU.

Cette place, qui est une des plus grandes de Naples, a été faite aux dépens d'un grand nombre de vieilles maisons que l'on a abattues. Elle ne possède aucun monument remarquable que le nouveau palais des ministres, bâti en 1826, sous le règne de Ferdinand Ier.

Ce local, dont la construction est de la plus grande simplicité, renferme le trésor royal, la cour des comptes, la banque, la caisse d'escompte, le grand livre, la préfecture de police et la bureaucratie de plusieurs autres autorités.

Au-dessus de la grand'garde où sont continuellement de service des piquets de cavalerie et d'infanterie, on voit la fontaine *degli Specchj* (des miroirs), qui n'a rien de merveilleux. La forme de cette fontaine est en jets d'eau et en cascades, ce qui lui a fait donner le nom de Miroirs.

C'est sur cette place que l'on trouve tous les petits spectacles populaires, comme on les voit à Paris sur le boulevart du Temple.

Cette place, dont la forme est irrégulière et longue, descendant jusque vers le Môle, était ombragée, sous le règne de Joachim, par de nouvelles plantations d'arbres, qui en auraient fait une promenade agréable et très utile, surtout dans un climat où l'ombrage est si nécessaire; cette privation peut faire blâmer le motif qui les a fait arracher. Au bas de la place, on trouve la fontaine Médine.

FONTAINE MEDINE.

Les fontaines sont en assez grand nombre à Naples, elles sont alimentées par des eaux abondantes; ce que rapporte Pighius.

Ex fertilissimis scilicet collibus Neapolis aquas saluberrimas haurit, quæ collectæ actæque porrò in urbem, innumerabilibus quà publicis quà privatis fontibus manant:

Les collines fertiles de Naples l'alimentent de leurs eaux salutaires, qui après avoir été amenées dans la ville, coulent par d'innombrables fontaines publiques et particulières.

Mais celles que l'on peut citer par leur beauté, n'y sont pas communes autant qu'elles le sont à Rome.

La fontaine Médine est la plus remarquable de toutes celles qui sont dans cette capitale, et elle pourrait rivaliser avec les monumens de ce genre à Rome. Elle fut érigée par le vice-roi Medina los Torres, qui lui donna son nom.

Elle représente un Neptune appuyé sur son trident, d'où jaillissent trois jets d'eau en gerbes. Le dieu marin s'élève du milieu d'une conque, que trois satyres soutiennent sur leurs têtes.

Le grand bassin qui reçoit les gerbes d'eau, est orné de figures de tritons et de dauphins, qui se jettent de l'eau.

Cette composition est d'un effet admirable. Cette fontaine est entourée d'une haute grille en fer, et fait face au château Neuf.

CHATEAU-NEUF.

Ce château, que l'on appelle Neuf, malgré que son origine

remonte à 1280, fut bâti par Charles d'Anjou, premier roi de Naples; ensuite Alphonse d'Aragon le répara, et plus tard l'empereur Charles-Quint le restaura entièrement en faisant relever ses remparts presque détruits, et y fit pratiquer des fossés, ainsi qu'à l'entour de la ville. P ,nius et plusieurs autres écrivains en font mention, dit le même auteur.

Urbs tota fossis depressis murisque egregiè restauratis fuit munita.

Il fit élever les quatre tours que l'on y voit encore, et qui dominent les remparts qui les renferment. Le même auteur dit :

Quaterna miræ vastitatis propugnacula.

Son entrée est sur la place, à laquelle il donne son nom (*Largo del Castello*); il communique avec le palais du roi ; de larges fossés assez profonds l'entourent du côté de la place, et du côté de la mer on y a établi des batteries qui défendent la ville et le grand môle, qui est à côté.

Ce château renferme une église, un arsenal de dépôt, une fonderie de canons, les écoles pour l'artillerie, et les bagnes, où l'on voit les forçats rentrer chaque soir, à l'issue de leurs travaux du port.

Il possède aussi un arc-de-triomphe, orné de bas-reliefs, érigé en l'honneur d'Alphonse Ier.

Un des régimens de la garnison occupe cette forteresse qui peut contenir trois mille hommes.

GARNISON DE NAPLES.

Le roi de Naples, Ferdinand II, qui est encore jeune, a l'esprit militaire, dit la chronique napolitaine; quoique ennemi, peut-être, comme souverain, de la politique de l'empereur Napoléon, il est un de ses admirateurs et de ses partisans; aussi n'est-il pas rare de le voir se lever au milieu de la nuit, monter à cheval ou en voiture, accompagné d'un seul officier, et aller inopinément dans les casernes de Naples, ou surprendre les petites garnisons des environs, pour s'assurer par lui-même si à la moindre alerte de nuit et de jour, le soldat serait à l'instant sur pied.

Toutes les fois que S. M. est abordée par un jeune homme, soit pour quelque fait relatif à l'art de la guerre, soit pour lui demander du service, l'on voit ses traits s'épanouir; si tout autre motif l'amène pour lui demander une place ailleurs que dans l'art militaire, il reçoit froidement le postulant, qui n'obtient sa demande qu'avec peine, ou qui quelquefois est congédié. Je tiens ce fait de plus d'un Napolitain; aussi les troupes de Ferdinand ont-elles une bonne tenue, principalement la cavalerie.

La garnison de Naples se compose de plusieurs régimens de cavalerie et d'infanterie, savoir:

D'un régiment de grenadiers de la garde royale;

Un de chasseurs *idem*;

Tous choisis dans les sujets du royaume de Naples; leur uniforme est rouge et conforme en tout à celui des suisses de la garde royale française de l'ex-roi Charles X.

Deux régimems suisses, ayant le même uniforme, à la différence des boutons et des brandebourgs, qui sont jaunes au lieu d'être blancs;

Deux régimens siciliens, portant l'habit bleu avec la doublure, revers, collet et paremens verts clairs, portant le schako; tandis que les régimens de la garde ont le bonnet à poil.

Dans les régimens siciliens, presque tous les grades d'officiers sont achetés par des jeunes cadets de familles qui veulent prendre du service, et on les leur vend autant que l'on peut;

D'un régiment de hussards, portant uniforme rouge avec collet et paremens bleus;

D'un régiment de dragons, ayant la veste bleue, avec collet et paremens rouges, dont le roi porte constamment l'uniforme, ainsi que l'empereur Napoléon avait adopté celui de ses grenadiers ;

D'un régiment d'artillerie à cheval ;

De plusieurs compagnies de la marine royale, parce que S. M. a dans le golfe une frégate armée ;

Ensuite des escouades de gendarmes en quantité, qui couvrent le pavé de Naples autant que les moines.

Ces régimens de cavalerie sont magnifiquement montés en chevaux. Cette race, que l'on tire des Abruzzes, est de toute beauté.

Cette province fournit d'excellens chevaux, qui sont reconnus pour une des meilleures espèces d'Europe. Ils sont pleins de feu, souples, légers à la main, et portant bien leurs têtes.

PORT DE NAPLES.

A trente pas du château Neuf, on trouve le port. Quoique le commerce maritime de Naples soit un des plus considérables parmi les villes d'Italie qui sont sur la Méditerrannée, son port est peu étendu, il ne répond pas à la majesté du golfe, qui est un des plus beaux que l'on connaisse.

Les navires marchands qui y affluent des quatre parties du globe, sont fort à l'étroit. C'est un carré de cent cinquante toises en tous sens, abrité et défendu par un grand môle construit en équerre, qui le ferme à l'ouest et au sud.

Au-dessus du môle s'élève la grande tour du fanal que l'on désigne sous le nom de *lanterna del molo*. Il est terminé par un fortin qu'on appelle *San Gennaro*, (Saint-Janvier), où sont plusieurs pièces d'artillerie de gros calibre.

A l'extrémité de ce bastion, il y a un second fanal moins grand, que l'on éclaire aussi la nuit pour indiquer l'entrée du port.

On y voit une petite chapelle couverte en terrasse, surmontée d'une grande statue en marbre de saint Janvier.

Le prolongement du grand môle cache le port, et le met à l'abri du vent de *sirocco* (sud-est), qui domine dans le golfe. Dans la partie du port qui est derrière le grand môle, il y a cinq à six vaisseaux de ligne désarmés. Ils furent construits sous le règne de Joachim Ier, qui voulut avoir une marine. A présent ils servent d'espèce de caserne, et pourrissent dans le port.

Du côté du débarcadère, le bassin est clos par une grande barrière en bois, où sont pratiquées trois portes qu'occupent les douaniers, de manière que l'on ne peut rien embarquer ni débarquer sans passer par là, et sans avoir été bien rançonné, nonobstant les petites embarcations de la douane qui circulent dans le port, et qui visitent tous les bateaux qu'elles rencontrent.

En suivant le port, on trouve l'ancienne douane située derrière le marché. C'est un grand édifice d'une construction très ordinaire et que l'on va abandonner aussitôt que la nouvelle douane sera terminée. Celle-ci est bâtie un peu plus loin sur le port avant d'arriver au pont de l'*Immaculatella*, qui est devant le bureau de la santé.

CHAPITRE DIXIÈME.

Marché; château de l'Œuf; château Saint-Elme; églises de Naples; cathédrale Saint-Janvier; Sainte-Claire; Santa Maria della Pietà; palais des Study; mœurs et usages des Napolitains; sexes de Naples et de Rome; Naples de nuit.

LE MARCHÉ.

Cette place, qui fait époque dans les annales napolitaines, est la plus ancienne de Naples, et n'est habitée que par des gens du peuple. Elle commence vers la poste aux lettres, sur le *Largo del Castello*, et se prolonge derrière le port dans une étendue de cinq à six cents pas.

Dans le milieu, elle est ornée d'une fontaine qui n'a rien de remarquable.

Ce marché, qui est une rue plutôt qu'une place, est à Naples ce que la Halle est à Paris; il est couvert de boutiques et d'échoppes de marchands de comestibles de toutes espèces.

C'est sur cette place que se faisaient autrefois les exécutions, et c'est sur le même lieu que prit naissance, en 1647, la révolte qui porta au pouvoir suprême le pêcheur napolitain Thomas-Aniello, que l'on appelait par abréviation Masaniello.

Cette sédition, que j'écris ici comme épisode, le mit sur-le-champ à la tête de cinquante mille révoltés en armes. Le vice-roi avec qui il traita pour les droits du peuple, lui donna le titre de premier tribun du peuple fidèle. De suite Masaniello fit de nouveaux édits, abolit les gabelles, changea l'ordre du gouvernement, fit battre monnaie au nom du peuple, expédia de même tous les ordres en son nom, et fut assassiné le quinzième jour de son règne par ce même peuple, qui l'avait élevé au rang suprême. Pendant ce court intervalle, l'ivresse du pouvoir, la multitude d'affaires, le défaut de sommeil, quelques-uns prétendent même l'excès du vin, avaient troublés sa raison jusqu'à l'extravagance la plus prononcée, qui occasionna sa mort.

Sur ce marché on trouve, tous les jours et en abondance, toutes les denrées nécessaires à la vie et à très bon compte. C'est là que se fait le grand débit de macaroni, dont la populace et les lazzaroni viennent se repaître à satiété, moyennant un grain, qui n'équivaut pas tout-à-fait à cinq centimes de France.

CHATEAU DE L'ŒUF.

CASTEL DELL'UOVO.

En longeant le quai de Sainte-Lucie, on trouve le château de l'Œuf.

Cette forteresse, qu'on appelle ainsi à cause de sa forme allongée et ovale, est un ancien édifice bâti à l'entrée du golfe de Naples, sur un rocher qui forme un promontoire isolé, à peu de distance du rivage, avec lequel il communique par un pont et une langue de terre de deux cent trente toises de longueur. Voici ce que dit Pighius:

Tertia in ipso mari ita arx suprà excelsam rupem, ovalis fermè figuræ undè arci cognomentum natum est.

Sur ce même rivage un troisième château-fort s'élève sur un roc escarpé et de forme ovale, qui a donné à cette forteresse le nom qu'elle porte.

Ce rocher et cette langue de terre se joignaient autrefois avec le terrain élevé que l'on voit en face du château, lequel terrain porte le nom de *Pizzo Falcone*, où on a établi aujourd'hui une caserne :

Respicit ex adverso Pizzo Falconem arduum montem à quo abcissus videtur fuisse scopulus ipse :

dit le même auteur.

Ce rocher fait face à Pizzo Falcone, montagne élevée dont il paraît avoir été séparé.

Ce rocher en fut séparé par un tremblement de terre lors de la grande éruption du Vésuve; on le voit aisément par le roc coupé à pic qui est vis-à-vis le château.

Une autre version, qui appartient à l'histoire moderne, et donnée par le père Daniel, dit, pour expliquer cette séparation, qu'elle fut faite par l'explosion d'une muraille attenante à Pizzo Falcone, que fit miner et sauter Pierre de Navarre, chargé de l'attaque du château, défendu par les troupes françaises sous les ordres de Chavagnac, gentilhomme d'Auvergne.

Ce fort fut bâti et fortifié en 1154, par Guillaume Ier, duc de l'Aponille et deuxième roi de Naples. C'était là qu'étaient, du temps des Romains, le palais et les magnifiques jardins que le riche Lucullus avait à Naples, dit Phigius.

Luculli divitis olim gaudia.

Autrefois les délices du riche Lucullus.

Ce qui dans les temps reculés avait fait donner à ce château le nom de *Castrum Lucullanum*.

Ce fort n'est plus entretenu aujourd'hui sur la défensive comme il l'était sous le règne de Joachim, dont on rapporte le fait suivant. « Des vaisseaux anglais étant entrés un jour « dans le golfe, le roi s'en étant aperçu de son palais qui le « domine, il vole sur les remparts du château, pointe lui- « même les pièces, et foudroie la flotte ennemie qui s'éloi- « gne sur-le-champ. »

CHATEAU SAINT-ELME.

Le château Saint-Elme est situé au sommet du mont Saint-Martin, sur le penchant duquel Naples est assise en amphithéâtre. *Arx D. Hermi in excelsa rupe velut insculpta.* Il fut construit par Robert, roi de Naples, selon Pighius et divers autres écrivains, et fut appelé d'abord Saint-Herme, dont on a par corruption fait Saint-Elme. Ce château n'était presque rien, bien avant que l'empereur Charles-Quint en fit une citadelle dans les formes. Ensuite il fut restauré par Philippe V, son fils, à son avènement au trône, qui y fit pratiquer un grand fossé creusé dans le roc, et y ajouta d'autres fortifications, rapporte le même auteur.

Validis operibus cùm universam urbem, tum arcem illam egregiè firmasse.

Il la fortifia, ainsi que la ville, par de forts retranchemens.

Sa situation étant un poste militaire important, depuis la dernière révolution, le gouvernement l'a fait remettre en état, et aujourd'hui il est occupé, ainsi que les deux autres forteresses, par des troupes de Sa Majesté.

Au pied des remparts, du côté de la ville, est située la belle Chartreuse de Saint-Martin, comme le dit Pighius :

D. Martini templum, cœnobiùmque carthusianorum ad radices altissimæ areis, siti.

Cette église est célèbre, dit-on, par un trésor immense renfermant des objets riches et précieux qu'elle possède, ainsi qu'une infinité de tableaux assez estimés de l'Espagnolet et autres peintres renommés.

Le coup-d'œil que l'on a de cette éminence sur Naples, sur la terre et sur la mer, est admirable.

ÉGLISES DE NAPLES.

En sortant de Rome, où les églises offrent les plus beaux monumens d'architecture antique et moderne, il était difficile de trouver à Naples les mêmes avantages. Cependant je voulus en connaître quelques-unes, qui possèdent aussi des tableaux de prix; mais elles n'ont rien d'attrayant pour qui vient de Rome.

A Naples les églises sont moins belles par l'art que par l'or qui les décore. Si on n'y trouve pas ces belles colonnes antiques, ces riches mosaïques, ces magnifiques coupoles, ces chefs-d'œuvre enfin d'architecture et de sculpture, on y voit des autels richement parés, des saints et des saintes en argent, des reliques en or qui composent le trésor de plusieurs couvents et qui les enrichissent.

CATHÉDRALE SAINT-JANVIER.

On compte à Naples plus de deux cents églises, desservies par des moines de différens ordres.

Je portai mes premiers pas vers la cathédrale, consacrée à *San Genaro* (saint Janvier), patron de cette ville, qui y est tellement en vénération, que dans les momens de détresse publique, les Napolitains ont plutôt recours à lui qu'à Dieu.

C'est dans ce temple que se fait tous les ans, au 19 de septembre, le miracle de la liquéfaction du sang de ce grand saint, cérémonie trop connue pour que j'en parle.

Cette église n'a rien de majestueux à l'extérieur, seulement on voit à l'entrée principale deux colonnes de porphyre assez remarquables, reposant sur deux lions, et qui ont appartenues à un ancien temple d'Apollon, sur lequel elle a été construite en 1280, par Charles Ier, duc d'Anjou, sous le règne duquel elle ne fut pas terminée ; ce fut Charles II qui l'acheva en 1299. Elle fut détruite ensuite par le tremblement de terre de 1456, mais elle fut réédifiée plus belle qu'auparavant, par Alphonse Ier, roi de Naples. L'intérieur est décoré de plus de cent colonnes de granit et de marbre d'Afrique, qui avaient fait partie de ce temple antique.

L'urne baptismale que l'on y voit, est d'une origine païenne. C'est un ancien vase fort beau, tout couvert d'attributs bacchiques, et qui conviendrait mieux à un musée qu'à une église.

Dans cette cathédrale, on trouve le trésor de saint Janvier. Ce trésor est une chapelle de forme circulaire qui a coûté un million de ducats, donné par le peuple Napolitain, en 1608, par suite d'un vœu fait à l'occasion d'une peste qui avait ravagé Naples en 1526. Elle est décorée de quarante-deux colonnes d'ordre corinthien en marbre brocatello (1), et remplie de statues en argent et en bronze de différens saints, qui sont placées les jours de fête dans l'intervalle de ces colonnes.

La sacristie, qui est à côté, renferme une quantité de saints en argent massif, et plusieurs beaux candélabres du même métal.

In d. Januarii sacrario, dit Baronius *in Martyrol.*, præter regum ac principum pretiosissima dona quot divorum cineres atque ossa inclusa, cœlataque auro et argento, decorata gemmis et aliis ornamentis asservantur.

On y voit accumulées toutes les offrandes précieuses que l'on fait à saint Janvier, qui est le plus riche de tous les saints du ciel et de la terre.

Pour le détail des tableaux et autres objets remarquables que possède cette cathédrale, il est bon de consulter le *Cicerone di Napoli*, qui est un excellent guide pour les étrangers. On le trouve chez tous les libraires à Naples.

Sur la place qui est devant l'église, on voit un obélisque qu'on appelle l'Aiguille de saint Janvier (*guglia di san Genaro*). Il est couvert de sculptures, de figures, de guirlandes de festons et surmonté de la statue en bronze de ce saint.

L'inscription qui est à sa base annonce que ce monument fut érigé à saint Janvier par le peuple, l'an 1660:

D. Januario patriæ regni que prestantissimo.
Tutelari. Grata. Neap. Civ. Optimè. Merito.

La veille de la fête de ce saint, cet obélisque est illu-

---

(1) Le marbre Brocatello est un marbre rouge et blanc, dont les taches blanches et rouges sont tellement distinctes les unes des autres, que ce marbre ressemble à une brèche, mais il se trouve de temps en temps une teinte noirâtre mélangée dans ce marbre.

miné et paré de fleurs du haut en bas. On pratique tout autour de la place une galerie, où sont des orchestres qui exécutent des symphonies. Cette fête et le miracle de la liquéfaction du sang de saint Janvier, qui s'opère dans la cathédrale, où l'affluence est immense, sont des choses curieuses pour un étranger.

SAINTE-CLAIRE.

Ce couvent fut fondé, en 1309, par Sancia ou Agnès d'Espagne, épouse de Robert, roi de Naples, après la mort de son époux, pour trois cents religieuses, de familles nobles, connues sous le nom de l'ordre de Sainte-Claire. Léandre et Pighius disent :

D. Claræ ædem augustam et vetustam Sancia sive Agnes Hispana Roberti regis uxor et post mariti obitum, inter sacras virgines Deo devota exstruxit.

Cette église est contiguë à la cathédrale. La construction de l'église est gothique. On y voit tout autour une galerie dorée, soutenue par des pilastres de beaux marbres de divers couleurs, qui au premier coup-d'œil éblouit par sa richesse.

En général l'intérieur de cette église est tellement chargée de dorures et d'ornemens, qu'elle perd à cette profusion, qui est extrêmement brillante. Au-dessus du chœur, il y a deux tribunes où se placent, pour célébrer l'office, d'un côté les franciscains qui la desservent, et de l'autre les dames de Sainte-Claire.

Voyez le *Cicerone di Napoli* pour avoir de grands détails sur les églises.

SANTA MARIA DELLA PIETA.

Cette petite chapelle appartient au prince de San Severo. Elle est pour ainsi dire délaissée. Je ne la cite que pour avoir occasion de parler de trois morceaux de sculpture, qui sont de fort belles productions de l'art et d'un travail extraordinaire.

Le premier est une statue de marbre blanc, de grandeur naturelle, que l'on trouve à gauche en entrant. C'est la Pudeur; elle est représentée enveloppée dans un voile de la tête aux pieds; on voit la figure au travers du voile, qui serait assez fin, pour ainsi dire, pour en exprimer la nudité. Les grâces et le moëlleux des traits y paraissent comme s'ils étaient à découvert.

De l'autre côté de l'église parallèlement à celle-ci et en face de la porte d'entrée, on remarque une autre statue de même dimension : C'est le Vice détrompé (*il desinganno*). Elle représente un homme engagé dans un grand filet, cherchant à en sortir à l'aide d'un génie, qui est auprès de lui. Le filet est travaillé dans le même morceau de marbre, cependant il est à jour, et touche à peine la statue. On voit que le travail de celle-ci a été fait au travers des mailles du filet, qui ne lui est adhérent que dans peu d'endroits.

Le troisième est un Christ en marbre, étendu dans son linceul et couvert d'un voile. Ouvrage aussi extraordinaire que les deux premiers, et qui est un chef-d'œuvre de l'art. Il semble que ce voile soit humecté par la sueur de la mort, et au travers on aperçoit toute la noblesse des traits de la tête du Christ, qui presse de son poids le moëlleux du coussin sur lequel il repose.

Le maître-autel est orné de deux colonnes de rouge antique et d'un bas-relief en marbre, représentant une descente de croix, ouvrage aussi parfait et aussi estimé que les trois autres.

Cette petite église est entièrement décorée des plus beaux marbres de couleur. Les deux parties latérales de cette chapelle présentent à la vue huit arcades, dont chacune renferme un mausolée avec la statue de l'un des membres de la famille à qui elle appartient, comme on le voit par les inscriptions des divers cénotaphes.

S. Severini sanseverinæ nobilissimæ gentis sacrarium.

Cette église est au nombre de celles qui méritent d'être visitées par les amateurs des beaux-arts. Elle fut endommagée par le dernier tremblement, qui se fit sentir à Naples en 1794.

On voit qu'on a été obligé d'étayer une arcade par une maçonnerie que l'on a prudemment établie pour soutenir les murs qui sont lésardés.

Le *Cicerone di Napoli* donne sur ce monument de grands détails.

En général les églises de Naples n'ont rien de remarquable dans leur architecture. J'en ai vu plusieurs autres, dont je ne ferai pas mention, parce que, étant presque toutes décorées des mêmes ornemens, elles ne diffèrent que par le choix des tableaux plus ou moins estimés qu'elles possèdent.

Je laissai là les églises, et je profitai d'un temps qui m'était précieux pour connaître des objets plus importans. Je dirigeai donc mes courses vers les *Studij Nuovi*.

PALAIS DES NOUVELLES ÉCOLES.

PALAZZO DELLI STUDIJ NUOVI.

Le palais qui renferme les *Studij* est un monument très remarquable, qui doit fixer l'attention des amateurs des beaux-arts et le goût de l'étranger.

Il est situé entre la place *delle Pigne*, (des Pins) et celle du Saint-Esprit, faisant suite à la rue de Tolède. Il fut d'abord érigé, en 1587, par le vice-roi, duc d'Ossuna, sur le plan de César Fontana, pour l'université des études. Il fut ensuite augmenté par Charles III, mais en 1780, Ferdinand Ier aggrandit ce local, qui n'offrait pas un emplacement assez vaste, et l'institua en nouvelle académie des sciences et des beaux-arts.

Ce palais renferme la bibliothèque royale, l'observatoire, le jardin botanique, les écoles de peinture, de sculpture, d'architecture; des cabinets de minéralogie, de chimie, de physique, de zoologie et l'ancien musée de Naples, qui possédait des antiques trouvées à Cumes.

Ce musée déjà riche a été réuni à celui de Portici, que l'on a transporté à Naples dans la crainte de quelque fâcheux accident occasionné par la proximité du Vésuve, qui domine cette petite ville.

Le musée de Portici, l'un des plus rares et des plus beaux de l'Europe, par la prodigieuse variété qu'il offre, était riche en antiquités trouvées à Pompeï, Herculanum, Pestum, Stabia et dans tous les environs de Naples qui en sont couverts. Ces antiquités consistent en statues, bustes, autels, inscriptions et en quantité d'objets de luxe, instrumens de chirurgie, de musique; ustensiles de ménage, des trépieds, des vases, des lampes, des bassins de formes diverses et élégantes, des patères, des instrumens pour les sacrifices, des miroirs, des pierres précieuses, des toilettes pour les dames avec leur contenu, comme peignes, dés, anneaux, rouge, boucles d'oreilles; diverses espèces de matières combustibles; du blé, du pain, des poissons, de l'huile, du vin, de la farine, trouvés à Pompeï, et tant d'autres objets d'antiquités, qu'il est impossible de saisir la première fois que l'on visite ce musée.

On monte par le grand escalier pour se rendre au premier étage, où est la bibliothèque, qui au rapport du cicérone qui nous guidait, contient cent cinquante mille volumes, dont quatre mille à peu près sont du IVe siècle, et environ trois mille manuscrits précieux. Ensuite on passe dans la galerie des tableaux, qui est au nombre des plus belles d'Italie.

On entre après dans celles des statues, où se trouvent des ouvrages des meilleurs sculpteurs grecs, et le beau groupe tant renommé du taureau Farnèse, qui sous le règne de Joachim Ier, ornait le milieu de la *villa Reale*, et que l'on a transporté au musée pour le garantir des injures du temps.

On visite encore le riche cabinet des vases étrusques, et la salle des papyrus, qui est la collection la plus abondante et la plus rare en ce genre, par la quantité de manuscrits ensevelis pendant tant de siècles sous les ruines de Stabia, d'Herculanum, de Pompeï, et que l'on est parvenu à dérouler avec succès, de la manière la plus ingénieuse.

Il serait difficile de donner un détail exact de ce que renferme l'ensemble de ce musée, l'un des plus riches de l'Europe, travail qui demanderait un séjour de plusieurs années.

Par conséquent je renvoie le lecteur au *Cicerone di Napoli*, ouvrage qui en donne un plus long détail, sans cependant rendre un compte exact de tout ce qui le compose, parce qu'on a écrit spécialement plusieurs ouvrages qui en font uen description générale, tel que le grand ouvrage établi aux frais du gouvernement napolitain : *Pompeï*, décrite par Charles Bonnucei. *Des fouilles de Pompeï* par Clarac. *Antiquités de Naples* par Contarini. *Description de Naples* par J. Galanti et autres excellens ouvrages.

MŒURS ET USAGES DE NAPLES.

Je parlerai peu de ce peuple, que nous avons cependant connu assez particulièrement, puisque nos armées françaises ont conquis ce pays, et l'ont occupé assez longtemps sous les dynasties qui lui furent données par l'empereur Napoléon.

D'après l'aveu même de ses habitans, la présence des Français et le règne de Joachim Ier, avaient apporté de grandes améliorations dans la civilisation napolitaine et dans plusieurs branches de son gouvernement ; mais depuis qu'il est rentré sous l'influence de la sainte-alliance, le séjour de nos armées et le souvenir de ses nouveaux souverains ont été oubliés au point que tout y a rétrogradé, que la langue française y est aujourd'hui entièrement ignorée, et n'y est pour ainsi dire connue et pratiquée que par le petit nombre de Français qui sont restés dans le pays.

La monnaie de France est refusée dans les caisses publiques, mais on trouve en ville des bureaux de change fort à propos, où l'on peut se procurer toutes sortes de monnaies.

Je ferai à ce sujet une observation qui pourra être de quelque utilité aux voyageurs ; je signalerai une différence qui existe dans les écus de cinq francs. Ceux qui portent l'effigie de Napoléon et de Louis-Philippe Ier, valent onze carlins et quatre grains du pays, et les pièces de Louis XVIII et de Charles X ne sont reçues que pour onze carlins et deux grains; celles-ci perdent par conséquent deux grains, à-peu-près dix centimes, comparativement aux premières.

Sous beaucoup de rapports, il me semble que es Napolitains devraient mettre mieux à profit les grands avantages que procure toujours à ses habitans une capitale qui a des relations de commeree aussi étendues que celles de Naples, où affluent les étrangers; et malgré tout le plaisir que j'ai goûté parmi eux, je ne puis m'empêcher de dire que, comme capitale, le peuple y est un peu arriéré dans les mœurs d'Europe, extrêmement malpropre et d'une saleté révoltante, dans laquelle il croupit par goût, qu'on les voit à toute heure du jour se dépouiller, sur le seuil de leurs portes, d'une certaine vermine que la propreté repousse.

On se sert à Naples de lits de fer, d'une largeur démesurée, qui servent à toute une famille, quelqu'en soit le nombre; je présume pourtant que cet usage n'est adopté que par une certaine classe du peuple peu aisée, à qui il faudrait une quantité de lits et des logemens suffisans pour une famille nombreuse comme elles le sont généralement dans cette classe. On voit dans les rues une infinité de mendians de tout sexe, couverts des haillons les plus dégoûtans, qui vous obsèdent à chaque pas et vous tendent la main en vous disant : *Exellenza, una piccola moneta.* Si on leur dit, en leur montrant un moine, dont le pavé est jonché, demandez à ce prêtre, ils vous répondent en gémissant : *Danno niente*, (ils ne donnent rien). A ce que j'ai pu voir, il paraît qu'à Naples les prêtres reçoivent l'aumône, mais qu'ils ne la font pas, car on rencontre tous les matins à l'heure de la grande affluence du marché, des moines avec une boîte de fer-blanc en main, quêtant à haute voix pour les âmes du purgatoire, pour lesquelles les Napolitains ont une grande dévotion. Ils présentent cette boite, à laquelle est adaptée une relique, à chaque passant, qui la baise en déposant dévotement son offrande dans le tronc; ils parcourent ainsi la grande rue de Tolède; il paraît même qu'ils sont dans l'usage d'entrer dans les magasins.

Je m'amusais à examiner d'un œil philosophique cet espèce d'impôt levé sur ce peuple crédule, et je le voyais continuer son chemin d'un air satisfait, après avoir baisé cette relique.

Sous tous les rapports, Rome et Naples ont si peu d'analogie entre elles, qu'on ne peut croire que la distance de l'une à l'autre ville ne soit que de cinquante lieues.

Rome a beaucoup d'usages qui se rapprochent des nôtres, Naples n'en a point, ou très peu. La construction des maisons à Rome est, à peu de chose près, la même que celle de France. A Naples la différence est grande, les maisons y sont d'une hauteur prodigieuse, elles ont communément six et sept étages.

Chaque fenêtre a son balcon, même celles qui sont sous les toits qui sont remplacés par une plate forme, faite en pierres de lavagne, revêtues d'un mastic de pouzzolane, espèce de ciment qui se fabrique à Naples, et qui garantit ces terrasses de la pluie et de l'humidité. Dans la belle saison on était dans l'usage pernicieux de coucher sur ces toitures, on en a vu l'abus, et aujourd'hui une grande partie des habitans y a renoncé.

Quel contraste que celui du tumulte de Naples et de la solitude de Rome! il est aussi grand qu'est grande la différence entre ces deux villes pour le commerce et la population.

La capitale du royaume des Deux-Siciles compte près de quatre cent mille habitans, d'après la statistique de Quattromani. Cette immense population, qui place Naples au rang des premières cités de l'Europe, serait beaucoup plus grande si elle n'était paralysée par la multitude de gens qui embrassent l'état monastique; on pourrait même dire que c'est la plus peuplée, relativement à son étendue, que l'on peut évaluer à un tiers de Paris tout au plus.

Quoique Rome soit le siége de la religion catholique, je ne crois pas me tromper en disant, que le peuple y est moins fanatique qu'à Naples, et qu'il y est moins sous le joug des prêtres. Dans celle-ci, à chaque coin de rue, dans tous les magasins et boutiques, n'importe quelqu'en soit le commerce et la profession, jusque dans la moindre échoppe du savetier, on voit des madones en grande vénération, devant qui une lampe brûle nuit et jour. Le vendredi et à la moindre fête, cette illumination est considérablement augmentée. Il ne faudrait pas pour sa sûreté personnelle, qu'un étranger fît à cet égard la moindre plaisanterie.

J'ai bien rencontré à Rome des madones dans quelques coins de rue, devant qui le peuple vient à certains jours faire la prière du soir, mais elles y sont moins nombreuses, et je n'en ai pas vu dans les boutiques, ni dans les magasins, et, surtout ce que je n'ai pas remarqué à Rome, c'est cette quantité de moines mendier ainsi dans les rues comme à Naples.

Le peuple napolitain est généralement gai, intelligent, doué d'un esprit naturel, et à travers cette bouffonnerie, qui le caractérise, on entend de bons mots et des saillies heureuses. Si je peux me permettre cette comparaison, les Napolitains sont à l'Italie ce que les Gascons sont à la France.

Sous le rapport des belles-lettres et de la musique, cette ville a fourni des hommes du plus grand mérite.

Naples a été surnommée par Silius Italicus et par Horace le séjour de l'oisiveté :

Et otiosa credidit Neapolis. Liv. 5, od. 5.

Ovide dit aussi de Naples :

In otia natam Parthenopen. Met. liv. 15, chap. 14.

Cependant j'y ai vu ces lazzaroni, dont on parle tant, et

que l'on a toujours dépeint comme des hommes énervés, fainéans; je les ai vus, dis-je, plusieurs fois travaillant sur le port à lester des navires, courbés sous le poids d'énormes fardeaux en plein midi, au mois de juillet, tout nus avec un simple caleçon de toile, brûlés par un soleil ardent et noyés de sueur.

Pour apaiser cette chaleur dévorante, s'il passe auprès d'eux un marchand *d'aqua gelata* (eau de glace), ils en boivent deux ou trois grands verres, et ils se remettent à l'ouvrage. Cent fois je me suis dit, comment ces hommes, tout forts et tout robustes qu'ils sont, peuvent-ils résister aux effets funestes d'un breuvage aussi dangereux dans cet état de chaleur, qui, sous un autre ciel, ferait succomber tous ceux qui se livreraient à cet excès d'imprudence.

Chez le Napolitain le goût de la volupté a passé de générations en générations. Ce peuple est très enclin aux plaisirs, aux fêtes, au tumulte, aux festins; on peut lui appliquer le *panem et circenses* des Romains.

La veille ou le jour d'une fête, on voit sur le soir une quantité de ces petites voitures qu'ils appellent *calesso*, attelées de chevaux vigoureux, et brûlant le pavé de Sainte-Lucie ou de tout autre quartier. Ce sont des groupes de lazzaroni avec leurs femmes et leurs enfans, criant à tue-tête, endimanchés et bariolés de rubans, faisant voltiger de petits drapeaux, entassés les uns sur les autres, dans ces petits *boghetti*, qui peuvent tout au plus contenir trois personnes.

Ils se rendent à l'endroit où on célèbre la fête du lendemain ou du jour, et vont chômer à table le saint ou la madonna, par des galas qui durent du soir jusqu'au matin.

NAPLES DE NUIT.

Par la raison que je disais tout à l'heure, relativement au penchant que les Napolitains ont pour les plaisirs, on peut considérer cette ville sous deux points : Naples de jour, et Naples de nuit.

La première est pour le travail du jour, le commerce et les affaires auxquelles on se livre jusqu'à deux ou trois heures après midi.

A cette heure, qui est l'issue du dîner, on va réparer la perte du sommeil de la nuit par une longue sieste, d'où il résulte une stagnation générale des affaires pendant plusieurs heures, parce que les magasins sont fermés.

Ensuite, à six heures du soir, on les ouvre jusqu'à la nuit ; alors commencent les divertissemens publics. Le climat et le goût particulier des Napolitains ont établi la coutume d'employer les trois quarts de la nuit à des plaisirs, auxquels la nature semble avoir destiné les heures du jour.

Naples de nuit est pour les plaisirs, auxquels on se livre dans toutes les classes. Alors certaines rues sont aussi vivantes, aussi bruyantes à minuit que pendant le jour, on est étonné de voir les boutiques qui ont été fermées toute la journée, se transformer le soir en *trattories* élégantes.

Ces *trattories* sont des espèces de petits restaurateurs, sur la porte desquels on lit : *nobil trattoria*. Ils sont bien éclairés, et garnis de tout ce que la gastronomie napolitaine peut imaginer, comme macaroni, fritures, polpetti, pizze, pastefrolle, et autres ragoûts nationaux auxquels il faut être habitué, car le fromage à Naples est la muscade de la cuisine du pays : on en trouve partout.

Ces *trattories* ne sont fréquentées ordinairement que par la classe populaire. Elles s'ouvrent à la nuit, et se ferment au petit jour.

C'est à l'issue de ces galas nocturnes, où président la joie et l'intempérance, que les convives qui ont fait force libations à Bacchus, rentrent chez eux au point du jour, en chantant au son des guitares et des orgues ambulantes. On entend souvent parmi ces gens-là, de très jolies voix et le goût national qui les distingue : *Lenesque sub noctem susurri*, dit Horace. C'est un plaisir qui maintefois a interrompu agréablement mon sommeil.

Je passerai sous silence quelques aventures qui m'ont prouvé que Naples, comme toutes les capitales, a ses escrocs et ses filous. En conséquence j'engage les voyageurs à se défier de certains individus qui sont parfois à l'affût des étrangers, qui, avec une mise propre à inspirer de la confiance, des dehors honnêtes et des manières insinuantes, viennent vous faire l'offre désintéressée de leurs services, que l'on accepte presque toujours, parce que l'on est étranger ; sous prétexte de vous servir de cicérone, ils ne vous quittent plus, et quand par leur complaisance ils ont pu capter votre confiance, ils finissent par s'introduire chez vous, et vous dérobent ce qui leur tombe sous la main ; linge, bijoux, argent, n'importe ; c'est ce qui m'est arrivé, ainsi qu'à un de mes compagnons de voyage, qui, comme moi, a été la dupe d'un de ces individus, prétendu ami des Français, disait-il, et qui ne nous quittait pas.

J'invite encore les voyageurs à ne pas tenir leur mouchoir dans la poche à Naples, s'ils sont jaloux de le conserver, car il n'est pas de ville où les filous soient plus adroits. Il m'a même été assuré qu'il y avait une maison tolérée par la police, où se vendent tous les objets volés, qu'on y retrouve la plupart du temps ceux qui vous ont été dérobés, et qu'on peut les racheter.

CHAPITRE ONZIÈME.

Loterie; cafés de Naples; théâtre Saint-Charles; théâtre de Fondo; théâtre des Florentins; Monache di casa; fiacres de Naples, Ruffiani; Portici, Vésuve; Pompeï, Torre dell' annumziata; Torre del Greco.

—

LA LOTERIE.

IL LOTTO.

Une passion effrénée à signaler parmi les gens du peuple à Naples, c'est celle de la loterie. La fureur avec laquelle ils se livrent à ce jeu est inconcevable pour un étranger, qui ne connaît pas l'ardeur impétueuse du Napolitain. Ils sont dans le cas de se dépouiller du meuble et du vêtement le plus utile pour jouer à la loterie.

Cette frénésie est capable encore de les porter au vol. On ne fait pas dix pas dans la rue de Tolède, sans y rencontrer un bureau de loterie.

La veille et le lendemain de la clôture, tous ces bureaux sont ornés de guirlandes de fleurs, et illuminés le soir comme en un jour de fête, et on voit cette malheureuse populace encombrer ces boutiques.

SEXES DE NAPLES ET DE ROME.

Dans cette immense population, qui habite Naples, on trouve peu de jolies femmes. Cette ville n'est pas cependant entièrement dépourvue de beau sexe, mais il y est infiniment plus rare qu'à Rome. Aussi en dédommagement de ce désavantage, Naples l'emporte sur Rome sous le rapport du sexe masculin. Les hommes y sont grands, robustes et bien faits, ce que l'on ne voit pas dans cette dernière, car les Transtéverins, pure race des anciens Romains, à ce qu'ils prétendent, sont d'une petite stature, mais forts et bien pris dans leur taille moyenne et souvent au-dessous.

On ne peut s'empêcher de donner la préférence aux dames romaines pour la beauté, la tournure et leur analogie avec les Françaises. Chez les Romaines, la nature a été prodigue de ses dons dans les traits parfaits du visage, dans le sein et surtout dans les épaules ; on pourrait rapporter cette dernière perfection à l'embonpoint qui les gagne de bonne heure. Il n'est pas étonnant que les Raphaël, les Michel-Ange et autres célèbres peintres aient donné dans leurs chefs-d'œuvre des modèles enchanteurs : ils ne sont pas rares à Rome. Le seul point sur lequel elles ont peut-être dégénéré de leurs aïeules, c'est qu'aujourd'hui elles sont généralement d'une taille moyenne et petite.

On admire dans une dame romaine de beaux traits, des formes correctes et pures, des détails finis, et un regard doux quoique fier ; chez une Napolitaine, des traits fortement prononcés, un ensemble mâle, un regard fier et dur, et un teint très brun qui ajoute à cette dureté. Toutes les deux ont de beaux yeux noirs, mais ils sont doux chez l'une et durs chez l'autre.

Généralement les Napolitaines n'ont pas cette fierté gracieuse qui accompagne les traits des Romaines ; et, en somme, ce qui préviendra toujours en faveur de ces dernières et leur fera donner la palme, c'est une douceur, un charme dans la voix et un accent pur, qu'on ne trouve pas à Naples.

Les jeunes personnes à Rome sont très précoces pour le mariage, et mères de très bonne heure. Il n'est pas rare de voir une jeune personne de seize ans avoir deux ou trois enfans, surtout dans la classe commune.

A vingt ans elles sont déjà en retard pour l'hymen ; à cet âge elles trouvent assez difficilement un époux ; à trente ans elles sont considérées comme des femmes vieilles.

A Naples, quoiqu'elles soient aussi précoces, cet usage rigoureux n'est pas tout-à-fait dans leurs mœurs ; il faut en voir le motif, je pense, dans son immense population, et sa grande fréquentation avec les étrangers, qui affluent dans leur ville.

Dans ces deux capitales, le costume généralement adopté par ses habitans, est celui de l'Europe civilisée, excepté le bas peuple, qui a conservé l'habit national.

CAFÉS.

—

Les cafés à Naples, sont peu nombreux et bien inférieurs à ceux que l'on trouve à Rome, quoique ceux-ci n'aient rien de remarquable et ne puissent être mis en parallèle avec les cafés français.

Il y a dans la rue de Tolède quelques sorbetieres, où l'on prend des glaces excellentes pour un carlin (quarante-cinq centimes),et des *strachini* délicieux. Ces *strachini* sont des espèces de glaces de la forme d'une tasse de chocolat, mais beaucoup plus volumineux, que l'on sert sur une soucoupe, et qui sont d'un goût exquis.

On a l'agrément, à Naples, de se rafraîchir à bon marché, car les citrons et les cédrats y sont en abondance. On trouve àchaque coin de rue et sur toutes les places, des échoppes de marchands de limonade et d'*aqua gelata* (eau de glace).

La glace est dans cette ville un objet de première nécessité. Le peuple en fait une grande consommation, surtout l'été, et préférerait se passer de toute autre denrée que d'*aqua gelata.* Aussi y a-t-il des mesures sévères à Naples, pour que la glace y soit abondante et à bon compte.

THÉATRE SAINT-CHARLES.

Un théâtre qui porte le nom d'un saint, quel blasphème! quel scandale! s'écrierait l'église gallicane; la maison de Satan décorée d'un saint nom! Commettrait-on en France ce crime de lèse-religion? Non, certes; c'est cependant dans un pays aux portes de Rome que le fait existe, et pourquoi? Parce que, comme je l'ai dit plus haut du clergé italien, il règne chez lui plus de bonne foi et moins d'hypocrisie.

Naples possède plusieurs théâtres parmi lesquels il faut citer celui de Saint-Charles, un des plus beaux théâtres qui existent. Il fut édifié en 1737, sous Charles III, sur le plan d'Ametrano, que l'architecte Ange Caresale exécuta en neuf mois; mais ruiné par l'incendie de 1815, il fut reconstruit en entier et embelli par Ferdinand 1er. Il est très vaste, richement décoré et couvert de dorures, mais d'un goût un peu antique

On n'y voit point de galeries, ni d'amphithéâtre ; sa construction n'est pas moderne comme celle de nos théâtres, où les spectateurs sont à découvert, et présentent des réunions si brillantes.

Il contient six rangs de loges placées en étages les unes sur les autres, qui sont également divisées en petites cellules, dont l'intérieur est fort grand et où se retranchent derrière des rideaux les habitués du spectacle.

On y représente les *opera seria* et les grands ballets d'actions. La salle, relativement à sa grandeur, est fort peu éclairée, excepté, dit-on, les jours de galas, où la cour s'y rend. Alors il y a illumination complète, et toutes les loges sont couvertes de lustres qui, par la profusion de leurs lumières, répandent une vive clarté dans la salle.

Il y a au-dessus du rideau d'avant-scène, une horloge muette, dont la forme diffère des cadrans ordinaires. Le spectateur ne voit que l'heure qu'indique de l'index une figure en bas-relief, représentant le temps, et cette heure s'écoule pour faire place à une autre.

Le spectacle commence en été à neuf heures du soir. L'exécution vocale et instrumentale du théâtre Saint-Charles ne laisse rien à desirer, de même que la partie des décorations.

Les théâtres d'Italie offrent au spectateur un avantage que les nôtres n'ont pas en France. C'est qu'il peut à l'heure qu'illui est loisible, venir occuper au parterre, qu'ils appelent la *platea*, la place dont le numéro se trouve sur le billet lqu'il a prts au bureau. Ce sont des stalles séparées et numérotées, et où vont indistinctement les deux sexes, usage qui n'est pas admis dans nos premiers théâtres pour les dames. Ces stalles sont aujourd'hui mises en pratique parfois à Paris pour des représentations extraordinaires qui attirent l'affluence.

La façade extérieure du théâtre Saint-Charles est d'un goût parfait, mais étant situé sur la rue Royale, ce frontispice perd tout son charme, et son effet serait plus beau s'il était sur une place.

Ce théâtre, ainsi que je l'ai déjà dit, communique avec le palais du roi. Saint-Charles, étant un théâtre royal et du premier ordre, il serait convenable à sa dignité et à son rang que l'on supprimât cet écriteau que l'on place extérieurement au-dessus de la porte d'entrée. Cette annonce est une espèce de guirlande en bois, où sont peints deux chérubins tenant une légende qui porte le spectacle du jour ou celui du lendemain. Ces sortes de parades ou d'annonces ne conviennent qu'aux petits théâtres du *Largo del Castello*, à Naples, ou des boulevards à Paris.

THÉATRE DE FONDO.

Après le théâtre royal de *San Carlo*, on cite celui de Fondo, qui en est éloigné de cinq minutes. Ce théâtre fut construit vers l'an 1786. Il est situé sur la place du *Largo del Castello*, attenant à la poste aux lettres vis-à-vis le Château-Neuf.

Il est destiné aux représentations de l'*opera buffa*; c'est la troupe de Saint-Charles et une partie du même orchestre qui le desservent parce que le théâtre royal ne joue pas tous les jours; c'est la même administration qui l'exploitait à l'époque de mon séjour à Naples.

La salle est construite et décorée dans le même genre que celle de Saint-Charles, mais elle est moins vaste et également mal éclairée.

THÉATRE DES FLORENTINS.

Le théâtre des Florentins, près Tolède, prend son nom de l'église de Saint-Jean-des-Florentins parce qu'il en est à peu de distance.

Ce théâtre est moins grand que les deux premiers, et ne contient que quatre rangs de loges. On y joue aujourd'hui la comédie et le drame.

Ensuite viennent le Théâtre-Neuf, qui est situé au-dessus de la rue de Tolède, et le petit théâtre *San Carlino*, sur la place du *Largo del Castello*, en face de la grand'garde. On y joue deux fois par soirée des ouvrages populaires qui sont assez suivis; je ne pus y trouver une place à la seconde représentation, à onze heures du soir.

Viennent après : le théâtre Saint-Ferdinand, celui de la Fenice et plusieurs autres petits spectacles qui sont, comme je l'ai déjà dit, sur le *Largo del Castello*.

RELIGIEUSES DE MAISONS.

MONACHE DI CASA.

Il y a beaucoup de familles à Naples qui permettent aux jeunes personnes des deux sexes de porter l'habit d'un ordre religieux sans être attachés à aucun couvent, soit pour leur inspirer le goût de la vie monacale, ou pour toute autre raison. Ces personnes adultes sont libres chez elles de vaquer aux travaux du ménage. On en voit beaucoup dans les rues de Naples revêtues de l'habit de l'ordre qu'elles ont adoptées. Les filles portent le nom de *Monaca di casa.*

Cet état, dans lequel elles restent tant que bon leur semble, ne les empêche pas de s'engager dans les liens du mariage quand vient l'âge requis, si tel est leur goût, ou selon leurs vœux, elles se renferment dans un cloître. Elles portent continuellement cet habit chez elles et à la ville, c'est leur mise ordinaire; il en est de même pour les garçons.

On pourrait à ce sujet faire quelques réflexions assez justes, mais bon ou mauvais, chaque peuple a ses usages que l'on ne saurait fronder.

FIACRES.

Ces voitures, qu'on désigne dans le langage du pays sous le nom de *calesso*, sont très nombreuses dans la rue de Tolède, qui est le lieu de leur station. Ces fiacres sont d'une forme très élégante; ils sont fermés ou à découvert, selon la saison. Les courses à Naples et à Rome sont au même taux qu'à Paris; mais l'avantage que ces voitures ont sur celles de France, c'est qu'elles ont d'excellens chevaux, qui orneraient certains équipages de notre capitale.

Depuis quelques années on a établi à Naples des omnibus à l'instar de ceux de Paris.

GENS OFFICIEUX.

RUFFIANI.

Naples a cela de commun avéc toutes les capitales et les villes d'une grande population, où affluent les étrangers. Certaines maisons dont on a reconnu l'utilité, y sont tolérées, et dans cette ville elles y sont, comme à Paris, en grand nombre; cependant les jeunes prêtresses attachées à ces établissemens nécessaires à l'étranger, ne circulent pas publiquement dans les rues; mais on est harcelé, à Tolède, d'une manière à n'y pas tenir sans se courroucer, par un essaim de leurs émissaires de tout sexe, que l'on appelle *ruffiani*, et qui vous obsèdent. Je les désigne sous le nom de gens officieux, ne voulant pas me servir d'une expression plus libre, quoique plus technique, pour les faire connaître.

Voilà ce que je n'ai pas vu à Rome, soit que la cause vienne d'une population peu nombreuse, soit que la police du saint-siège montre plus de rigueur pour les apparences, mais ces maisons y sont rares. On me dit même, pendant mon séjour dans la sainte cité, que deux ou trois cents jeunes filles, tant de la ville que de la campagne, étaient en réclusion pour avoir été prises dans l'exercice de certaine profession sévèrement prohibée par les ordonnances du saint-père, qui n'entend pas raillerie sur ce chapitre-là.

Il m'a paru que la basse classe à Naples avait une prédilection bien prononcée pour le cochon, car on les voit par bandes courir dans les rues, exploitant les tas d'ordures qui se trouvent sous leurs pas pour chercher leur pâture. J'en ai vu jusque dans la grande et belle rue de Tolède, fuir sous les pieds des chevaux de la voiture de S. M. Ces cochons sont tous noirs et d'une petite espèce. J'observai cette inconvenance à notre ami zélé, qui ne nous quittait pas, il me répondit que sous le règne de Joachim Ier la police avait réprimé ces usages assez sales dans le centre d'une capitale, mais que depuis le retour du roi légitime la police s'étant relâchée, ces abus étaient revenus aussi, et qu'aujourd'hui on n'y regardait pas de si près.

J'ai déjà dit que l'on fabriquait à Naples de beaux lits en fer, très élégans, légers et à très bon compte. J'avais l'intention d'en acheter un, lorsqu'on m'observa la difficulté que j'éprouverais à l'introduire en France; on m'assura même que le consul français, résidant à Naples, fut obligé d'en faire retourner un qu'il avait expédié à Marseille et que la douane ne voulut pas en permettre l'entrée. Je n'ai pas cherché à m'informer jusqu'à quel point était vrai ce rapport, d'autant plus que j'avais déjà vu à Paris avant mon départ que l'on commençait à fabriquer de ces lits en fer, dont on fait usage aujourd'hui dans cette capitale.

Comme je l'ai dit plus haut, je bornerai là les notions que je voulais donner sur Naples, et je ne parlerai plus que de quelques courses que je fis *fuori le mura,* comme on dit, hors les murs.

PORTICI.

Cette petite ville, qui repose sur l'antique Herculanum, dont je ferai mention plus avant, est à quatre ou cinq milles de Naples, dans la partie orientale du golfe.

Elle est située sur le bord de la mer, au pied du mont Vésuve, et traversée par la grand'-route qui conduit à Sorrento.

Le peu de distance qui la sépare de Naples et que l'on pourrait facilement faire à pied en se promenant, m'engagea à aller la visiter avant de monter au volcan. Comme la chaleur était excessive, je pris une voiture de grand matin et je sortis un jour de Naples par la *strada nuova* (le chemin neuf), que termine le pont de la Madeleine, sous lequel coulait paisiblement la petite rivière de Sebetto.

On voit à l'extrémité de ce pont deux statues dont l'une est celle de saint Janvier, que les Napolitains placent partout ; elle est tournée du côté de la montagne, ayant la main levée pour arrêter les éruptions du Vésuve.

C'est avant d'arriver au pont que l'on trouve le *Torrione del Carmine*, petit fort qui commande la place du Vieux-Marché, dont j'ai déjà parlé. On rencontre aussi sur la route de Portici les greniers publics. C'est un long bâtiment qui n'a rien de remarquable, et qui longe les bords du golfe.

Le chemin, que l'on parcourt de Naples à cette petite ville, est tellement rempli d'habitations, de jardins, de maisons de plaisance, qu'on le prendrait pour un faubourg de Naples.

Portici est fort bien bâtie, et sa population est de cinq mille habitans. On y trouve le palais du roi, qui est dans une situation charmante. Il fut construit, en 1736, par Charles III; et Joachim Ier l'avait embelli d'une manière élégante.

Ce palais est composé de deux corps de logis, séparés par la cour que traverse la grand'-route de *Torre del Greco*.

Celui qui s'étend jusqu'au bord de la mer, est bordé dans toute sa longueur de deux terrasses qui sont de niveau avec l'appartement du roi, qui est de ce côté.

L'autre corps de logis se trouve entre la route et la montagne. C'est là où sont les plantations d'arbres fruitiers qui aboutissent aux vignes produisant le vin de Portici, que l'on vend très souvent pour du Lacryma Christi.

Ce palais renfermait un musée enrichi par les fouilles

d'Herculanum ; à cause de la proximité du Vésuve, on l'a transporté à Naples, dans la crainte de quelque éruption, mais l'intérieur du palais est encore orné de superbes statues, parmi lesquelles étaient les deux équestres des Balbus, trouvées dans Herculanum, qu'on a transportées à Naples, et d'autres dont on trouvera le détail dans le *Cicerone di Napoli*.

LE VÉSUVE.

L'imagination exaltée par tout ce que j'avais vu à Rome, j'étais tourmenté par le pressant desir de voir les antiquités dont Naples est le centre, celui de voir le Vésuve(1) étant un des puissans motifs de mon séjour dans cette ville, je profitai d'une belle nuit pour faire cette excursion, afin de n'être pas tourmenté par la chaleur du jour.

Le hasard me fit rencontrer au café d'Italie quatre voyageurs qui avaient le même projet, et nous nous réunîmes pour faire cette ascension. Nous nous procurâmes une voiture que nous gardâmes tout le lendemain, ayant aussi l'intention d'aller voir Pompeï et Herculanum qui sont dans la même direction.

Nous partîmes de Naples à dix heures du soir, nous traversâmes Portici et une partie du bourg de Resina. Nous prîmes

---

(1) Ce Vésuve, aussi vieux que le monde : *Celebre nunc novum que nomen Vesuvius est omnibus hominibus notum propter ignem qui in eo ex terrâ submittitur.* Ce nom célébre du Vésuve connu de l'univers à cause du feu qui sort de ses entrailles. Gallien, liv. 5, ch. 12.

à gauche le chemin de la montagne. Arrivés à l'auberge, nous y laissâmes notre *calesso* pour prendre des chevaux de selle et un guide, parce que la route n'est plus praticable pour la voiture.

A minuit notre petite caravane, composée de cinq cavaliers et de notre cicérone, qui était à pied, grimpait le sentier montueux qui conduit au Vésuve. Il était dans un état de tranquillité absolue depuis deux mois. Nous marchions au milieu de champs cultivés et de beaux vignobles, que traversaient de distance en distance des couches de laves plus ou moins anciennes.

La nuit était le calme même ; pas un zéphir, pas un seul bruit dans la nature qui troublât l'harmonie de ce tout ravissant. La lune brillait avec tout son éclat, les plaines du ciel se déployaient avec magnificence, sans que le plus petit nuage en interceptât la moindre partie. Ce calme paisible me rappelait le commencement de l'ode d'Horace à Neere : Od. 15, liv. 2.

Nox erat et cœlo fulgebat luna sereno inter minora sidera.

« Il était nuit et la lune brillait sans aucun nuage au milieu des astres.

Quelquefois, nous arrêtant pour laisser prendre haleine à nos coursiers, nous contemplions de cette hauteur la majestueuse courbe que décrit le golfe de Naples, les beaux champs de Portici, de Resina, et tous ces environs riches de productions qui se déroulaient au-dessous de nous.

La surface de la mer recevait la masse imposante de tous les rayons de cette reine des astres (1) et les réfléchissait tout autour. Nous voyons briller aux pieds des buissons des in-

(1) C'est ainsi que les peuples d'Orient appellent la lune.

sectes de feu, espèces de météores électriques (1). Tout dans ce calme silencieux portait notre âme à la méditation.

A une certaine élévation, nous rencontrâmes sur la montagne une bâtisse de forme circulaire qui sert d'abri à des troupeaux de chèvres, hôtes paisibles de ces lieux solitaires. Ensuite on entre dans un sentier plus étroit et plus roide. C'est le ravin qui conduit à Saint-Salvadore, connu sous le nom de l'Hermitage.

Après une heure et demie de marche, le chemin dévie à gauche ; alors la végétation diminue, on commence à voir l'énorme quantité de laves que le Vésuve a lancés du côté de Naples pendant la dernière éruption d'avril 1835, qui coula jusqu'au bord du chemin qui se trouve plus élevé, et qui coupe transversalement la pente de la montagne.

La lune venait de se placer derrière la pyramide de cendres que forme le cône du Vésuve. La lueur pâle de ses rayons nous laissait apercevoir des masses de pierres noires, de gros quartiers de laves entassées les unes sur les autres dans le plus affreux désordre, présentant une surface inégale et hérissée comme un champ de glaces, que l'on aurait brisée et amoncelée.

« . . . . In vertice summo,
« Depasti flammis scopuli, stratusque ruinà,
« Mons circum atque Ætnæ fatis certantia saxa. »

Au sommet sont des rochers dévorés et calcinés par les flammes ; le contour de la montagne est recouvert de ruines, telles que nous en montre l'Etna.

Tel est le tableau qui s'offrit à nos yeux parvenus à cette hauteur, dit Silius Italicus, liv. 12.

---

(1) Valmont de Bomare appelle cet insecte *lampyris noctiluca* (insecte qui éclaire pendant la nuit) ; d'autres auteurs lui donnent le nom de *cicindela* (ver luisant) *noctiluca terrestris*, etc. On voit que toutes ces dénominations sont prises de la lumière que cet insecte répand la nuit. La lumière

Nous arrivâmes après deux heures de marche à l'Hermitage, qui est situé à mi-côte du mont Somma, voisin du Vésuve, sur une plate-forme ombragée de beaux arbres, qui sont les derniers que l'on rencontre. Nous y fûmes reçus par l'humble serviteur de l'hermite, qui nous dit que le saint homme reposait. Il nous servit une collation et du vin blanc, qu'il nous assura être du Lacryma Christi. Nous le bûmes en confiance, mais comme la foi nous sauve ici-bas, il faut croire que ce n'était pas de la première qualité. Il nous présenta un grand registre couvert de noms de toutes les langues, où j'écrivis en italien et en français notre pélérinage et les noms de nos voyageurs.

Nous nous rafraîchîmes à la hâte, et de suite, sous l'escorte d'un gendarme du poste, qui est permanent à l'Hermitage, depuis le dernier évènement où des voyageurs furent dévalisés dans ces gorges, nous nous dirigeâmes vers la base du cône de cendres, à travers la noire vallée d'*Atrio del Cavallo*, qui sépare le mont Somma du Vésuve. (1)

Cette vallée, qui fut jadis un cratère, est couverte de scories, de laves tranchantes et de pierres calcinées qu'il nous fallut suivre par un mauvais petit sentier inégal et tortueux, où nos montures avaient de la peine à marcher.

---

phosphorique que jettent les vers luisans femelles est souvent si vive qu'on la prendrait pour un charbon ardent. Plus l'insecte est en mouvement, plus l'éclat de ce phosphore est vif et d'un bleu-vert brillant.

Dans le jour il se cache sous les feuilles, à l'approche de la nuit il marche çà et là, et c'est alors qu'il répand une vive lumière à volonté. Cet éclat lumineux, dit cet auteur, parait dépendre d'une liqueur située à l'extrémité postérieure de l'insecte : voyez son Dictionnaire pour de plus amples détails.

(1) Reisback, dans son *Voyage lythologique de la Campanie*, dit que l'étymologie d'*Atrio del Cavallo*, nom qui signifie le vestibule du cheval, lui vient de ce que cette vallée étant le dernier endroit où le voyageur qui monte au cratère, puisse parvenir à cheval, c'est là où il laisse sa monture.

A une certaine distance nous atteignîmes la base perpendiculaire du cratère, que l'on appelle *Pedamentina*, et qu'il faut monter à pied.

Là nous laissâmes nos chevaux à la garde de notre gendarme d'escorte, nous nous mîmes en disposition de suivre les traces de notre guide, et de grimper dans les cendres. Pour notre disgrâce, la dernière éruption qui avait eu lieu deux mois auparavant, avait entièrement comblé le sentier battu qui était plus fréquenté et plus praticable. Il nous fallut donc monter à pic dans ces scories, qui s'éboulaient sous nos pieds, où nous enfonçions à mi-jambes, et où à chaque instant nous perdions en rétrogradant la moitié des pas que nous avions faits.

Enfin, après une heure et demie de fatigue et de sueur, parce que en gravissant péniblement une hauteur presque perpendiculaire, la respiration est toujours difficile, et après nous être reposés par intervalles pour reprendre haleine, encouragés par notre cicérone, qui nous criait à tout moment *coraggio Francesi*, nous atteignîmes la cîme de la montagne, évaluée à dix-sept cents mètres d'élévation, et d'après Malte-brun, à trois mille sept cents pieds au-dessus du niveau de la mer.

Nous arrivâmes sur le bourrelet d'un vaste entonnoir qui à chaque éruption change de face, et qui en occupe tout le sommet.

L'aurore commençait à colorer l'horizon.

« Jam prima nova spargebat lumine terras,
« Tithoni Croceum linquens aurora cubile: Virg. En. liv. 4.

Déjà l'aurore quittant le lit de Titon, répandait sur la terre une lumière naissante.

L'image du chaos se présente à nos yeux : tout était étranger à la nature dans ce noir cimetière de laves, qui couvraient entièrement sa surface ; rien n'y troublait ce silence effrayant ; je demeurai immobile, non d'effroi, mais saisi par la sensation que me causa la vue d'un spectacle aussi nouveau pour moi, et je n'oublierai jamais l'impression que j'éprouvai à la vue de ce lieu imposant, dont l'abord semble défendu aux humains.

A l'extrémité méridionale de cette noire enceinte, qui peut avoir plus d'un mille de circuit, se trouve le cratère ou la bouche que l'on nomme *cratere volcanico*, par où se font les éruptions ordinaires, car il est arrivé, comme on le verra plus loin, que dans quelques-unes, la lave s'est frayée un passage, soit dans les flancs de la montagne, soit au pied du cône, et j'avoue qu'on ne saurait en approcher sans une légère émotion.

Notre guide, qui nous précédait, nous recommanda de suivre fidèlement ses pas, pour ne pas, disait-il, nous exposer imprudemment en mettant le pied sur quelque quartier de lave mal assuré, parce que le dernier incendie avait tout bouleversé.

Nous descendîmes vers ce gouffre qui a soixante toises d'ouverture. Une vapeur blanche, répandant une odeur sulfureuse, s'élevait de son sein en produisant un bruit semblable au bouillonnement d'une énorme chaudière.

. . . . . . , ... Crater
Emittit album per cœca foramina fumum. Fabricius, *Iter rom.*

De son noir cratère s'échappe une fumée blanche.

Je détachai de ses bords deux morceaux de pierres imprégnées de souffre ,que je voulais emporter ; au même instant il s'exhala une vapeur brûlante, que je ressentis si vivement à la main, qu'elle me fit lâcher prise. J'augurai, à la proximité du feu, que la croûte sur laquelle nous marchions, et où nous éprouvions une si forte chaleur sous les pieds, était très mince, et cette idée nous donna matière à réfléchir, mais nous étions aussitôt rassurés par les signes certains qui précèdent toujours les éruptions et qui les annoncent, ou par des commotions intérieures qui se font sentir dans les environs de la montagne, ou par d'autres présages bien connus.

Cette colonne de fumée épaisse sortait du cratère par rafales et par intervalles, avec le murmure des vagues, et immédiatement après qu'une détonnation souterraine, comparable à un coup de canon qui partirait à deux milles de profondeur, s'était fait entendre dans l'intérieur du volcan.

Je me couchai au bord du cratère pour satisfaire mon desir, et profitant d'un instant où le vent faisait replier ces tourbillons de fumée vers le côté opposé à celui où j'étais, je plongeai, autant que je le pus, mes regards dans l'intérieur de ce gouffre horrible qui me rappela l'antre de Cacus, dont Virgile nous donne une description si parfaite : En. liv. 8.

« . . . . . Ac si si quâ penitùs vi terra dehiscens,
» . . . . . Infernas reseret sedes et regna recludat
» Pallida, diis invisa, super que immane barathrum,
» Cernatur, trepident que immisso lumine manes.

Si le sein de la terre, par quelque violente secousse, s'entr'ouvrait jusque dans ses abîmes, nos yeux découvriraient ainsi les demeures infernales, le sombre empire des morts détesté des dieux, l'horrible torrent du Styx et ses mânes effrayés des nouveaux rayons d'une lumière inconnue.

Tout autour de nous présentait l'image du chaos ; des vapeurs brûlantes et sulfureuses s'exhalaient d'une infinité de crevasses plus ou moins grandes, dont les parois étaient couverts de souffre en efflorescence, et où le feu était tellement voisin des bords, qu'en y introduisant le bout d'un de ces bâtons dont les voyageurs sont ordinairement pourvus pour gravir la montagne, on le retirait enflammé.

L'éruption d'un volcan est un des plus beaux spectacles dont l'homme puisse jouir. Qu'on se représente une détonnation supérieure à toute l'artillerie imaginable, des colonnes de feu de trois à quatre milles de circonférence, qui s'élèvent à une hauteur prodigieuse, et paraissant embraser la voûte des cieux, d'immenses tourbillons de fumée qui remplissent l'atmosphère, tout l'horizon enveloppé d'une profonde obscurité qui n'offre plus que la cime brûlante de la montagne, lançant avec impétuosité dans les nues embrasées d'énormes quartiers de rochers enflammés. C'est ainsi que Lucrèce nous dépeint une éruption : *De rerum natura*, liv. 6.

« Hic ubi percaluit calefacit que omnia circùm,
» Saxa furens, quà contigit, terramque et ab ollis,
» Excussit calidum flammis velocibus ignem,
» Tollit se ad rectis ità faucibus ejicit altè
» Fundit que ardorem longè, longè que favillam
» Differt, et crassà volvit caligine fumum,
» Extrudit que simul mirando pondere saxa.

Lorsque ce terrible élément s'est enflammé, et a communiqué son ardeur aux rochers et à la terre, autour desquels il ne cesse de se rouler, et dont il fait sortir des flammes rapides, des feux dévorans, il s'élève directement par les gorges de la montagne : il répand au loin la flamme et la cendre, roule une fumée noire et épaisse, et lance en même temps des rochers d'une énorme pesanteur.

De tous ces phénomènes, le plus grand et le plus imposant, est celui de voir sortir de son sommet un majestueux fleuve de feu, la lave rouge et brûlante dégorge du cratère, sortant à gros bouillons, coule lentement, et s'avance avec une espèce de gravité jusqu'au pied de la montagne. Ce que nous dit Procope : *De Bello Goth.* liv. 4, chap. 35.

Ibidem rivus igneus à cacumine ad radices, imò et longiùs profluit : ripas utrinquè altas rivus ille igneus efficit alveum excavans.

A la descente, son courant s'élargit, il incendie et dévore tout ce qui est susceptible de l'être sur son passage :

Cuncta jacent flammis, et tristi mersa favilla. Mart. liv. 4, ép. 44.

Tout est dévoré par les flammes, et se trouve enseveli sous la lave brûlante :

Ses flots multipliés à l'infini arrivent dans la plaine couvrant un terrain de plus d'un mille de largeur, sur plus de quinze pieds de profondeur. Telles furent les éruptions de 1631, 1737, et celle de 1794 surtout, qui parcourut une distance de quatre milles, et détruisit le bourg de Torre del Greco.

Au moindre obstacle qui interrompt sa marche, cette masse de matières en fusion s'arrête, et se repliant sur elle-même, elle s'enfle et entoure ce qui s'oppose à son passage, jusqu'à ce qu'elle l'ait entièrement détruit. Si c'est un arbre elle l'environne, de suite ses feuilles jaunissent, se sèchent, s'enflamment, et ne tardent pas à prendre feu ; le tronc seul reste entièrement réduit en charbon. Les bâtisses sont un plus grand obstacle au cours de la lave, parce qu'elle les renverse difficilement.

Ces alluvions sont formées d'une substance molle, pâteuse, et rendue fluide, par l'intensité du feu, et forment ce qu'on appelle la lave. Cette fluidité doit être attribuée moins à l'action du feu qu'au mélange d'une matière fusible, qui brûle et entraîne en même temps la lave, de manière que lorsque celle-ci se coagule, c'est plus par l'entière combustion et la dissipation de la matière qui l'alimentait et opérait sa mollesse, que par la cessation de la chaleur qui lui a été communiquée. C'est le souffre mêlé aux laves que l'on croit être la substance qui en produit la fluidité.

De nombreuses expériences faites par la physique et la chimie, ont prouvé que la force du feu des volcans est très supérieure à celle des charbons les plus ardens, même au feu des verreries ; aussi la lave conserve-t-elle pendant très long-temps sa chaleur naturelle, car nous la sentimes encore chaude sous nos pieds au mois de juillet, deux mois après l'éruption d'avril 1835.

La sommité de ces massifs liquides semble devoir se coaguler et se fixer, mais l'horrible chaleur qu'ils renferment intérieurement les maintient dans un état suffisant de fusion pour occasionner lentement l'affaissement successif de la masse, au point qu'on rapporte que cinq semaines après l'éruption qui, en 1794, ruina Torre del Greco, le centre de la partie la plus épaisse de la lave était encore rouge.

Après avoir examiné à loisir cet étonnant laboratoire de la nature, nous nous disposâmes à revenir sur nos pas et à descendre; alors en vingt minutes nous eûmes franchi le terrain qui nous avait coûté une heure et demie de fatigue à gravir. Nous retrouvâmes au pied du cône notre fidèle gendarme, nous vidâmes nos chaussures que cette descente précipitée avait remplies de cendres, et nous reprîmes sur nos chevaux le chemin tortueux de l'Hermitage, où nous quittâmes notre escorte.

Le soleil était déjà haut dans sa course, et avait dissipé un brouillard épais qui s'était élevé sur le golfe, nous pûmes alors jouir à notre aise sur la terrasse de Saint-Salvador du superbe coup-d'œil qu'offre le magique panorama de Naples se dessinant majestueusement en amphitéâtre sur la pente du côteau Saint-Martin, dominé par le château Saint-Elme, les îles de Procida, Ischia, Nisida qui sont à l'entrée du golfe, ces champs Phlégréens, où furent foudroyés les Titans, et cette immense étendue de mer qui se perd dans l'horizon.

Au pied du Vésuve, dont la base, d'après Maltebrun, a huit lieues de circonférence, on découvre la jolie ville de Portici, les bourgs de Resina, de Torre del Greco, Torre dell'Annunziata. Castellamare (l'ancienne Stabia), et toute cette belle côte de Sorrento, la patrie du Tasse, qui se prolonge au sud, vers l'île de Caprée, maison royale de Tibère.

Devant nous, nous voyions le tableau de la destruction à côté de la fécondité; l'âme était attristée à la vue de ces rudes et âpres champs de laves, mais dans le lointain nous admirions avec délices la fertilité de cette heureuse Campanie, nous planions sur ces champs où jadis le feu coula par torrens, et où aujourd'hui la terre, que la succession des temps y a apportée, mêlée à d'anciennes laves, produit le vin de Lacryma Christi si estimé; nos regards s'étendaient sur les brillans côteaux de la Somma, dont les vins ne le cèdent en rien à ceux-ci pour la qualité, et que très souvent on vend pour tels.

Ce point de vue retrace parfaitement bien le tableau fidèle que fait Fabricius de cette montagne, dans son *Iter. Romanum Secundum :*

« Hinc juga prærupti Vesuvii scandimus : antè
» Quàm ad summi perventum est culmina montis,
» Ter superanda fuit fæcundis herbida campis
» Planities, quæ vitiferi lætissima Bacchi,
» Munere, Campanis passim celebratur in agris. »

Ensuite nous escaladâmes le sommet escarpé du Vésuve. Avant d'être arrivés au fait de la montagne, on traverse trois régions riches de fécondités, où Bacchus a prodigué ses dons, que l'on célèbre à l'envi dans les champs de la fertile Campanie.

A côté du Vésuve, qui est à huit milles de Naples (près de trois lieues), on voit une montagne isolée comme lui, qui est le mont Somma, l'ancien Vésuve, dont le volcan est éteint aujourd'hui. La noire vallée d'Atrio del Cavallo, qui les sépare et qui est comblée de monceaux de laves, confirmerait presque ce fait. Ces deux montagnes ont une base commune, qui au nord et à l'est, est circonscrite par la plaine qui la sépare de l'Appennin, la mer la baigne au sud, et elle est liée à l'ouest aux premières hauteurs de Naples. Romanelli, dans sa description, dit que le Vésuve moderne n'est pas l'ancien Vésuve de Strabon et de Pline.

Le Vésuve actuel s'est formé des débris de celui-ci, des laves, et des cendres lancées en l'air amoncelées les unes sur les autres, et qui, à chaque éruption, ont fini par combler tout le centre de l'ancien cratère. Reisback, dans son *Voyage lithologique de la Campanie*, partage cet avis.

Après avoir joui de ce spectacle ravissant, et nous être reposés, nous descendîmes par le même sentier, pour aller rejoindre notre voiture à Resina. Nous tournâmes nos pas vers Pompeï; nous traversâmes les jolies bourgs de Torre del Greco et dell'Annunziata dont je parlerai à mon retour de Pompeï.

A droite et à gauche dans les champs, on voit d'énormes laves qui datent des premières éruptions, principalement de celles de 1786 et 94, où elles coulèrent jusqu'à la mer. Le chemin neuf, que l'on suit aujourd'hui, a été tracé même au milieu de ces monceaux de laves, qui inondèrent et détruisirent ces malheureux villages. C'est ainsi que depuis Resina jusqu'à Pompeï la route présente le même aspect de dévastation, au milieu de ces champs fertiles, d'où s'élèvent de jolies maisons de campagne.

A un mille et demi de torre dell'Annunziata, nous rencontrâmes à l'embranchement d'un petit chemin pratiqué depuis les fouilles de Pompéï, un poteau où on lit : *Via di Pompeï.*

Ce sentier conduit à une des portes de cette ville, qui est celle d'Herculanum, et qu'on désigne par le nom de porte des Tombeaux; mais comme ce n'est pas par là que l'on entre ordinairement, nous continuâmes la route royale, et nous longeâmes une petite colline couverte de vignes, formée par l'amas de cendres sous lesquelles elle fut enfouie. Ce monticule, qui existe encore, sépare Pompeï de la grand'-route.

Enfin, sur les dix heures du matin, par une chaleur étouffante de juillet, et dévorés par la poussière, nous mîmes pied à terre à la porte du sud, sur une place pratiquée pour l'arrivée des voitures. C'est à cette porte que sont établis les gardes et les *ciceroni* qui y sont placés à demeure par le gouvernement; l'un d'eux nous accompagna dans l'intérieur de la ville, et nous la fit parcourir.

Comme l'on est parfois induit en erreur par ces gens-là,

j'engage les voyageurs qui iront voir Pompei, à se munir d'un petit volume in-12, intitulé *Voyage à Pompei*, de l'abbé Romanelli. C'est un excellent guide, et un ouvrage plein de détails intéressans, que l'on trouve à Paris, traduit en français, et à Naples, en italien, chez tous les libraires.

POMPEI.

Cette ville, oubliée dans son tombeau depuis dix-sept siècles, est située aujourd'hui dans une plaine à quinze milles au sud de Naples, à cinq du sommet du Vésuve, et à deux des bords de la mer. Cependant, au rapport de Strabon (1) et de Tite-Live (2), elle était située jadis sur le bord de la mer, où elle avait, selon Florus (3) et ce dernier, un port capable de recevoir une flotte.

Ce port se trouvait dans la partie méridionale de la ville. C'était un bassin formé par l'embouchure du Sarnus, aujourd'hui Sarno, et était l'arsenal maritime des villes voisines. C'est ce que dit encore Strabon, liv. 5, page 268: (trad. de Coray.)

---

(1) Tom. 2, liv. 5, chap. 1. Trad. de Coray.

(2) Liv. 10, où il rapporte le débarquement des Romains dans ce port, sous le commandement de P. Cornélius, pendant la guerre des Samnites.

(3) Liv. 1, chap. 16: Pro hac urbe, his regionibus populus romanus Samnites invasit:

Est autem hoc commune navale Nolæ, Nucerlæ, et accerrarum Campanarum ad Sarnum fluvium qui excipit et mittit merces.

Nola, Nucerie et Accerra, n'ont point d'autre arsenal maritime que Pompeï situé prés du fleuve Sarnus sur lequel les marchandises peuvent descendre et remonter.

Pompeï était baignée par la rivière de Sarno, rapportent les auteurs anciens.

Pline dit : liv. 3, ch. 5.

. . . . Pompeï haud procul aspectanteMonte Vesuvio, alluente verò Sarno amne.

Pompeï d'où l'on découvre d'assez près le Vésuve, est baigné par la rivière de Sarno.

Stace, *Syl.* liv. 1, la place aussi sur les bords du Sarnus :

Nec Pompeïani placeant magis otia Sarni.

Ni l'agréable séjour du Sarnus si chéri des Pompéïens.

Stadius écrit :

Vesuvio vicina ab ortu ad Sarnum pari cum Herculaneo fatò deleta.

Pompeï, voisine du Vésuve sur la rive orientale du Sarnus, ayant subi le même sort d'Herculanum.

Sénèque donne de même sa situation sur le bord de la mer :

Pompeïos celebrem Campaniæ urbem in quam ab alterâ parte surrentinum Stabianum que littus, ab alterâ Herculanense conveniunt mare que ex aperto reductum amæno sinu cingunt. Ch. 1, liv. 6, *quest. natur.*

Pompeï, cette ville célèbre de la Campanie, près de laquelle le rivage de Stabie et de Sorrento d'un côté, et celui d'Herculanum de l'autre, formaient par leur réunion et leur enfoncement, un golfe agréable.

Elle avait quatre milles de circuit, elle était ceinte d'un mur que l'on a entièrement déblayé, et qui a vingt pieds de hauteur sur douze d'épaisseur. Sa forme offre la figure d'une ellipse, et sa surface est d'environ cent trente-six mille six cent vingt-huit toises carrées, non compris les faubourgs.

Sa situation sur le fleuve Sarnus, qui enrichissait cette contrée par la foule des navires qui naviguaient sur ses eaux, et qui avait déjà rendu célèbres les peuples qui habitaient sur ses bords, comme le dit Virgile, Én. liv. 7 :

Sarrastes populos et quæ rigat æquora Sarnus.

Les peuples du Sarnus que baigne son rivage.

cette situation, dis-je, l'avait rendue le centre de toutes les négociations commerciales, et c'est ce grand commerce, ainsi que sa fertilité, qui, selon Tacite et Sénèque, la rendirent l'*emporium* (le marché) des villes florissantes des environs, et par conséquent une des plus peuplées de la Campanie. Tacite l'appelait, *Celebrem Campaniæ oppidum.*

Elle était le séjour de beaucoup de familles romaines illustres. Cicéron y avait une villa.

Pompéï était une colonie d'Osques, l'un des peuples qui habitaient la Campanie. Elle fut occupée par les Etrusques, les Pelasges, et ensuite par les Samnites, qui en furent expulsés par les Romains qui l'occupèrent au plus tard l'an 272 avant l'ère chrétienne, Tite-Live, épit., liv. 14.

Pompeïos tenuerunt olim osci, deindè Etrusci, ac Pelasgi, post hos Samnitæ qui et ipsi fuerunt expulsi, rapporte Strabon, liv. 5.

Elle était une des douze villes étrusques dont Capoue était la capitale.

Et ipsa caput urbium Capua, dit Florus, liv. 1, ch. 16.

Sa fondation était antérieure à celle de Rome.

Depuis des siècles sa situation était ignorée, lorsque par le plus grand des hasards, l'an 1748, elle fut découverte quarante ans après Herculanum, par des paysans qui creusaient près de la rivière de Sarno pour faire une plantation.

Avant cette éruption, qui la couvrit entièrement, cette ville avait été endommagée sous le règne de Néron, par le tremblement de terre de l'année 63, qui détruisit Herculanum, et les habitans étaient à réparer ce premier désastre, lorsque Pompeï disparut totalement sous une pluie d'une boue volcanique, composée de cendres et d'eau, que vomit le Vésuve le 24 août (1) à une heure après-midi, l'an 79 de l'ère vulgaire, la première année du règne de Titus, seize ans après la ruine d'Herculanum, et qui la couvrit à sept ou huit pieds de profondeur.

Beaucup d'écrivains très instruits, Dion Cassius même dans le liv. 76 (*Hist. Rom.*), ainsi que le père Della-Torré, dans son *Histoire du Vésuve*, ch. 2, parag. 42, ont commis une erreur en disant que Pompeï avait été détruite en même temps qu'Herculanum, par la même éruption de 79, et que ce fut la première qui fut connue; tandis que Diodore de Sicile, qui vivait du temps d'Auguste, dit dans son liv. 5, *Antiq. Hist.*, que les éruptions du Vésuve remontaient jusqu'aux temps fabuleux.

Campus quoque ipse dictus phlegreus, à colle qui olim plurimùm ignis instar Ætnæ siculi evomens, nunc Vesuvius vocatur, multa inflammationis pristinæ vestigia reservans.

Ce champ même (en parlant de la Campanie) est appelé phlegréen, d'une colline qui autrefois vomissait beaucoup de feu comme l'Etna qui est en Sicile, et qui aujourd'hui s'appelle le Vésuve, présentant des traces d'anciennes éruptions.

Il y a plusieurs versions sur le moment de cette catastrophe. Dion dit que ce fut à l'heure du spectacle :

Duas que integras urbes Herculanum et Pompeïam, populo illius sedente in theatro, undique obruit Vesuvius : liv. 76, hist. rom.

---

(1) Senèque dit le 22 novembre. Je crois qu'il fait erreur, car toutes les relations font mention du mois d'août.

Divers auteurs qui rapportent l'évènement, ne font nulment mention de l'heure du spectacle, Pline le jeune même, qui fut presque témoin, sur les lieux, de la mort de son oncle, n'en parle pas. Dailleurs les éruptions des volcans, et particulièrement du Vésuve, sont toujours précédées d'indices précurseurs du danger qui donnent le temps de s'y soustraire.

C'est à cette fatale catastrophe que succomba Pline le naturaliste; il commandait la flotte romaine à Misène, qui en est éloignée de six lieues. Il reposait sur son lit au sortir d'un bain, lorsque sa mère vint lui annoncer que l'on voyait dans l'air un nuage d'une grandeur et d'une forme extraordinaire, qui paraissait tantôt blanc, tantôt noirâtre; il se lève pour examiner ce phénomène de plus près, et pour pouvoir secourir les bourgs situés sur la côte; il fait mettre à flot les galères, et se dirige vers l'éruption, où il succomba, suffoqué par une épaisse fumée, aux environs de Stabia, ville voisine de Pompeï. Trois jours après, on retrouva au même endroit son corps tout entier et couvert de la même robe qu'il portait. Son attitude était celle d'un homme qui dormait.

Pour connaître tous les détails de sa mort, il faut consulter Pline le jeune, son neveu, dans la lettre qu'il écrit à Tacite, où il lui fait la description de la mort de son oncle. Elle se trouve aussi dans le *Voyage à Pompeï* de Romanelli.

Au premier coup-d'œil, on dirait une ville saccagée et abandonnée par l'ennemi. Le silence de la mort semble avoir succédé au bruit des armes.

Pour visiter Pompeï, nous entrâmes d'abord dans une enceinte découverte, environnée de portiques que soutenaient jadis les colonnes que l'on y voit encore debout; elles étaient d'ordre dorique, cannelées jusqu'à moitié de leur hauteur; elles avaient été peintes en rouge, et devaient produire un bel effet.

A gauche de cette galerie est une colonnade, à l'extrémité

de laquelle on voit une fontaine d'une structure moderne, que l'on a pratiquée sans doute pour l'usage des gardiens, qui y sont à demeure.

Ce portique appartenait aux casernes, où logeaient les cohortes romaines qui occupaient Pompeï.

Notre cicérone ouvrit une porte conduisant à un petit théâtre, pavé en marbre grec, disposé en differens compartimens, avec une inscription qui traversait d'une extrémité à l'autre, l'espace que nous appelons aujourd'hui orchestre.

Ce théâtre était destiné au genre comique; on y représentait des pantomimes, et on y entendait de la musique. On y donnait, comme à Rome, des représentations satyriques, les poètes se livraient parmi eux à des luttes dans la lecture de leurs poèmes, ainsi que le dit Horace à Auguste dans ces deux vers :

« Hos edicit, et hos arcto stipata theatro
» Spectat Roma potens : habet hos numerat que poetas. (1)

Voilà les poètes que Rome apprend par cœur, et qu'elle va voir en foule dans ses théâtres, qui sont toujours trop petits.

Les théâtres où on réunissait ces divers genres d'exercices étaient couverts, et portaient le nom d'*Odeon* (mot grec).

Ceux où l'on jouait la comédie, étaient consacrés à Apollon, et les Théâtres où l'on représentait la tragédie à Bacchus.

Vitruve (2) nous dit que les anciens pour les rendre sonore, y établissaient des cavités ou petites voûtes, qu'ils appelaient du mot latin *criptæ* (voûtes) et qui étaient des-

---

(1) Epit. 1, liv. 2.

(2) Célèbre architecte, naquit à Formies (aujourd'hui Gaëte) ; il fut attaché à l'empereur Auguste, à qui il dédia son excellent ouvrage sur l'architecture.

tinées à recevoir certains vases d'airain, disposés de façon à rendre retentissante la voix de l'acteur, et la modulation de la musique plus sonore et plus agréable.

Lorsque ce métal leur manquait, ou en composait en grès, qu'ils appelaient *dolia fictilia* (vases d'argile), qui produisaient le même effet.

En suivant la galerie, nous arrivâmes à un théâtre plus vaste, derrière lequel on monte un large escalier en pierres.

Celui-ci était consacré à la tragédie, et selon Vitruve, devait être à découvert, parce que les représentations qui s'y donnaient, ne durant que quelques heures, étaient éclairées par la lumière du ciel, les anciens ne sachant pas encore bien à cette époque tirer parti des lampions et des lustres pour éclairer leurs salles de spectacle pendant l'obscurité. C'est là ce qui peut confirmer la version de Dion Cassius, qui dit que l'éruption de Pompeï arriva à l'heure du spectacle.

A peu de distance du petit théâtre, était le quartier militaire, où l'on trouva les squelettes de trente-sept soldats morts à côté de leur centurion (1), qui ne voulut point abandonner son poste, et dont le cheval fut trouvé à la porte du quartier.

Dans une espèce de prison, entre deux barres de fer rongées par la rouille, on déterra les squelettes de quatre soldats, qui probablement étaient au cachot pendant l'éruption. Les cimiers, les diverses pièces d'armures, ainsi que les instrumens de musique guerrière qui furent trouvés dans cet endroit, dont les murs étaient couverts d'inscriptions, faits pour passe-temps par les soldats; ont fait présumer qu'il faisait partie du quartier militaire.

Nous visitâmes à gauche le *Forum Nundinarium* ou place

(1) Ou centenier, officier romain qui commandait à cent soldats. *Qui centum pedites sub uno vexillo gubernabat*, dit Végèce.

du marché. Cette foire où concouraient toutes les communes voisines, se tenait tous les neuf jours, ce qui valut à cette place le nom de *nundinarium*. C'est un carré long d'environ cent pas de longueur sur soixante de large. Tout autour de l'enceinte règnent des colonnes d'ordre dorique, dont une partie est ronde et l'autre cannelée.

A chaque extrémité du carré on en compte dix-sept, y compris celles qui sont dans les angles. Ces colonnes sont de pierre volcanique, recouvertes en stuc sur un fond rouge jaunâtre, comme sont toutes les autres colonnes de Pompéï.

Après avoir parcouru les deux théâtres et le Forum, nous arrivâmes au temple de Jupiter.

Son vestibule est bien conservé; il a six colonnes de front et quatre sur le côté. Les escaliers sont brisés; aux deux parties latérales, on trouve deux grands piédestaux où étaient probablement des statues qu'on a enlevées.

Un beau pavé de marbre et de mosaïque conduit dans l'intérieur, qui est un carré long de quarante pieds environ sur trente de large, avec huit colonnes de chaque côté.

On voit encore sur les parois des peintures à fresque d'un beau rouge. Dans le fond on entre par trois petites portes, qui conduisent dans la partie reculée du temple, où était l'*hypœtron* ou le sanctuaire des oracles; c'est le nom que lui donnaient les anciens.

Les colonnes de ce monument, qui sont en tuf (1), et re-

---

(1) Le tuf dont les anciens et les modernes se servaient en Italie, diffère entièrement des diverses variétés de tuf qui sont connues. Le tuf dont il est question ici (*tufo*) qui a été employé de tout temps en Italie, pour colonnes et autres ornemens d'architecture, et que l'on voit dans les ruines des monumens anciens, est un ciment composé d'une espèce de débris volcaniques qu'on appelle *lapillo*, que l'on trouve dans les environs de Rome, de Naples et de Pouzzoles. On le mêle avec de la chaux vive et éteinte sur-le-champ, dont on fait un mastic qui acquiert en peu de temps une solidité qui approche de celle des pierres ordinaires des environs de Paris. Cette composition reçoit très-bien la couche de stuc dont on la recouvre.

couvertes de stuc, ont presque toutes été brisées excepté quelques attiques et quelques chapiteaux, qui sont entiers.

Nous passâmes de ce temple dans le *Forum Civile.* Les Pompéïens, comme les Romains, distinguaient plusieurs sortes de Forum.

A Pompéi il y avait le Forum Judiciaire et Forum Marchand ou champ de foire, qu'on appelait *Forum Nundinarium*, pour le distinguer du Judiciaire, comme je l'ai dit plus haut.

La forme du Forum Civile, où nous entrâmes, est un carré long de trois cents pas environ, décoré de chaque côté de trois rangs de colonnes qui devaient former, à ce que l'on peut présumer, par leur disposition, un péristyle couvert, sous lequel on circulait, et qui servait d'abri contre le mauvais temps.

Une partie de cette colonnade était d'ordre dorique, sans base, composée de tuf et recouverte de stuc. Les colonnes en avaient été brisées par le tremblement de l'année 63 de l'ère chrétienne.

On voit par les débris de corniches et de lambris de ces mêmes pierres amoncelées dans divers endroits de la place, sans être encore disposées pour être placées sur les colonnes, que les habitans étaient occupés à les raccommoder lors de la dernière éruption qui les ruina.

L'autre partie était en pierres travertines. Dans le vestibule nous vîmes plusieurs piédestaux de diverses grandeurs qui ont dû supporter des statues qu'on a retrouvées par fragmens. Il ne reste plus que quelques parties du pavé à large dimension en pierres tiburtines.

J'ai déjà dit ce que c'était que la pierre tiburtine ou travertine, et la pierre piperine que les anciens employaient dans leurs constructions.

Une espèce d'autel, que l'on voit sur les côtés, a été dépouillé de ses marbres, ainsi que tous les piédestaux des statues, à l'exception d'un ou deux, sur lesquels on lit quelques inscriptions que le temps détruit chaque jour.

Non loin du Forum Civile, nous rencontrâmes le temple de Vénus, dont la forme nous parut être plus noble et plus élégante que ceux que nous avions vus. Il était composé d'un portique circulaire, appuyant d'un côté au temple et de l'autre supporté par dix-sept colonnes latérales, dont neuf de face. Leur matière est de tuf recouvert d'un stuc très dur. Chaque colonne avait auprès d'elle un piédestal qui avait été occupé par la statue d'un dieu ou de quelque héros.

Le péristyle s'avançait sur les quatre côtés du temple, dont on peut évaluer la longueur à cent trente-six pieds sur quatre-vingts de largeur. L'hypœtron est isolé. C'est une petite chambre carrée et couverte. Elle est pavée d'une belle mosaïque de différentes couleurs avec des bordures marquetées.

Au fond était placée la divinité, sur un piédestal, à la base duquel on arrivait par onze gradins de pierres travertines, qui sont presque tous brisés. Les portes du sanctuaire, dont on voit encore la trace sur le seuil du marbre, ont été enlevées.

Au bas de ces escaliers, on voit trois autels, dont le plus grand occupe le milieu. L'inscription suivante qu'il porte contient le nom de ceux qui les élevèrent.

» M. Porcius. L. Sextilius. L. F. Cn. Cornelius. Cn.
» FA. Cornelius. AF. quartuumvirs. D. D S. F. LOCAR.
» Marcus Porcius fils de Marcus.
» Lucius Sextilius fils de Lucius.

Cneïus Cornelius fils de Cneïus. Aulus Cornelius fils d'Aulus elus quartuumvirs par décret des decurions pour les sacrifices, élevèrent ces autels.

On voit encore sur les parois de ce sanctuaire les restes de plusieurs peintures. En sortant du temple de Vénus, nous entrâmes dans la basilique Pompéienne, nom que l'on a donné à ce monument, parce qu'on trouva sur son mur extérieur deux inscriptions assez grossièrement taillées au ciseau, où était écrit ainsi le mot *Bassilica*.

Sa forme présente un carré long de cent soixante-dix pieds sur soixante et dix de largeur, avec un grand portique couvert qui règne tout autour, soutenu par trente-deux colonnes d'ordre corinthien, de deux pieds de diamètre environ.

Nous vîmes une chambre basse ou espèce de souterrain, où conduisaient deux petits escaliers qui aboutissaient à deux ouvertures circulaires pratiquées dans la voûte. Ces soupiraux étaient garnis de barreaux de fer, les murs en étaient très épais, et tout porte à croire que c'était une prison.

Au milieu des quatre colonnes du péristyle s'élève un piédestal, recouvert de marbre blanc qui devait supporter une statue équestre qu'on a enlevée. Nous sortîmes de ce temple du côté de l'orient, par quatre escaliers placés sous un vestibule, soutenu par deux colonnes et deux pilastres. De ce vestibule nous entrâmes dans le Forum Civile, dont j'ai déjà parlé, et de là nous allâmes visiter la curie ou tribunal.

C'est une espèce de cour découverte formant un carré long, avec un péristyle tout autour, orné de chaque côté de huit colonnes cannelées de pierre piperine, et de trois colonnes seulement dans les deux autres parties latérales, qui sont moins étendues. Son enceinte peut avoir soixante pieds de longueur et environ quarante de largeur.

Après avoir visité le tribunal, nous trouvâmes du même côté le temple d'Isis; le culte de cette divinité égyptienne était en célébrité à cette époque dans beaucoup de villes anciennes du royaume.

Ce temple est entièrement construit en briques, enduites d'un mastic très dur. Le style en est beau et élégant; sa dimension est de cinquante-six pieds de longueur sur quarante-huit de largeur. Il est découvert et entouré d'un péristyle, comme on en voit dans presque tous les monumens de ce genre. Ce péristyle est décoré sur chaque côté de huit colonnes d'ordre dorique, sans base, et de dix sur le fronton. Leur hauteur peut avoir environ neuf à dix pieds; on monte par sept degrés revêtus de marbre blanc, dans le sanctuaire qui est derrière le temple. Sa forme est un petit carré voûté, couvert en tuiles, embelli intérieurement de stuc avec trois niches. Dans le fond, on voit deux autels, et tout auprès deux élévations sur lesquelles étaient déposées les deux fameuses tables d'Isis, que l'on voit aujourd'hui au musée de Naples.

On trouvera de plus grands détails sur ce temple dans l'excellent ouvrage de Romanelli.

Nous parcourûmes ensuite la rue du Cours, qui était la principale rue de Pompéï, et que notre cicérone, mal informé sans doute, nous dit être celle de la Fontaine d'abondance, parce qu'il y a en effet dans le milieu de la rue une fontaine, qui n'a rien de remarquable dans sa construction. Elle consiste en un petit bassin carré, en pierres du Vésuve. Cette rue traverse la ville du sud au nord-nord-ouest; elle peut avoir dix-huit à vingt pieds de largeur; de chaque côté règne un trottoir de cinq à six pieds. Dans le milieu de la rue on voit sur les grandes dalles de lave, dont elle est pavée, les ornières tracées par les roues des chars. Elle est bordée de boutiques et de maisons bâties en briques, que l'on voit aujourd'hui sans toitures.

Les maisons se ressemblent presque toutes, par la distribution des plans et pour la décoration des appartemens, qui étaient la plupart ornés de belles mosaïques et de peintures à fresques très estimées.

La composition de la majeure partie des habitations pompéïennes, consistait, ainsi qu'on le voit, en une cour carrée, autour de laquelle régnait un péristyle couvert et supporté pour être à l'abri de la pluie. Comme le dit Asconius :

Impluvium, locus sine tecto in ædibus quò impluere imber in domum posset.

L'impluvium est une cour sans toiture où il pleut.

C'est, dit Vitruve, la partie du bâtiment qui se présente quand on a passé la porte :

In urbe atria proxima januis solent esse.

Ils appelaient cette cour *impluvium* ou *atrium*. Plusieurs chambres formaient le rez-de-chaussée tout autour, et ne recevaient le jour que de cette cour, avec laquelle elles communiquaient; au milieu de l'impluvium était une fontaine. Ces maisons n'avaient point de fenêtres sur la rue, ce qui fait supposer qu'elles n'étaient élevées que d'un étage ou deux au plus, et qu'elles ne prenaient le jour que par la porte, dont l'ouverture est très haute et destinée à éclairer le vestibule; ensuite par les toits et par d'autres cours qui étaient dans l'intérieur.

En montant vers la porte d'Herculanum, toujours dans la rue du Cours, nous entrâmes dans une maison dont le parquet était orné d'une grande mosaïque très bien conservée. Il est bon de dire que toutes les habitations sont ouvertes, excepté celles qui renferment des objets curieux à voir, et dont les *ciceroni* ont les clefs.

Un peu plus haut, du même côté, nous vîmes la maison d'un certain Albinus, à ce qu'on en peut juger par l'inscription encore visible d'Albinus, sur laquelle un Priape d'une dimension assez grande est sculpté au-dessus de la porte.

La version vulgaire désigne cette demeure comme un lieu de prostitution ; c'est une erreur : il est connu que le culte de Priape était en grande vénération chez les anciens, que les dames romaines et les hommes appendaient à leurs cols, comme parure, ce signe de la génération; que cette amulette, ainsi que l'on considérait le phallus, ornait leur sein comme préservatif contre certains charmes ou certaines maladies ; que l'on attribuait en outre à cette figure une vertu fécondante non-seulement pour les femmes, mais encore pour les récoltes, et on la portait en pompe dans les campagnes :

Sanctum celebrate priapum. dit Martial, liv. 6, ép. 73.

Il y en avait en or, en corail, en bronze ; et ce Priape que l'on voit sur la porte d'Albinus, désignait sa maison comme une fabrique de ces amulettes, parce qu'il est nécessaire de dire encore, que les enseignes des marchands pompéiens étaient caractéristiques; qu'ils avaient chacun sur leurs portes, en peinture ou en sculpture, la représentation de leurs marchandises. Aussi voit-on peints en couleur rouge sur le mur à côté des boutiques, du gibier, du poisson, des oiseaux, des fruits et autres objets de consommation et de commerce.

Dans la rue de Mercure on voit dans une autre maison, que l'on a désigné sous le nom de *maison de Pan* ou *du Faune* derrière un grand vitrage, qui sert de clôture à la salle où elle est enfermée, une grande et belle mosaïque représentant une bataille d'Alexandre, s'il faut en croire le cicérone de Pompéi.

Il y a sur cette mosaïque diversité d'opinion. L'architecte des fouilles de Pompéi, Bonnucci, a prétendu que c'est la bataille de Platée; les professeurs Avellino et Quaranta, que c'est celle d'Issus entre Alexandre et Darius; et Nicolini, professeur de l'institut royal des beaux-arts à Naples, la désigne comme un épisode de la bataille d'Arbelles. Ce dernier avis est celui d'un de nos savans français.

Au fond de cette habitation nous trouvâmes une galerie ornée de colonnes tout autour. Nous visitâmes ensuite, plus loin, une maison dite *de la Fontaine*, en mosaïque ornée de deux jardins qui renferment chacun une fontaine incrustée de petites coquilles marines et de mosaïques.

Dans une espèce de cour plus éloignée, nous trouvâmes une quantité d'amphores rangées le long du mur (*amphora genialis*, l'amphore joyeuse).

L'amphore était un grand vase de terre cuite à deux anses, d'où elle tient son nom, qui est composé de deux mots grecs, *amphi*, de part et d'autre, et *phero*, je porte. Il était enduit intérieurement d'un vernis comme notre poterie moderne, et servait à mettre le vin. C'est à cet usage que Horace l'emploie, lorsqu'il dit :

Nec læstrygonia Bacchus in amphora languescit mihi. (1)

Son contenu était d'environ vingt-quatre litres, et tenait lieu de tonneau. L'amphore était pointue par le bas ; on les enfonçait dans la terre jusqu'à une certaine profondeur, en les plaçant les unes contre les autres. Les anciens faisaient un choix dans leur qualité. Celle de Cos, dit Pline, liv. 15, ch. 12, étaient les plus belles, et celles d'Adria les plus solides.

Coïs laus, maxima Adrianis firmitas.

Nous visitâmes ensuite la maison de Salluste, qui était une des plus belles habitations de Pompéï ; elle était située dans la rue principale. On voit encore dans le vestibule des peintures à fresques d'un rouge éclatant, qui sont très bien conservées.

Généralement toutes les peintures que l'on voit dans les maisons pompéïennes, sont sur un fond rouge qui était, à ce qu'il paraît, la couleur adoptée pour cet objet. Cette préfé-

---

(1) Od. 16, liv. III. Læstrygonia amphora, vase de Formies.

rence était dùe à la facilité qu'ils avaient de la tirer de Puteoli (*Pouzzoles*), et à sa solidité sur le stuc, où elle pénétrait très bien.

Nous vîmes entre autres dans l'appartement secret, au rez-de-chaussée, une peinture qui recouvre tout le mur et qui représente Diane nue dans le bain, punissant Actéon de sa téméraire curiosité.

Vinkelmann (1) rapporte que lors des découvertes que l'on faisait à Pompéï, toutes les peintures que l'on ne jugeait pas dignes d'être placées dans le musée de Portici, étaient brisées et détruites par ordre de la cour, afin que les étrangers ne pussent en profiter.

Cette demeure de Salluste, que l'on pouvait bien appeler le sanctuaire des grâces et du goût, a enrichi le musée de Naples d'une quantité de statues et d'objets d'antiquités de prix, dont le grand nombre ne me permet pas de faire ici le détail, mais dont on trouvera la description dans Romanelli.

Les anciens aimaient la grandeur et la magnificenee dans leurs édifices publics, principalement ceux qui étaient destinés au culte des dieux ou à l'usage du public, ainsi que le rapporte Horace (2):

. . . . . . Leges sinebant, oppida publico
. . . . . . Sumptu jubentes et deorum,
. . . . . . Templa novo decorare saxo.

Les lois commandaient de bâtir magnifiquement aux dépens du public les murailles des villes et les temples des dieux.

mais ils voulaient que dans leurs habitations particulières, on rencontrât seulement ce qui était nécessaire et décent, de là vient la simplicité de leurs demeures. Car rien n'est plus

---

(1) Lettres sur Herculanum, pag.
(2) Od. 15, liv. 2.

simple que les maisons de Pompéï, surtout extérieurement. Elles n'ont pas une structure aussi magnifique que les nôtres, et n'ont pas ce grandiose.

A l'extrémité de la rue du Cours, en nous dirigeant vers la porte aux Tombeaux, nous trouvâmes une boutique de marchand d'huile, où l'on voit encore de grands vases en terre cuite, qui contenaient ce liquide.

A côté de celle-ci était la boutique d'un marchand de farine, où furent trouvés deux pains très bien conservés, que l'on voit au musée de Naples.

Depuis six heures de temps, nous parcourions ces ruines désertes où nous avions, à l'exemple de bien d'autres visiteurs, gravé nos noms sur plusieurs de ces monumens, et comme nous voulions aller à Herculanum le même jour, nous ne pûmes voir l'amphithéâtre que nous avions laissé derrière nous du côté de l'orient. Romanelli et d'autres écrivains en font un éloge pompeux que l'on trouvera dans leurs écrits. En conséquence nous dirigeâmes nos pas vers la porte d'Herculanum, qui est à l'extrémité nord-ouest de la ville et par où nous sortîmes.

Au-delà de cette porte, nous vîmes la rue des Tombeaux, à l'issue de laquelle était l'ancienne voie Consulaire, qui conduisait à Herculanum, à Naples et à Capoue.

C'est sur l'un et l'autre côté de cette rue, qui servait de lieu de repos, que sont les tombeaux marquans de Pompéï qui l'embellissent d'un bout à l'autre. On les voit en quantité et très bien conservés. Quelle élégante magnificence !

C'est dans ce faubourg des morts que les Pompéïens les plus distingués par leurs emplois sacrés, militaires ou politiques, obtinrent les honneurs d'une sépulture publique, comme l'atteste le grand nombre d'inscriptions qui décorent ces monumens funèbres et qui sont simples et d'un style noble et affectueux.

Ces sépulcres dressés sur de superbes piédestaux, sont couronnés de fleurs et d'arbustes toujours verts. On y voit des cénotaphes dont les extrémités sont gracieusement entrelacées de palmes ou de lauriers, d'autres qui présentent les formes élégantes d'un temple.

Tous ces monumens embellissent par la beauté de leurs marbres ce champ de silence. En descendant dans cette rue, nous entrâmes dans la maison d'Arius Diomedes, située en face de son tombeau. Cette maison est habitée aujourd'hui par des gens employés à la garde de la ville ou à toute autre fonction. Nous pénétrâmes dans la cour où furent trouvés, au pied de l'escalier, les squelettes de sa malheureuse famille et de ses esclaves, au nombre de vingt-sept qui s'y étaient vraisemblablement refugiés lors de cette fatale catastrophe, croyant se soustraire à la mort. Ces squelettes étaient placés les uns contre les autres, et la cendre qui les couvrait portait l'empreinte d'une partie de leurs corps. Le sein d'une femme, que l'on a supposé être celle de Diomedes, s'est trouvé moulé dans la cendre ; à sa forme on a jugé qu'elle était mère, ce qui a été confirmé par le squelette d'un enfant, trouvé auprès d'elle.

Ce moule a été déposé au cabinet de Portici. Leurs bijoux en or, tels qu'anneaux, colliers, chaînes et autres objets, furent trouvés avec elles.

Cette rue est pavée en laves du Vésuve, on y voit empreintes les roues des chars.

Arrivés à son extrémité, nous jugeâmes à la hauteur du terrain, qui s'élève de tous côtés, qu'il y a encore des fouilles à faire et des maisons à déterrer, ce que nous confirma notre cicérone pompéïen, en nous disant qu'il y avait encore un quart de la ville à décombrer. Nous vîmes, en la parcourant, quelques ouvriers occupés à déblayer les amas de cendres sous lesquels sont encore enterrés des édifices, principalement du côté du nord.

La maison de l'affranchi Diomèdes, dont je viens de parler, fut au nombre des premières qui furent découvertes. On y trouva, dans le péristyle du jardin, un squelette tenant d'une main des clefs et de l'autre une cassette où étaient des monnaies et des ornemens en or très bien conservés; on a présumé que c'était Diomèdes.

A quelques pas de là était un autre squelette, avec des vases d'argent et de bronze. Ces deux individus ayant été trouvés l'un derrière l'autre, on a supposé que celui-ci était un de ses esclaves, et qu'au moment de prendre la fuite, ils furent ensevelis par la pluie volcaniqne.

En face de cette habitation, on trouve les sépulcres de la famille Diomèdes. Sur la hauteur d'un mur, qui sert de base à ces tombeaux, s'élève majestueusement celui de Marcus Arrius Diomèdes, sur lequel on voit un frontispice avec des pilastres corinthiens sur les côtés, et cette inscription dans le milieu :

M. Arrius. D. L. Diomedes. Sibi. Suis. Memoriæ.
Magister. Pag. Aug. Felic. Suburb.

Marcus Arrius Diomèdes, maître du bourg d'Augustus Felix, à sa mémoire et à celle de sa famille.

A côté de ce tombeau, l'on voit debout deux petits cippes en marbre blanc, dont l'extrémité supérieure, de forme sphérique et de la grosseur d'une tête, indique par ces deux inscriptions :

M. Arrio. Primogeni.

et l'autre :

Arriæ. M. F. VIIII.

qui sont gravés derrière chacune d'elles, que l'une fut érigée au fils aîné d'Arrius et la seconde à sa neuvième fille.

Romanelli et Bonnucci donnent dans le plus grand détail la description de la maison d'Arrius et des personnages ensevelis dans les tombeaux, dont les inscriptions ont un caractère distinctif.

Une plus grande nomenclature serait ennuyeuse pour le lecteur, j'imagine, ne pouvant lui donner tous les détails qui font la spécialité des ouvrages où je l'ai renvoyé dans le courant du précis que je viens de mettre ses yeux, et pour en avoir de plus grandes notions, il faudrait consulter, si la chose était possible, les auteurs qui ont écrit sur les ruines de Pompéï, tels que:

La description de Guastani sur les antiquités de Pompéï, de Piranesi.

Les ruines de Pompéï, de l'architecte F. Mazois, ouvrage resté imparfait, malheureusement pour les arts, par la mort prématurée de cet artiste.

La Pompeïana, du chev. Williams Gell.

Les Wanderungen durch Pompeï, du capitaine de génie autrichien, Louis Goro.

Et autres ouvrages que j'ai compulsés dans quelques bibliothèques de Naples.

Après avoir, selon ses vœux, satisfait notre cicérone qui nous avait débité sa leçon ordinaire, à laquelle il ne faut pas s'en rapporter entièrement parce que la plupart du temps sans le vouloir, ils vous induisent en erreur, nous jetâmes, non sans quelques regrets et sans un profond sentiment de mélancolie, un dernier regard vers cette déplorable cité, en réfléchissant sur le sort de ces malheureuses victimes qui, succombant successivement dans les angoisses d'une longue agonie sous le poids de leur cruelle destinée, furent avec elle ensevelies vivantes.

L'aspect de cette ville antique qui semble sortir de son tombeau, sur qui n'ont rien pu dix-huit siècles et tant d'évènemens divers qui ont bouleversés l'Italie, a quelque chose de grand et de solennel. Combien de souvenirs n'éveille-t-elle pas?

Pompéï est aujourd'hui plus remarquable qu'elle ne l'avait été avant d'avoir été ensevelie sous les cendres du Vésuve. Elle doit sa célébrité à un des plus grands évènemens de la nature, et à l'intérêt qu'inspire ce que le hasard et le malheur ont dérobés à la voracité des siècles.

Nous en sortîmes par cette porte, qui est celle d'Herculanum ; elle est à l'opposite de celle par où nous étions entrés. Nous revîmes rejoindre notre voiture qui nous attendait dans le chemin que désigne le poteau de *via di Pompeï*, dont j'ai déjà parlé. Ce chemin frayé depuis la découverte de cette ville, conduit à une partie du faubourg d'Augustus Félix, qui ne fut découvert qu'en 1812. Il est à l'extrémité de la rue des Tombeaux, et Arrius Diomèdes, affranchi de Julie, en était le maître, comme le dit l'inscription qui est sur son cénotaphe.

Parmi les personnes qui liront cette brève description, s'il en est qui aient vu Pompéï, elle suffira pour leur rappeler d'agréables souvenirs, dont l'impression est ineffaçable, et elle excitera la curiosité de celles à qui tous ces détails sont inconnus, par l'intérêt qu'elle pourra leur inspirer.

Nous remontâmes en voiture, et rebroussant chemin, nous vînmes dîner à *Torre dell'Annunziata*.

TORRE DELL'ANNUNZIATA.

Torre dell'Annunziata (l'ancienne Oplonte), est un gros bourg situé presqu'au bord du golfe de Naples, à cinq lieues au sud-est de cette capitale, et à un mille et demi de Pompéï.

En attendant les préparatifs du dîner, nous parcourûmes

ce bourg qui, d'après la statistique de Quatromani, compte environ neuf mille ames de population. Il possède une manufacture royale d'armes pour le gouvernement et pour les particuliers, une fabrique de poudre, des entrepôts de grains, et plusieurs fabriques de macaroni dont l'exportation annuelle est d'un produit qui dépasse vingt-six mille ducats.(1)

A l'issue de notre dîner, que nous pressâmes, nous remontâmes en voiture, et tournâmes nos pas vers Herculanum. La route de Pompéï à Resina et à Portici, est des plus agréables; la vue s'étend à gauche sur le golfe, et sur les îles qui sortent de son sein.

A droite on promène avec satisfaction ses regards sur de jolies habitations, entourées de riches vignobles, qui s'étendent jusqu'à la région des laves du tyran dévastateur de ces fertiles contrées, la terreur et la merveille de la Campanie.

TORRE DEL GRECO.

Nous traversâmes de nouveau Torre del Greco, gros bourg, ayant de très jolies maisons. Il est situé presque sur le bord du golfe à deux lieues au sud-est de Naples.

D'après la statistique de Quatromani, la population de ce bourg est évaluée à douze mille âmes, qui se livrent au commerce du corail et à la pêche. Cette petite ville fut presque détruite par l'éruption de 1794, qui fut une des plus violen-

---

(1) Le ducat vaut quatre francs et 30 ou 40 centimes.

tes qui aient eu lieu depuis l'an 79 de l'ère vulgaire, époque de la destruction de Pompéï et des annales du Vésuve connues depuis lors.

On ne lira pas sans intérêt la relation de cette cruelle catastrophe, que j'ai prise à Naples dans des écrits que Reisback et d'autres auteurs ont consultés avant moi.

Le Vésuve était depuis long-temps tranquille, lorsque le 12 juin 1794, vers les onze heures du soir, une forte secousse de tremblement de terre se fit sentir, et engagea beaucoup d'habitans de Naples à passer cette nuit hors de leurs maisons. Le 13, le 14 et le 15 la tranquillité apparente du Vésuve ne fut pas altérée, et il ne donna aucun signe d'une prochaine éruption ; mais le 15, vers neuf heures du soir, il en donna de certains.

Des secousses de tremblement de terre, très sensibles pour les habitans des environs de la montagne, eurent lieu, et augmentèrent successivement. Entre autres une très forte se fit sentir vers les dix heures, dans Naples et aux environs ; en ce moment, à la base occidentale du Cône, dans le lieu appelé *Pedamentina*, et au milieu des laves antiques, il s'ouvrit une bouche qui vomit un torrent de laves. C'est ce que nous dit Procope, en s'exprimant ainsi :

In medio ferè vertice hiatus apparet tam altus, ut ad imas montis radices pervadere videatur.

La longueur de cette ouverture était de deux mille trois cent soixante-et-quinze pieds, sur une largeur de deux cent trente-sept pieds. La matière se dirigea en masse sur Torre del Greco, l'enveloppa, la combla en plusieurs endroits à la hauteur de quarante pieds, et entra dans la mer où elle forma un promontoire de plus de six cents pieds de longueur, sur quarante d'élévation et un mille de largeur.

C'est au milieu de ces torrens de laves, qui en se refroidissant, prennent ordinairement la dureté d'un roc, que les habitans furent obligés de briser et d'aplanir, que fut réédifié ce bourg, tel qu'on le voit aujourd'hui, élevé sur les laves anciennes qui lui servent de base.

La malheureuse ville de Torre del Greco a vu souvent le Vésuve couvrir de ses laves son territoire et ses édifices. Si l'éruption de 1794 engloutit toute sa partie occidentale, celle de 1737 avait ravagée tout le côté oriental.

Il n'y a pas eu, peut-être, une période de cent ans, qui n'ait été fatale à ce pays par des tremblemens de terre, des pluies de cendres volcaniques ou des courans de laves.

Mais il n'est pas de périls avec lesquels l'homme ne se familiarise. L'éruption finit à peine, que déjà les habitans élèvent de nouvelles habitations sur la matière qui, dans le même lieu, vient de couvrir leurs anciennes demeures.

CHAPITRE DOUZIÈME.

Resina ; Herculanum ; grotte du Pausilippe ; montagne et cap du Pausilippe ; tombeau de Virgile ; grotte du chien ; lac Agnano ; étuves de Saint - Germain ; Départ de Naples ; Civita Vecchia ; Gasparini, Livourne : Arrivée à Marseille ; choléra ; départ pour Paris.

RESINA.

Deux milles après, nous arrivâmes à Resina, petite ville attenante à Portici, et dont une partie est, comme celle-ci, assise sur l'antique Herculanum.

Sa population est de huit mille habitans. On y fait le commerce des vins de Portici, de Somma, de Lacryma Christi, et de Real Favorita. Ces derniers se récoltent dans les dépendances d'une belle maison de plaisance, que l'on nomme la *Real Favorita*, qui est un domaine royal à cinq minutes de distance de Resina.

On fabrique dans cette petite ville une grande quantité d'ouvrages du Vésuve (*i lavori del Vesuvio*), consistant en objets de parure et de fantaisie, comme bagues, colliers, épingles, boucles d'oreilles, pierres travaillées, tabatières et autres ouvrages qui se font avec des laves de diverses couleurs qu'ils fabriquent.

Ces matières volcaniques, que l'on ramasse sitôt après les éruptions, sont remises en fusion à un certain degré de chaleur; alors on leur donne des nuances différentes, ensuite on les travaille et on les finit.

Cette branche d'industrie est très étendue à Naples, qui en a aussi de nombreux ateliers, nonobstant ce qu'elle tire de Resina.

HERCULANUM.

Héraclée ou Herculanum, dit Strabon, liv. 5 (traduction de Coray), était située au bord de la mer, à la base du Vésuve, sur une pointe de terre qui s'avance dans la mer, et qui étant abondamment rafraîchie par le Libs (1), formait une habitation fort saine.

L'origine de cette ville se perd dans la nuit des temps et est pour ainsi dire fabuleuse, puisqu'on prétend qu'Hercule, dont elle porte le nom, en fut le fondateur.

Voici ce que dit à cet égard Denys d'Halicarnasse, après avoir parlé de l'arrivée d'Hercule en Italie, dans le liv. 1 des *Antiquités romaines* :

---

(1) Les anciens donnaient ce nom au vent de sud-ouest.

. . . . . Et ibi, oppidum de suo nomine condidit, quod nunc quoquè à Romanis incolitur, et inter Pompeïos ac Neapolim est situm, et portus omni tempore tutos habet.

. . . . Et là, entre Naples et Pompeï, il fonda une ville à laquelle il donna son nom. Elle avait un port sûr en tout temps, et fut habitée par les Romains.

Pline dit que cette ville et cette contrée, où s'assemblent comme à l'envi tous les délices imaginables, a été successivement habitée, ainsi que Pompéï, par les Osques, les Umbres, les Etrusques, les Pélasges, les Campaniens, et, en dernier lieu, par les Romains :

. . . . Et hoc quoquè certamen humanæ voluptatis tenuère, Osci, Umbri Etrusci, Pelasgi, Campani, deindè Romani.

Stadius parle ainsi d'Herculanum relativement à sa position :

Fuit autem hæc urbs Vesuvio monti vicina, ad occasum non longè à Leucopetra promontorio, Vesuvii montis cineribus sepulta jacet.

Cette ville fut voisine du mont Vésuve, elle était au couchant du cap Leucopètre (aujourd'hui capo Granatella d'après la carte de Reisback) dont elle est peu éloignée, et ensevelie sous les cendres du Vésuve.

Ses rues étaient pavées en laves, larges, tirées au cordeau et garnies d'un trottoir de chaque côté. Elle possédait beaucoup de temples et de maisons d'une architecture très riche.

Le forum que l'on découvrit était un rectangulaire de deux cent vingt-huit pieds d'étendue, entouré d'un riche portique pavé en marbres de diverses couleurs, que soutenaient quarante-deux belles colonnes.

Le séjour de cette ville et de ses environs était si agréable, qu'un grand nombre de familles illustres de Rome y avait des maisons de campagne, où elles passaient une partie de l'année.

Aujourd'hui c'est dans le bourg de Resina que se trouve l'entrée du tombeau d'Herculanum. Elle est dans une maison ordinaire, occupée par le cicérone, qui sert de guide aux étrangers qui vont visiter ces ruines.

Après nous avoir distribué à tous des bougies allumées, nous pénétrâmes par une large voûte, à l'issue de laquelle nous trouvâmes cent degrés, qui nous conduisirent directement au théâtre.

En avançant sous le chemin obscur, le jour fuyait derrière nous, il nous semblait descendre au ténébreux séjour, car lorsqu'on est au bas, on est enveloppé de la nuit la plus profonde. Nous pouvions bien dire comme Ovide :

Est via declivis funesta nubila nigro
Ducit ad infernas per muta silentia sedes. (1)

Il est un chemin sombre, couvert de nuages obscurs, dont la pente conduit aux enfers à travers le silence.

Le premier objet que l'on trouve, c'est le théâtre qui était situé au nord de la ville, sur la place publique, auprès d'un temple, de forme sphérique, consacré à Hercule. Il était de la plus grande dimension. Winkelmann (2) prétend qu'il pouvait contenir trente mille cinq cents spectateurs assis, indépendamment de ceux qui étaient placés à la *platea*, que Vitruve nomme *orchestre*, et que nous appelons aujourd'hui *parterre*; mais des calculs plus récens et plus justes, dit-on, ont évalués ce nombre à dix ou douze mille.

Pour nous faire connaître la largeur du théâtre, notre cicérone nous conduisit à une des partie latérales de ce que

(1) *Met.*, liv. 4.
(2) *Lettres sur Herculanum*, pag. 24.

nous désignons de nos jours comme orchestre; il y déposa deux bougies; nous ayant ensuite ramenés au côté opposé, nous jugeâmes par ce moyen qu'il était plus large que long.

Sa circonférence extérieure est de deux cent quatre-vingt-dix pieds, et dans l'intérieur, de deux cent trente, sur cent cinquante de profondeur.

La scène, que les anciens appelaient *pulpitum*, a soixante-quinze pieds d'ouverture sur trente de profondeur. La *platea*, qui est notre parterre, comme je l'ai dit plus haut, a cent cinquante pieds depuis le devant de la scène jusqu'aux premiers gradins, qui s'élevaient au nombre de vingt-et-un rangs en amphithéâtre, jusqu'à une galerie supérieure, ornée de statues en bronze.

La largeur de chaque siège est de quatre palmes, équivalant à un peu moins de trois pieds, puisque douze palmes font huit pieds, et leur hauteur était d'une palme. Ils étaient taillés dans le *tuf*. Le parterre était pavé de grandes dalles de marbre jaune antique, dont on voit encore des restes en plusieurs endroits.

Le massif du théâtre était de briques, ainsi qu'on le voit dans les galeries intérieures, et dans l'enceinte extérieure où sont de grands pilastres de briques enduites de stuc et couvertes de peintures, dont on découvre encore quelques faibles vestiges.

Les escaliers par où on y pénètre, sont en pierres travertines très larges et bien conservées. Les marbres précieux, les colonnes, les statues, qu'on en a retirés, attestent la richesse et la beauté de l'architecture de ce monument, qui était d'ordre corinthien.

Ce théâtre fut fondé l'an 15 avant Jésus-Christ par Marcus Nonius Balbus et son fils, consuls d'Herculanum sous l'empire de Tibère, qui déféra au père l'honneur d'opiner le premier dans le sénat. Nous vîmes aux deux côtés du théâtre la place qu'occupaient leurs statues qui sont à présent au musée de Naples, et dont le travail est fort estimé.

La magnificence de ce monument théâtral, les ruines des autres édifices riches d'architecture que renfermait Herculanum, attestent que cette ville était la plus belle et la plus opulente de la Campanie, après Naples et Capoue. Strabon, Pline, Florus et Statius confirment le fait par l'éloge qu'ils en font.

Le souvenir de cette ville qui avait disparu depuis dix-sept siècles, était tellement effacé, que lorsqu'elle fut découverte, il fallut qu'on trouvât le nom d'Herculanum sur une inscription qui était au théâtre, pour reconnaître sa situation, et pour mettre fin à des débats qui, pendant des siècles, s'étaient élevés entre les écrivains à ce sujet.

Les uns disent qu'elle fut retrouvée par des paysans qui avaient vendu des marbres au prince d'Elbœuf, pour la construction de son palais, et qui lui cédèrent le terrain où ils les avaient trouvés; le prince, maître de la propriété, fit creuser, et le tombeau d'Herculanum fut ouvert.

Une autre version qui ne diffère guère de celle-ci, et à laquelle le puits que l'on y voit encore donnerait une apparence de vérité, dit que ce fut un boulanger de Resina qui, en creusant un puits, parvint à la *cavea* du théâtre, il n'en tira nulle conséquence, se contentant de faire usage des marbres qu'il en retirait; en 1711, avant la découverte de Pompeï, le prince d'Elbœuf, faisant construire un palais, cet homme s'engagea à lui fournir les marbres nécessaires à sa construction. Ces marbres façonnés excitèrent la curiosité du prince qui lui offrit d'acheter ce fonds, le boulanger accepta le marché, et les fouilles qui nous donnèrent Herculanum furent poursuivies par le prince, mais elles furent suspendues par ordre du gouvernement, et ne furent reprises que trente ans après sous le règne de Charles III roi d'Espagne, devenu paisible possesseur de ce royaume après l'avoir conquis, et qui fit choix de *Portici*, pour y passer le printemps.

En visitant cette ville souterraine, on voit que l'éruption

qui l'ensevelit l'an 63 de notre ère, n'eut pas le même caractère que celle de Pompeï.

Herculanum fut inondée par un torrent de laves mêlées de cendres et de graviers, qui, comme une espèce de pâte ou de fluide, pénétra dans l'intérieur des palais et des maisons jusque dans les endroits les plus reculés, et seize ans après, Pompeï fut surprise et enterrée sous une pluie épaisse de cendres brûlantes, mêlées avec de l'eau, qui la couvrit entièrement.

Ces deux faits sont constatés par le grand nombre de squelettes qui furent trouvés dans cette dernière ville, dans l'attitude de personnes qui fuyaient, emportant des bijoux, de l'argent, pour se soustraire à ce désastre; et dans Herculanum, on en trouva un seul dans le théâtre, et fort peu dans la ville, les habitans ayant eu le temps de se dérober à la mort, puisque, selon Dion Cassius, ils en furent prévenus par un tremblement de terre qui dura plusieurs jours; ensuite que la nature fluide de la lave, qui avance lentement dans sa marche, leur laissa le temps de fuir.

La situation d'Herculanum n'a pas permis qu'on la découvrît entièrement comme Pompeï, parce qu'il eût fallu, pour exposer au jour une ville ruinée, ou plutôt un amas de pierres, sacrifier deux cités bien bâties, à qui Herculanum sert de fondement. Aussi a-t-on pris le parti, en la déblayant, de combler d'un côté les fouilles que l'on avait faites, avec les décombres que l'on retirait de l'autre, après en avoir extrait les objets précieux; ce qui fait qu'aujourd'hui, il ne reste plus à voir dans Herculanum que le théâtre, dans l'enceinte duquel on a laissé exister des massifs de laves qui sont d'une nature de roche, pour soutenir le terrain, afin d'éviter un éboulement que pourrait occasionner le poids des habitations bâties sur ces ruines. On a pratiqué des corridors, dans lesquels on circule pour visiter ce monument.

Quand on est sous les voûtes qui se trouvent directement sous la grand'route, on entend un bruit sourd semblable à celui du tonnerre qui gronde dans le lointain : c'est celui des voitures qui passent sur la route.

On a laissé exister le puits qui fut creusé en 1711, époque de la découverte de cette ville. Sa profondeur, qui était celle du tombeau d'Herculanum, est de soixante-dix pieds. Ce puits plonge directement sur les gradins, où s'asseyaient les spectateurs, qui est la partie de l'amphithéâtre que les anciens appelaient *cavea* (voyez la planche en regard du titre), et il l'éclaire dans le bas.

Dans les théâtres et les amphithéâtres, les anciens désignaient trois parties : la *cavea ima*, la plus basse ; la *cavea media*, celle du milieu, et la *cavea summa*, la plus élevée.

La première était pour l'orchestre, et le lieu appelé *equestria*, où étaient, selon Sénèque, les quatorze premiers rangs de banquettes immédiatement après l'orchestre, qui étaient nommés *quatuordecim*, destinés à l'ordre des chevaliers, prérogative qui lui fut accordée par une loi rendue l'an de Rome 686, par Roscius Othon, tribun du peuple ; c'est ce que nous rapporte Tite-Live :

Roscius tribunus plebis legem tulit ut equitibus romanis in theatro quatuordecim gradus proximi assignarentur.

Ce qui a donné lieu à cette plaisanterie de Juvénal :

Sic placuit vano, qui nos distinxit Othoni.

Dit Juvenal, sat. 3.

Tel est le bon plaisir du frivole Othon.

La seconde *cavea* était les gradins que nous nommons aujourd'hui amphithéâtre, et la troisième, la galerie supérieure pour le petit peuple. Ces deux dernières *cavea*, s'appelaient aussi *popularia*.

Je dirai d'Herculanum ce que j'ai dit de Pompeï : pour avoir tous les détails des objets rares et précieux de toute nature, que produisirent les fouilles qui y furent faites, il faut consulter tous les ouvrages que divers auteurs ont spécialement écrits à ce sujet, tels que :

Les antiquités d'Herculanum, par Fougerux de Bondaloy.

Le voyage pittoresque à Naples, par St.-Non.

Les mémoires de M. d'Artenay, sur la ville souterraine découverte au pied du mont Vésuve.

Description des premières découvertes de l'antique ville d'Herculanum, par le marquis de Venuti (en italien).

Recueil historique et critique publié sur Herculanum, par M. Recquier

---

Observations sur les antiquités d'Herculanum, par MM. Bellicart et Cochin.

Lettres sur Herculanum, par Wincelmann.

—

Peintures antiques sur Herculanum, avec quelques explications. De l'imprimerie royale de Naples.

—

Après avoir à loisir parcouru ces galeries souterraines et tout ce qu'on peut voir aujourd'hui de cette antique cité, nous en sortîmes par la même issue. Nous fûmes conduits aux nouvelles fouilles par un autre cicérone, qui nous attendait à la porte de la maison en nous criant à tue-tête : *Eccellenze! i nuovi avanzi!* (Excellences! venez voir les nouvelles ruines). C'est ainsi que l'on désigne les nouvelles fouilles que l'on a faites, parce que leur découverte est de beaucoup postérieure aux premières, et on y travaille encore.

Ces nouvelles fouilles se trouvent placées de manière qu'on a pu les décombrer entièrement, tant qu'on n'a vu aucun édifice reposer sur le terrain qui les couvrait. Elles sont dans une rue à deux cents pas des premières et à découvert, comme Pompeï. Comme le sol moderne se trouve considérablement exhaussé, on y descend par un escalier en bois que l'on y a pratiqué.

On y parcourt des rues, des maisons de particuliers, et la place d'une prison, s'il faut en croire le cicérone.

Ce qu'on a découvert est fort peu de chose : c'est un espace plus long que large, de deux cents pas environ, qui n'offre rien de curieux, parce que l'on a soin d'enlever les objets qui ont quelque prix comme antiquité, au fur et à mesure qu'on les trouve. On voit dans l'intérieur des maisons encore de jolies fresques sur les murailles, toujours sur un fond rouge, usage généralement adopté par les anciens, à ce qu'il parait, pour orner leurs appartemens.

Sur la droite, on trouve l'entrée d'une fouille que l'on avait commencée, et dont la profondeur s'avance sous des maisons bâties au-dessus du terrain; mais dans la crainte d'un accident, qui eût été inévitable, la prudence les a fait abandonner, et on a même fortement étayé cette excavation.

Ces nouvelles fouilles n'attirèrent pas long-temps nos regards, le jour commençait à fuir, et nous reprimes le chemin de Naples, où nous arrivâmes à la nuit. Pour me délasser de mes courses de la journée, je me décidai à aller au spectacle, pour y voir un opéra nouveau que l'on jouait à Saint-Charles. L'heure n'étant pas très avancée, l'affluence n'était pas grande, j'assistai donc à la deuxième représentation de *Marfa*, opéra nouveau en deux actes, du maestro Carlo Coccia, suivi du grand ballet romantique de *il Candidato Cavaliere*, (le chevalier candidat).

Le sujet de l'opéra *Marfa* appartient au domaine de l'histoire russe; la musique ne m'offrit aucun de ces morceaux saillans que l'on trouve dans les œuvres du célèbre Rossini. Aussi ne fût-elle pas accueillie très favorablement, quoique l'auditoire fut peu nombreux. Je ne trouvai pas dans les premiers sujets *cantanti*, l'unique quatuor qui fait les délices et la fortune du théâtre royal Italien à Paris; mais je dois rendre hommage au talent des artistes que j'ai entendus, parmi lesquels se trouvait alors Duprez, notre meilleur chanteur français, qui charme aujourd'hui notre capitale.

L'exécution du ballet fut très soignée et fort applaudie. L'orchestre ne démentit point la réputation dont il jouit, d'être un des premiers orchestres d'Europe. Dans tous les ouvrages que j'ai entendus pendant mon séjour à Naples, j'ai été satisfait de son ensemble et de son exécution parfaite dans les nuances de l'accompagnement, du chant surtout, mérite que l'on trouve rarement dans les orchestres français, même à l'Académie royale de musique, à Paris, malgré le nombre de talens recommandables qui le composent.

GROTTE DU PAUSILIPPE.

—

Dans l'impatience où j'avais été à notre arrivée de Marseille, de connaître Naples, j'avais à l'issue de notre quarantaine à Nisida, traversé rapidement cette grotte, et je me réservai d'en prendre une plus ample connaissance à mon retour; ce que je fis pendant mon séjour dans cette métropole.

Les chaleurs excessives qui régnaient dans cette saison, m'obligeant à prendre un *calesso* pour faire ces excursions *extra muros* j'allai visiter cette merveille de l'art, puisqu'il est reconnu que c'est l'ouvrage des hommes; soit que cette voûte ait été percée dans le dessein d'abréger le chemin de la montagne qu'elle traverse, ou que ce soit une ancienne carrière dont on s'est servi pour remplir ce but; il n'est pas moins étonnant de voir cette colline percée à sa base dans toute son épaisseur, par un souterrain qui n'a pas tout-à-fait un mille de longueur, ayant soixante-treize pieds de hauteur du côté de Naples, quatre-vingt-cinq pieds du côté de Pouzzoles, sur vingt à vingt-deux pieds de largeur, espace plus que suffisant pour le passage de deux voitures.

> . . . . Deinde cavatum
> Pausilippi in tenebris et iniquo lumine montem
> Egressi. . . . .

C'est ainsi que Fabricius fait mention de cette excavation dans son *Iter Neapolitanum.*

La vue de cette immense grotte obscure étonne l'œil du voyageur, qui la traverse pour la première fois. L'affluence des piétons, des voitures, des bêtes de somme et des troupeaux, rendent son passage assez incommode par la poussière épaisse qui s'élève, quoiqu'elle soit pavée de larges pierres du Vésuve, et qui en augmente encore l'obscurité; mais on a pratiqué dans le milieu deux ouvertures ou soupiraux, dans le haut, pour y laisser pénétrer la clarté. Strabon rapporte que de son temps il y avait des ouvertures dans le haut qui l'éclairaient :

Lumen à superficie montis, exclsis passim fenestris, ad justam satis altitudinem demittitur. Liv. 5.

Le jour pénètre par des fenêtres pratiquées dans le haut, à une profondeur suffisante pour l'éclairer.

On a établi une petite chapelle sur la paroi, et une lampe brûle sans cesse devant la madone.

A quelques pas de là, on a placé deux lanternes qui suffisent pour diminuer un peu la profonde obscurité qui règne dans l'intérieur.

L'existence de cette grotte est de la plus haute antiquité ; les uns la font dater du règne d'Auguste, d'autres du temps de Titus ; ensuite on a attribué cette grande entreprise aux Cuméens (colonie grecque), qui, pour aller à Naples, eussent été obligés de gravir la montagne, que les ravins profonds qui la coupent et la pente rapide auraient rendue impraticable, ou de faire ce trajet par mer, et par ce moyen, ils ont abrégé leurs communications avec cette ville.

D'autres attribuent ce travail aux Romains.

Plusieurs auteurs napolitains, que j'ai compulsés à Naples, lui donnent une autre origine.

Lorenzo Schradero, dans ses *Monumenta Italiæ*; Piètro Razzani *Palermitano* (de Palerme).

Paolo Giovio, dans son ouvrage *Vita del cardinale Pompeo Colonna.*

Leandro Alberti et Francesco Lombardi, dans son livre *De' Miracoli di Puozzoli,* donnent pour auteur d'une si grande entreprise, un nommé Cocceïus, homme illustre et très riche, qu'on disait être un descendant de l'empereur Cocceïus Nerva.

Giovan ; Villani, *Nella cronica di Napoli* (Chronique de Naples), chap. 30 du liv. 1, attribue cet ouvrage à Virgile, ce qui avait fait dire au peuple, que ce poète avait fait cette grotte par enchantement.

Giov. Tarcagnota, *Nelle lodi di Napoli* (Louanges de Naples), voulant accorder l'opinion du peuple avec l'histoire, dit que l'empereur Octavien Auguste, a yant Marcellus son neveu prêteur à Naples, élut aussi Virgile consul en même temps, et que ce fut à cette époque que l'on ouvrit ce magnifique chemin souterrain, sous la direction de l'achitecte romain Cocceïus.

La nuit des temps couvre tellement ces origines presque fabuleuses, qu'il est difficile dans ce chaos de versions, de démêler la vérité; mais ce qui est bien connu, c'est que dans son principe, cette voûte était moins haute, moins large, et sans être pavée, et que l'on doit à Alphonse Ier, roi d'Aragon, d'en avoir fait agrandir les portes, et d'avoir fait pratiquer deux soupiraux d'oblique direction, pour l'éclairer dans le milieu; et après lui, au vice roi Don Pédro de Tolède, gouvernant le royaume pour Charles-Quint, de l'avoir fait paver, élargir ses soupiraux, et mettre dans l'état où elle est aujourd'hui.

On l'appelait aussi jadis *grotte de Pouzzoles*, parce qu'elle conduit à cette ville.

MONTAGNE ET CAP PAUSILIPPE.

Cette montagne, qui couronne Naples du côté de l'ouest, est située à l'extrémité du faubourg de Chiaya, où se trouve une des portes de la ville.

Ce promontoire, qui s'avance dans la mer, est un des points de vue ravissans de cette contrée. On découvre de son sommet toute la haute mer, les îles qui sont devant lui, le Vésuve dans l'horison, l'île de Caprée, dont j'ai déjà fait mention, et sur la droite Pouzzoles, Baies, séjour de tant d'illustres Romanis, Cumes, le cap Misène, cette Formies témoin de l'assassinat de Cicéron, cette portion de la Campanie, appelée par les Romains les *champs Phlégréens* (champs brûlés), parce que cette contrée avait autrefois autant de volcans, qu'elle a aujourd'hui de collines et de lacs.

C'était dans cette région, d'où s'exhalent encore aujourd'hui des vapeurs volcaniques, que l'histoire, la fable, et les poètes de l'antiquité, dont l'imagination s'exerçait quelquefois, comme celle des modernes, aux dépens de la vérité, avaient placé la demeure des bienheureux; l'entrée du Tartare et autres lieux mystiques de la mytologie, que nous rappelle Henricus à Pflaumern :

Ab æterno incendio semper fumantia juga montium, sub quibus humatos gigantes vorare ac removere stygias flammas pœtæ finxerunt.

Cette terre d'où les orgueilleux Titans escaladèrent le ciel, et foudroyés par le père des dieux, furent ensevelis sous des montagnes de pierres et de feu, combat que nous retracent ces vers de Fabricius.

. . . . . . Tentant Titania monstra
Rumpere adhuc duras ferri luctando catenas
Et Jovis imperii injectos tollere montes.

Les Titans s'efforcent de briser leurs chaînes et de renverser les montagnes que Jupiter lance sur eux.

Cette colline du Pausilippe est couverte de jolies habitations modernes, de vignes, de citronniers, de figuiers, de jardins où brillent le grenadier de son rouge incarnat, et d'autres arbustes odoriférans, dont les douces émanations se répandent au loin dans les champs.

Le site délicieux de cette montagne fut aussi apprécié par les anciens, qui y avaient des villa où tout respirait la volupté.

Tout-à-fait à l'extrémité du cap Pausilippe, on voit des vestiges de la maison de plaisance du magnifique Lucullus, comme l'indique Tacite, dans ses *Annales*:

Æstiva villa, ut extantia vestigia præter scriptores, indicant.

Une fausse tradition populaire appelle aujourd'hui ces restes *Scuola di Virgilio* (école de Virgile). Pline, en parlant de cette maison de campagne, s'exprime ainsi :

Pausilippum villa est Campaniæ haud procul Neapoli.

Un peu plus loin on voit à fleur d'eau les ruines de la villa de Vedius Pollion, ce riche affranchi d'Auguste, où on conservait dans des immenses viviers, ces vieilles et énormes murènes, que ce Romain faisait nourrir de chair humaine, et où au rapport de Tacite et de Dion Cassius, pour des fautes souvent légères, il faisait jeter ses esclaves pieds et poings liés, pour servir de pâture à ces animaux voraces (1). Sénèque confirme aussi le fait :

Augustus cum cœnaret apud Vedium Pollionem, fregerat unus ex servis ejus cristallinum, rapi eum Vedium jussit, nec vulgari quidem periturum morte : murænis objici jubebatur quas ingentes in piscinas continebat ; (*De ira*, liv. 3, ch. 40),

Un jour qu'Auguste soupait chez Vedius Pollion, un esclave de celui-ci brisa un vase de cristal, de suite il le fit saisir, et le condamna à une mort assez extraordinaire : c'était d'être dévoré par d'énormes murènes qu'il nourrissait dans des viviers.

Ces viviers peuvent avoir 50 pieds de longueur, sur 18 de large et 24 de profondeur, ils existent aujourd'hui encore tout entiers.

---

(1) La murène est un poisson qui était fort estimé des Romains. Les grands seigneurs en avaient dans leurs viviers qui devenaient si privées, qu'elles mangeaient dans la main. Les auteurs anciens disent que les pêcheurs attiraient la murène en sifflant, que Crassus avait apprivoisé un de ces poissons qui venait à lui quand il l'appelait, et qu'il avait conçu pour cet animal un attachement si fort, que lorsqu'elle mourut, ce célèbre orateur en prit le deuil.

On trouve ce poisson dans certaines rivières, mais il s'en pêche de prodigieuses, dans la mer, particulièrement sur les côtes de Sicile : ainsi que le dit Martial.

Quæ natat in siculo grandis murena profundo. Liv. 13, ép. 86.

La murène d'une grandeur démesurée qui nage dans les mers profondes de la Sicile.

Les Italiens l'appellent *morena* ; sa longueur est de plus de trois pieds, et sa forme approche beaucoup de l'anguille, mais elle a le corps plus large, le museau plus allongé, l'ouverture de sa gueule est plus grande. Sa chair est blanche, grasse, tendre, d'assez bon goût, et nourrissante comme celle de l'anguille.

Les pêcheurs craignent la morsure de la murène parce qu'elle est venimeuse et dangereuse. (*V. de Bomarre.*)

Mazzocchi, écrivain napolitain, prétend que c'est Pollion qui donna à la villa qu'il avait sur cette colline, le nom de Pausilippe, mot de deux racines grecques qui signifient délassement, par allusion aux charmes et aux délices qu'il y goûtait, et qu'ensuite ce nom resta à cette montagne dont le site est enchanteur.

Le napolitain Sannazar, si connu par ses poésies latines, y avait une maison de campagne, au lieu même où l'on voit aujourd'hui l'église des servites du nom de *Santa Maria del Parto* : (Sainte-Marie de l'Enfantement), et où est le tombeau de ce poète, qui en fut le fondateur : *In templo Cenotaphium ipsius est :* dit Henric. à Pflauermen dans son *Iter Neap.*

Il trouvait cette situation si belle, que tout le monde connait l'éloge qu'il en faisait, en la comparant à un morceau du ciel tombé sur la terre lorsqu'il disait :

È un pezzo del cielo caduto in terra.

TOMBEAU DE VIRGILE.

—

Sur le mont Pausilippe, à côté de la grotte, en venant de Naples, on voit l'entrée du terrain où repose la tombe solitaire de Virgile. Pétrarque, dans son *Itinéraire de la Palestine*, désigne ce lieu ainsi :

Sub finem fusci tramitis, ubi primò videri cœlum incipit, in aggere edito ipsius Virgilii busta visuntur pervetusti operis etc.

A l'extrémité d'un passage obscur où l'on commence à voir le ciel, on aperçoit dans un champ élevé le tombeau antique de Virgile, etc.

Cette vigne appartient à une maison de plaisance.

Les restes de ce monument sépulcral, dernier asile du prince des poètes latins, sont situés dans un lieu très agreste, et ne présentent plus rien de durable que l'immortalité attachée au nom de ce poète célèbre. L'accès en est tellement difficile et resserré, qu'il n'est guère possible d'en soupçonner l'existence avant d'y entrer.

C'était jadis une espèce de bâtisse carrée, en forme de colonne tronquée et ouverte sur les côtés, couverte de ruines et d'herbes sauvages, dans l'intérieur de laquelle reposaient dans une urne cinéraire en marbre, les cendres de ce chantre sublime. Cette urne était au milieu d'un *colombarium* de construction réticulaire, ayant neuf pieds et demi de hauteur et quinze pieds et demi sur chaque face du carré, qui ne recevait qu'un peu de lumière par deux soupiraux ménagés à droite et à gauche de la porte.

Cette urne était placée sur un piédestal, entouré de neuf petites colonnes :

In illo novem columnas, *dit Capparius*, suprà quas urnam cineres Virgilii servantem cum epitaphio.

C'est sur l'urne qu'on lisait cette épitaphe si simple, qu'il avait faite lui-même, lorsqu'il se vit à toute extrémité :

Hos versus ipsum poetam morientem dictasse, idt. D. Hiéron. *In Eusebio chron.* liv. 2.

Mantua me genuit, Calabri rapuere.
Tenet nunc Parthenope, cecini pascua, rura, duces.

En voici la versification française :

« C'est Mantoue qui m'a vu naître,
« En Calabre j'ai cessé d'être,
« Mais ici Parthénope a conservé mes os,
« J'ai chanté les bergers, les champs et les héros.

La forme du tombeau de Virgile ne gît plus que dans l'imagination de chaque voyageur, qui la construit à son idée.

Le laurier qui était au-dessus de cette tombe, sur l'origine duquel il y a eu tant de versions, et dont il était fait mention dans l'inscription que le vice-roi d'Aragon avait ajouté à ce monument sépulcral, cet arbre même n'existe plus.

GROTTE DU CHIEN.

Nous nous dirigeâmes ensuite par le village de *Fuori Grotta*, qui est à l'issue du passage du Pausilippe, vers le lac Agnano, auprès duquel est la grotte du Chien.

Après avoir dépassé cette espèce de faubourg, on se trouve dans une campagne fertile, plantée d'arbres, que la vigne entrelace, selon la coutume du pays. On quitte la grande route de Pouzzoles, et on prend à droite un chemin, qui est l'ancienne *Via Antiniana.*

Après une demi-heure de marche au plus, on arrive à la *grotta del cane*, qui est au pied de la colline, au sud-est du lac Agnano.

On monte à la porte de la grotte par quelques marches; le gardien chargé de montrer aux étrangers l'expérience du chien, nous ouvrit la porte, et nous dit qu'il allait le chercher. Comme chacun de nous connaissait l'effet de la fatale vapeur sur le malheureux animal, après qu'il l'eut couché à terre, et que nous vîmes que dans quelques minutes il eut perdu tout mouvement, nous lui fîmes donner la liberté. Le cicérone le mit hors de la grotte et l'air lui rendit ses forces, après quoi il alla le plonger dans le lac.

Il est donc constant que depuis l'existence de cette grotte, cette expérience est connue, et usitée journellement, puisqu'on lit dans l'*Iter neap.* d'Henricus à Pflaumern :

E quotidianis experimentis constat, immissi quae in intimam scrobem canes ubi pestiferum halitum acceperint velut vertigine obruuntur, adeòque omnes sensus cessant, ut mortui videantur. Remedium in propinquo est: extracti et in stagno immersi protinùs vitam, quam videbantur amisisse, recipiunt.

Il est reconnu d'après l'expérience qu'on en a fait tous les jours, que les chiens que l'on introduit dans la grotte, aussitôt après avoir ressenti ce souffle empesté, sont attaqués de vertige, et cessent de respirer, au point qu'ils semblent morts. Mais le remède n'est pas éloigné: après avoir été plongés dans le lac voisin, ils recouvrent la vie qu'ils paraissaient avoir perdue.

La vapeur volcanique qui produit cette cause est légère, d'une couleur bleuâtre, semblable à la vapeur du charbon. On la voit s'élever du sol à sept ou huit pouces de hauteur : elle est humide, car le terrain est constamment mouillé. Cet effet surprenant procède des esprits arsenicaux qui s'exhalent de la terre, et que les Italiens appellent *mofetes*.

Le cicérone de la grotte nous dit que les autres animaux éprouvaient le même effet, et particulièrement les volatiles; mais que sur l'homme cette vapeur n'en produisait d'autre que celui de ressentir une odeur de terre dans un petit espace fermé où règne sans cesse la chaleur, à l'instar d'une étuve; quoique, d'après certaine tradition locale, on dise que deux esclaves qu'y avait fait enfermer le vice-roi de Tolède, y soient morts, ce qui serait assez analogue au récit de Simon Maïol, évêque d'Ast, que l'on trouve dans

Henricus à Pflaumern. Voici seulement la phrase relative au fait dont il s'agit ici :

At si quis in extremam usque partem progrediatur, tam homini quam animantibus quibuscumque mortifera exhalatio est, adeò ut exanimet, hominem precipuè.

Mais si quelqu'un entre au fond de la grotte, soit homme, soit animal, à qui cette exhalaison est mortelle, de suite il est privé de la vie, l'homme principalement.

Voilà pourtant, à n'en pas douter, encore une de ces vieilles erreurs semblable à celle des Marais-Pontins, qui, heureusement, ont été redressées par l'expérience qu'on en fait tous les jours.

Cette grotte ne paraît être autre chose qu'une excavation faite dans le tuf pour en extraire de la pouzzolane. Ses parois sont de terre volcanique. Elle peut avoir dix à douze pieds de profondeur, neuf à dix de hauteur, sur cinq de largeur. Elle porte ce nom aujourd'hui, parce qu'on a choisi un chien pour faire connaître l'effet de la vapeur empoisonnée qui s'en exhale; son premier nom était celui de *speco Caronio* (antre de Caron).

Pline nous dit de cette grotte :

Alii spiracula appellabant, alii charoneas scrobes mortiferum spiritum exhalantes, liv. 2, chap. 93.

Les uns ont donné le nom de soupiraux à ces fosses qui exhalent ces souffles mortels : d'autres les ont appelées les bouches charonnées (*bouches de Caron*.)

ÉTUVES DE SAINT-GERMAIN.

Entre le midi et l'orient du lac Agnano, on trouve, à cent pas de la grotte, les étuves de Saint-Germain (*i Sudatori di San Germano*). Ce sont huit petites chambres réunies dans une voûte, dont la plus haute chaleur s'élève, selon Condamine, à trente-neuf ou quarante degrés de Réaumur. Elles exhalent une vapeur de gaz hydrogène sulfurée, salutaire aux personnes que l'on y envoie pour les maladies de nerfs, ou dans celles occasionnées par la suppression de la transpiration, et pour la cure des ulcères intérieures.

Les corps les plus extenués y reprennent, dit-on, de nouvelles forces. Elles ont conservé le nom de Saint-Germain, évêque de Capoue qui en fut le fondateur.

LAC AGNANO.

En sortant de la grotte du Chien, nous descendîmes au lac Agnano, qui est environ à quinze ou vingt pas de la grotte.

L'origine de ce lac n'est pas très reculée, il faut croire,

puisque les anciens auteurs n'en font point mention. Sa conformation et les collines qui l'environnent, comme le dit Henric. à Pflaumern :

A sinistris Agnanum stagnum collibus circumcinctum.

prouvent que c'est un cratère éteint, qui a donné naissance à ce lac volcanique, dans lequel existe encore l'action d'un feu souterrain que confirme le bouillonnement des eaux, quand elles sont très hautes ; il provient des exhalaisons gazeuses qui se font jour à la surface du lac.

Le récit que Fabricius fait de ce lac, dans son *Iter Romanum*, ne s'accorde pas exactement avec ce que j'ai vu, excepté la quantité de grenouilles que l'on y voit sur les bords, comme on en voit ordinairement sur les bords des marais.

« Mox Agnana palus orbata que piscibus unda
« Turpis hirundineis que glomis, rana que loquace
« Atque obsessa malis ripa omnis aditur ab hydris.

Le lac Agnano, dont les eaux dépeuplées de poissons, sont couvertes d'innombrables vols d'hirondelles, et dont on voit les bords infestés de serpens d'eau et de grenouilles. (*Iter Neap.*)

Notre cicérone nous dit qu'en le parcourant avec une barque, on voit dans le fond, presqu'au milieu du lac, des ruines d'anciens édifices d'une ville qui existait à la même place, et qu'un tremblement de terre aurait engloutie. Cette version populaire est combattue par Mazzochi, qui prétend que les ruines que l'on peut y apercevoir, appartenaient à une maison de campagne de Lucullus, qui en avait trois dans cette contrée, une à Baïes, une sur le Pausilippe, et la troisième, où mourut Tibère, sur le cap Misène, et dont parle Tacite (*de Tiberio*) :

Mutatis sæpiùs locis tandem ad promontorium Miseni consedit, in villa cui L. Lucullus quondàm dominus.

Après avoir si souvent changé de demeures (parlant de Tibère), il vint se fixer sur le cap de Misène, dans la villa de L. Lucullus. qui l'avait fait construire :

comme le dit Phèdre, liv. 2, fab. 36.

> Quæ monte summo positæ luculli manu
> Prospectat siculum et prospicit tuscum mare.

Cette maison de plaisance bâtie par Lucullus sur le sommet de la montagne, a la vue sur la mer de Sicile et de Toscane.

Selon Mazzochi, cette villa fut détruite par le tremblement de terre arrivé, vers la fin du IXe siècle. Cette villa fut remplacée, dit-il, par ce lac, qui prit le nom d'*Anglano*, dont on a fait par corruption *Agnano*, parce qu'on le considérait comme le réceptacle des eaux qui s'écoulaient des hauteurs qui l'environnent.

Le bassin du lac *Agnano* est de forme circulaire, se prolongeant un peu au sud-ouest, et peut avoir une demi-lieue ou environ deux milles de circonférence. On dit que les eaux, qui sont douces à la surface, sont salées dans le fond. Les exhalaisons qui s'en évaporent, ainsi que de ses alentours, et le lin qu'on y fait rouir dans la saison, en rendent le voisinage très malsain.

L'époque où je devais quitter Naples, dont le séjour eut pour moi tant de charmes, s'approchait, et je fis mes dispositions de départ. J'allai au bureau des paquebots, pour arrêter mon passage pour Marseille, j'en payai le prix, qui était alors de cent quarante francs pour la première place, et je fus informé que le départ était fixé à deux jours après. Je ne voulus pas quitter cette capitale sans emporter un échantillon de ses productions et de son industrie.

J'achetai des ouvrages du Vésuve, que je joignis à ma petite collection de marbres que j'avais faite à Rome, et aux laves que je ramassai sur le Vésuve. J'employai à cet achat ce qui me restait en monnaie du pays. Il faut à cet égard que je signale ici un petit désagrément que l'on éprouve en Italie, en voyageant d'un royaume à un autre. Les monnaies de chaque souverain n'ont de valeur que dans leur pays, hors les piastres fortes d'Espagne, qu'on appelle écus romains, et qui ont cours partout; mais les carlins, les grains et les tornesi de Naples n'ont point cours à Rome, et *vice versà*, les paoli et les baïoques romains n'ont aucune valeur à Naples. Il faut, en conséquence, faire en sorte de ne point garder de monnaie du pays que l'on quitte, ce qui est assez gênant pour le voyageur.

Le samedi désigné pour partir, étant arrivé, je quittai Naples plein de ses sublimes impressions. Le bateau à vapeur *la Méditerranée*, leva l'ancre à une heure après-midi; la journée était magnifique, le nombre des passagers de tout sexe assez nombreux, et nous voguâmes vers Civita-Vecchia, première relâche que nous devions faire.

Un sentiment pénible et mélancolique s'était emparé de moi. Je voyais fuir à regret derrière nous cette terre classique de l'antiquité, dont la connaissance avait été le plus ardent de mes desirs, et dont les souvenirs feront la jouissance du reste de mes jours.

Provehimur portu, terræ que urbes recedunt.

Nous quittons le port, et bientôt nous voyons disparaître le rivage. Virg. En. liv. 3.

La nuit fut aussi belle que l'avait été la journée. Je descendis pour me livrer au sommeil dans la chambre où était mon lit; mais n'étant séparé de la pompe à feu que par une cloison très épaisse, il est vrai, la chaleur d'un foyer aussi ardent m'incommoda au point que je vins me coucher sur le tillac, enveloppé dans mon manteau, et je respirai toute la nuit un frais délicieux.

Nous marchions avec une vitesse extrême au milieu d'une succession de sillons que fendait la quille du navire, et qui faisait rejaillir des étincelles de feu, dont la proue paraissait embrasée.

. . . . . . Impulerat levis aura ratem.

Une brise légère poussait notre navire. Ovid. *Met.* liv. 15, ch. 14.

Notre trajet fut si prompt, que le lendemain, jour dominical, nous arrivâmes à Civita-Vecchia, à dix heures du matin, à l'issue d'un déjeûner copieux que nous fîmes à bord du bateau à vapeur, et dont le prix était fixé à trois francs par tête, excellente table d'hôte, fraîchement approvisionnée, où nous fûmes aussi bien servis que nous l'eussions été à terre chez un restaurateur; rien d'étonnant à cela, l'administration de cette entreprise était française, et le service du paquebot était fait aussi par des Français.

J'étais bien aise de connaître Civita-Vecchia, et de la parcourir; je me joignis à plusieurs voyageurs aussi desireux que moi. Nous demandâmes au capitaine combien de temps nous pouvions rester en ville, il nous répondit que le départ du paquebot était fixé à six heures du soir. L'embarcation nous mit à terre, et comme c'était un dimanche à l'heure de l'office, et que la majeure partie des habitans était aux églises, cette cité nous parut triste et déserte. Nous nous rendions sur la grand'place, lorsqu'une procession, où assistaient nombre de fidèles, se trouva sur notre passage; nous entrâmes dans un café, où nous conduisit le cicérone que nous avions pris en débarquant, pour prendre des glaces; on nous répondit qu'il n'y en aurait qu'après l'office du soir, et on nous offrit de la bière pour apaiser notre soif.

Jaloux de connaître le beaux sexe de Civita-Vecchia, nous voulûmes, en attendant l'issue de la messe, jouer aux dominos; on nous dit que durant l'office tous les jeux étaient défendus. Nous reconnûmes à ces mots l'influence du saint-siège, et nous nous décidâmes à entrer dans l'église, qui se trouvait précisément en face du café; mais l'affluence était si grande que nous ne pûmes y pénétrer, inconvénient que l'on ne rencontre pas dans les églises de Rome. Alors nous nous disposâmes à parcourir la ville, dont je ne donnerai que quelques détails.

CIVITA-VECCHIA.

Civita-Vecchia, ville maritime, est le seul port que le pape possède dans la Méditerranée.

C'est l'ancienne *Centumcelle*, bâtie par Trajan. Les Romains lui donnèrent ce nom-là à cause des cent arcs ou cales qui étaient dans son port, pour abriter les navires :

Multi, portum atque urbem esse, ubi centum cellæ olim fuerint, scribunt, ubi civitas vetus est, nota nautis ac frequentata portus gratia. (Henric. à Pflaumern.)

Plusieurs écrivains rapportent, que là où est la ville et le port de Civita-Vecchia, connu et fréquenté volontiers par les marins, étaient autrefois les centumcellæ des Romains, qui y avaient aussi un port et une ville.

Elle est située à soixante-six lieues de Naples, et à quinze au nord-ouest de Rome. Après le sac qu'en firent les Sarrasins, en 854 de l'ère chrétienne, Léon IV la fit rebâtir dans une position plus sûre, l'agrandit, et lui donna le nom de *Vecchia* (Vieille), qu'elle porte encore.

Elle est protégée par une forteresse et des bastions, qui bordent la mer, sous le canon desquels nous passâmes en arrivant au port, qui n'est pas grand, mais dont l'entrée serait assez difficile, si elle était défendue.

La ville est entourée d'une espèce de rempart en pierres travertines ; ses maisons sont bien bâties, sa population, selon Maltebrun, s'élève à douze mille habitans. Elle possède des fabriques de cuirs, de toiles et d'alun, qui jouit d'une certaine réputation sous la dénomination d'*alun de Rome*.

La principale branche de son commerce consiste dans le blé.

C'est la résidence d'un consul français, quoique l'air ne passe pas pour y être très salutaire.

L'heure fixée pour le départ approchant, nous nous rendîmes à bord de notre paquebot, après avoir parcouru la ville. Nous trouvâmes le nombre des passagers augmenté de plusieurs voyageurs, entre autres un père capucin, Français d'origine, qui, après avoir passé vingt ans dans les couvens, en Italie, venait en France rejoindre, à Nancy, sa ville natale, une vieille sœur veuve, qui le rappelait auprès d'elle.

Ce père, d'un âge peu avancé, était d'une humeur joviale; je liai conversation avec lui, et dans le nombre d'anecdotes monacales qu'il me raconta, il m'en cita une d'un brigand italien, nommé Gasparini, célèbre par ses assassinats. Ce chef de bande est aujourd'hui enfermé dans le château-fort de Civita-Vecchia; nous voulions, lorsque nous visitâmes cette ville, aller le voir ; mais n'étant pas munis d'une permission du gouverneur, la chose nous fut impossible.

Je joins ici le récit épisodique du révérend père, qui fera connaître la férocité de ces brigands de profession, Italiens.

Ce Gasparini, dont il s'agit, est sujet des états Romains et déserteur des troupes napolitaines. Il est de petite stature, mais fort, et d'un physique qui ne dément pas sa profession. Il était chef de bande, et, fatigué sans doute de son métier, qui devait lui faire appréhender un supplice qu'il ne pouvait éviter un jour, il fit proposer au gouvernement du saint-père, de se constituer prisonnier, et de livrer ses complices, si on lui accordait sa grâce. Sa proposition fut acceptée, et sur la foi du pape, il livra ses compagnons, et se rendit en prison. La vie lui fut accordée, moyennant une réclusion à perpétuité dans la citadelle de Civita-Vecchia, en expiation de ses forfaits.

Il fondit un jour avec sa bande sur une ferme, où on célébrait une noce; après avoir fait main-basse sur une partie des convives, il enleva la fiancée, et la transporta dans les montagnes qui lui servaient de repaire. Le lendemain, il envoya à la ferme un émissaire demander au futur et aux parens de la jeune fille, deux mille écus romains pour sa rançon. Le malheureux jeune homme et la famille éplorée n'eurent rien de plus empressé que de chercher à se procurer cette somme; après bien des efforts, ils ne purent réunir que la moitié de la rançon. De suite le jeune époux envoya un garçon de ferme à l'endroit désigné pour apporter l'argent, dire à Gasparini que toutes leurs recherches n'avaient pu lui procurer que la moitié de la somme demandée, et il implora sa pitié pour un maître peu fortuné et réduit au désespoir. Celui-ci, l'ayant écouté d'un grand sang-froid, lui dit après un moment de réflexion : Ton maître n'a donc trouvé que mille écus pour avoir son épouse? Eh bien, suis-moi, je vais te la rendre. Arrivés au lieu où était la malheureuse victime : La voilà, lui dit-il, rapporte-la lui; et tirant son poignard en disant ces mots, il le lui plongea dans le sein, l'infortunée tombe baignée dans son sang, et expire à leurs yeux.

Voilà un trait de ce Gasparini, qu'on a voulu nous représenter dans un ouvrage joué à l'Opéra-comique, quelque temps après mon retour d'Italie. Cet opéra n'eut qu'une couple de représentations, autant que je me le rappelle. Les auteurs avaient fait de ce brigand un personnage à grands sentimens, du meilleur ton, chantant des romances, et comme un second Fra Diavolo, faisant sa cour aux belles. Tant il est vrai qu'au théâtre, il est facile de déguiser la vérité.

Le révérend père me dit qu'il avait été, par curiosité, voir cet homme dans sa prison, qu'il lui avoua avoir de sa main donné la mort à plus de cent personnes de tout sexe et de tout âge, et, qu'assisté de sa bande, le nombre de ses assassinats, dépassait cent cinquante. Prenant ensuite un air lâche et piteux : Vous, qui approchez le saint-père, lui dit-il, priez-le de m'accorder la liberté, je la payerai au prix de tout l'or que j'ai caché dans les montagnes. — Si j'avais le moindre crédit auprès de sa sainteté, lui répliqua le révérend, je le supplierais de faire pendre sur-le-champ un scélérat de ton espèce ; et il lui tourna le dos.

A peine fûmes-nous hors du port de Civita-Vecchia, que nous vîmes derrière nous l'orage éclater sur la ville, la foudre se fit entendre au loin, mais nous voguions rapidement et nous fûmes bientôt hors de son atteinte. Le restant de la soirée fut beau ; je passai de nouveau la nuit sur le pont. Sur les neuf heures du matin, on nous servit un déjeûner qui ne le cédait en rien à celui de la veille pour la bonne chère ; j'en fis l'offre au révérend père qui y fit honneur, et qui me disait, en mangeant de bon appétit, que ce n'était pas là l'ordinaire de son ordre.

Nous nous approchions de Livourne, notre seconde station ; à onze heures et demie, nous abordâmes dans la rade, où étaient à l'ancre plusieurs navires et quelques frégates françaises.

Le bateau de la Santé, vint parlementer avec notre paquebot, après quoi la petite embarcation nous conduisit au bureau de la santé, où chacun de nous donna son nom et le lieu de sa destination.

Avant de quitter le bateau à vapeur, nous nous informâmes de rechef au capitaine, à quelle heure nous devions être de retour à bord, il nous répondit qu'il avait reçu à Naples de nouvelles instructions, relativement à son itinéraire, qui ordinairement était composé de trois relâches, dont la première à Civita-Vecchia, la seconde à Livourne, et la troisième à Gênes; mais que depuis que le choléra faisait des ravages à Marseille, on ne ferait plus que les deux stations de Civita-Vecchia et de Livourne; que les passagers qui arrivaient de France et étaient destinés pour Naples, purgeaient leur quarantaine à Livourne, et qu'il nous engageait, d'après ce nouvel ordre de choses, à être de retour à six heures au plus tard, pour faire transporter nos effets à bord du paquebot *l'Océan*, qui devait nous conduire directement à Marseille sans toucher à Gênes.

D'après cette instruction, nous mîmes à profit les heures que l'on nous accorda pour rester en ville. Nous allâmes de suite faire viser nos passeports, et payer le tribut d'usage. Ensuite nous visitâmes Livourne, où nous fûmes assez bien traités au dîner.

LIVOURNE.

N'étant resté qu'une journée pour ainsi dire à Livourne, je ne parlerai que de ce que j'ai vu et m'abstiendrai envers cette ville de tout longs détails, tant sur ce qu'elle fut que ce qu'elle est aujourd'hui; je ferai seulement part au lecteur de quelques notions peu connues dans les itinéraires d'Italie, que j'ai recueillies dans l'histoire ancienne de cette ville par Targioni, dans *Magri* et dans *Zosime*.

Ce dernier dit que dans les premiers temps de Livourne, Ferdinand de Médicis, prince d'Étrurie, fit construire cette ville, qui n'était qu'un bourg marécageux, ignoble et malsain, à cause des marais voisins. Il l'entoura de murailles, y fit construire une citadelle, un port commode, et y attira par ses soins tous les commerçans de l'Italie. Voici ce qu'il dit, lib. 5.

Ceterùm portum nuper minùs frequentem Ferdinandus Medicæus Etruriæ princeps, munimentis circumclusit, et ipsis imposita arx valida, adjectumque imperium nautarum commodo. . . . .
Anteà infrequens locus et vicus ignobilis erat damnatus gravitate aëris, quem propinquæ paludes pestilentem expirabant.

Depuis, cette ville a subi des changemens et a eu des embellissemens, que le grand-duc Côme Ier, François Ier, son fils, et Ferdinand Ier, frère de ce dernier, y ont fait faire à différentes époques; de manière que Livourne est aujourd'hui une très jolie ville maritime, sur les côtes de la Toscane, à soixante lieues nord-ouest de Rome; très vivante et très peuplée, pour son étendue, qui n'a que deux milles de circuit.

Les maisons y sont bien bâties, les rues sont bien percées, et bien pavées, surtout la *Strada Ferdinando*. Cette rue traverse la ville depuis la porte de Pise jusqu'au port, en passant par la grand'place. Elle est ornée de riches magasins. C'est le quartier le plus marchand et le plus beau de Livourne.

La place est carrée et bordée de jolis édifices, parmi lesquels on remarque le palais ducal (*palazzo del Principe*), le palais Public (*palazzo del Commune*), et la cathédrale (*il duomo*), dont la voûte intérieure est fort belle.

Le premier monument remarquable qui s'offrit à nos yeux, en sortant du bureau sanitaire pour entrer en ville, fut un beau groupe en bronze qui est surmonté de la statue de Ferdinand Ier. Il est debout sur un piédestal, ayant une main appuyée sur le côté, et tenant de l'autre un bâton de maréchal.

Aux angles du piédestal, on voit quatre esclaves enchaînés, de différens âges, et en bronze.

Ce monument fut érigé par Côme II, à Ferdinand, son père, en mémoire de la victoire que les galères toscanes remportèrent sur les pirates d'Afrique. Il est situé sur un petit emplacement, au pied du rempart qui tient à la porte *Colonella*, par où nous entrâmes en ville, et le bassin de *la Bocca*.

Le port de Livourne est un des plus vastes et des plus fréquentés de la Méditerranée, et peut contenir de gros navires marchands, mais les vaisseaux de haut bord mouillent dans la rade, qui est très vaste. Ce port est défendu par deux forts et un môle, qui s'avance à un mille et demi en mer, et qui est très bien fortifié.

Du côté opposé, la ville est protégée par une citadelle.

Ad amplitudinem eam frequentiam que perductus portus est, optimi principis studio at nautæ mercatores que nulli ex omnibus, qui per Italiæ littora sunt, cum posthabeant Zosime, lib. 5, histor.

Par les soins de son prince, ce port, qui est vaste, est tellement fréquenté, que tous les navigateurs marchands qui habitent le littoral de l'Italie, le préfèrent à tous les autres ports.

L'intérêt du commerce a fait accorder à cette ville la liberté du négoce à toutes les nations; cet avantage a attiré à Livourne un grand nombre de familles européennes et asiatiques, principalement juives, qui en augmentent la population, et y font fleurir le commerce et l'abondance. Elle est l'entrepôt général des nations et celui des marchandises du Levant, qui était jadis à Marseille. Ces exportations de l'Orient consistent en drogueries, cotons filés, cotons en laines, café que l'on tire d'Alexandrie, coraux, draps, huiles, essences et autres productions de l'Italie et de l'étranger. Elle est aussi un grand dépôt de marchandises anglaises et suisses.

Son commerce est un des plus riches et des plus étendus des ports de la Méditerranée et des villes d'Italie. Livourne reçoit des navires de toutes les nations du globe, avec qui elle est en relation d'affaires commerciales.

En entrant dans la ville, l'étranger s'aperçoit de suite d'une grande activité dans sa population, qui approche soixante mille âmes. Dans ce nombre on compte quinze mille juifs, presque tous adonnés au négoce et tous riches, possédant une des plus belles synagogues qu'il y ait en Europe.

Le beau sexe de Livourne m'a paru ne le céder en rien au reste de l'Italie, si je dois en juger par la quantité de jolies personnes que j'ai vues dans les magasins de commerce, et parmi ces jeunes Toscanes, marchandes de bouquets étalés sur la grand'place. Ces jeunes filles sont parées d'un grand chapeau de paille noir, garni d'un tour de plumes de la même couleur, qui leur sied à ravir et leur donne un air très élégant.

Le train de cette ville, qui se rapproche beaucoup de celui de Naples, eût été fort de mon goût; aussi les heures s'écoulèrent-elles comme des minutes.

Livourne, jouissant de la franchise du port, offre de grandes ressources relativement à la modicité du prix de toute espèce de marchandises, et chacun de nos voyageurs en profita pour emporter sa petite pacotille.

L'instant du départ arriva sans nous en apercevoir, nous nous disposâmes à rejoindre notre nouveau navire, et j'avoue que je quittai cette ville avec regret.

Depuis le moment où le paquebot sortit du port, jusqu'à notre arrivée à Marseille, il ne survint rien qui fut digne de récit. Nous passâmes devant les villes de Gênes et de Nice, que nous observâmes de loin; la traversée fut belle, et le surlendemain de notre départ de Livourne, qui était le quatrième jour de notre voyage, nous arrivâmes à Marseille, à sept heures du matin.

Notre nouveau capitaine, qui en était parti depuis deux jours seulement, nous avait dit que le choléra y faisait des ravages. Nous fûmes conduits à la douane, pour la visite de nos malles ; nous apprîmes que le nombre des décès de la veille s'élevait à cent cinquante, sans compter ceux des hôpitaux civils et militaires.

A cette nouvelle, je me hâtai d'aller au bureau de la diligence pour arrêter une place pour Paris ; quel fut mon étonnement! en traversant cette ville, dont la population dépasse cent cinquante mille âmes, de la voir dans le deuil et entièrement déserte, je ne pus trouver de place dans aucune voiture, je fus donc forcé de rester à Marseille et d'attendre l'instant favorable pour mon départ.

Le nombre des cholériques augmentait chaque jour, et j'avoue que j'eusse désiré pouvoir m'éloigner. Mon séjour dans cette ville abandonnée fut assez triste, mais voyageant en observateur, je ne garderai pas le silence sur quelques circonstances qui se sont passées sous mes yeux, parce qu'elles sont assez remarquables.

Le choléra moissonnait cette malheureuse population d'une manière si affreuse, que les décès s'étaient élevés à plus de trois cents par jour, au point que l'on n'en connut plus le nombre. Tout ce qui avait pu fuir avait quitté la ville, et la majeure partie s'était répandue dans les campagnes environnantes, où le fléau ne tarda pas à se propager et à faire des ravages.

Le peuple de Marseille est superstitieux de sa nature, tant par sa position prochaine de l'Italie, que par le mélange d'une population circonvoisine; il est surtout fort peu hospitalier, peu porté pour les innovations, tendant même à son amélioration; son immense distance de la capitale est un grand obstacle aux progrès de sa civilisation. Les mœurs y sont encore rudes. Les jeunes filles y sont très jolies, leur mise est assez élégante, un seul point seulement a choqué mes yeux et dépare leur ajustement : j'ai vu avec peine l'usage qu'elles ont paru avoir adopté, de porter des bas noirs dans la saison d'été, sous un ciel aussi pur et avec un pavé constamment sec, par la disette d'eau très ordinaire en ce pays; mais je m'abstiendrai à ce sujet de toutes réflexions défavorables.

Le sacerdoce, à Marseille, est en grand crédit, et y exerce même beaucoup d'influence, comme on a pu le voir dans les troubles, qui, sous le règne de Charles X, agitèrent ce pays relativement à quelques cérémonies extérieures du culte religieux, dont l'exereice n'est plus dans nos lois, mais que les autorités locales toléraient pour favoriser le commerce intérieur de la ville.

Il existe sur une hauteur, qui domine cette cité, une chapelle dédiée à la Vierge, que l'on nomme vulgairement dans le pays la Bonne-Mère, et qui y est en grande dévotion.

Pour apaiser le fléau dévastateur, à l'instar de la statue de saint Janvier, que l'on a placée sur le pont de la Madeleine à Naples, pour arrêter les éruptions du Vésuve, on promena processionnellement par la ville l'image de cette madone, pour arrêter les progrès du choléra, et les prêtres, qui ne séparent jamais leurs intérêts de ceux du ciel, ne négligèrent pas de profiter d'une si grave circonstance, pour recueillir les nombreuses aumônes de ce peuple iconolâtre, qui s'était dévoué à la maladie.

Le fléau, insensible à la ferveur populaire, et à ses largesses en faveur de la madone, continuait ses ravages; l'épouvante et la démoralisation étaient à leur comble, tant par l'intensité du mal que par le défaut de cercueils et de bras suffisans pour enlever les morts, que j'ai vus entassés dans des tombereaux, dans un état de misère et de nudité à faire reculer et à frapper le cerveau le plus aguerri. On aurait pu sagement prévenir ces tableaux hideux, en faisant fabriquer des cercueils, pour faciliter aux malheureux habitans qui n'avaient pu s'enfuir, les moyens d'ensevelir les déplorables victimes de leurs familles; il eût été à désirer pour le bien de tous, que les autorités locales n'eussent pas négligé ce besoin indispensable, lorsqu'elles firent établir dans divers quartiers des ambulances, où les malades trouvèrent tous les secours nécessaires, et des médecins, dont on ne put trop louer le dévoûment et le zèle.

Enfin, après douze jours d'attente, je trouvai l'occasion de partir pour Avignon, ville située à vingt-cinq lieues de Marseille, mon frère habitant cette dernière ville, désirant aussi s'éloigner, voulut partir avec moi. Nous quittâmes ce pays en proie à la violence de ce mal, malgré toutes les processions que l'on faisait chaque jour, et nous prîmes la route d'Avignon, où s'était réfugiée de tous côtés une quantité de fuyards que chassait la maladie.

Nous y rencontrâmes le même obstacle qu'à Marseille pour la diligence; étant un peu éloignés du foyer de l'épidémie, nous nous résignâmes à attendre le passage du bateau à vapeur, qui remonte le Rhône d'Arles à Lyon, lorsque le surlendemain de notre arrivée, mon frère, frappé de ces scènes d'horreur, dont il avait emporté l'image, et accablé de douleur d'avoir laissé une vieille mère et une sœur en proie au choléra, se met au lit, et succombe douze heures après à la maladie.

Sa mort répandit l'effroi dans Avignon; où s'étaient déjà déclarés plusieurs cas de Choléra, parmi les émigrés qui s'y étaient réfugiés. Loin de trouver quelque consolation après une si fâcheuse catastrophe, j'éprouvai une avanie de la part de notre hôte, qui exigea de moi une assez forte somme en dédommagement, disait-il, du préjudice que portait à son établissement le genre de mort de mon frère. Je voulais adresser mes plaintes à l'autorité du lieu, mais de sages conseils m'en détournèrent; alors, sans plus chercher à approfondir jusqu'à quel point étaient fondées les réclamations exorbitantes de mon hôte, je réfléchis prudemment que je me trouvais dans le pays où l'infortuné maréchal Brune avait si déplorablement terminé sa carrière, et voyant que cet homme voulait profiter de ma position fâcheuse, je me résignai sagement à payer la somme demandée.

Le lendemain je trouvai une occasion favorable pour partir, j'en profitai sur-le-champ.

Le temps d'arriver à Paris me pressant, je ne séjournai pas à Lyon, et deux jours après, arrivé au terme de mon voyage, je rentrai dans notre Babylone moderne.

AUTEURS ANCIENS ET MODERNES

CITÉS ET CONSULTÉS POUR CET OUVRAGE.

Aulugelle.
Appianus.
Albertin.
Ammien Marcelin.
Asconius.
Boissard.
Buffon.
Baccius.
Baronius *in martyrolog.*
Cicéron.
Cassiodore.
Capaccius.
Cicarella.
Chroniques napolitaines.
Claudien.
Dion Cassius.
Denys d'Halicarnasse.
Diodore de Sicile.
Daniel.
Eutrope.
Euthaste.
Festus.
Frontin.
Florus.
Fabricius.
Gallien (Claude).
Horace.
Hérodote.
Henricus à Pflaumern.
Hugon (*Stations de*).
Hiéron; *in Euseb. chron.*
Juvenal.
Julius Capitolinus.
Index. roman.: pontificum.
Lucrèce.
Martial.
Marlianus.
Martinus (Annales de).
Maltebrun,
Mazzochi.
Nicéphore.
Nardiny.
Nibby.
Nazaire.
Nolanus.
Ovide.
Olympiodore.
Pline l'Ancien.
Pline le Jeune.
Pomponius Lœtus.
Plutarque.
Pausanias.
Procope.
Properce.
Pétrarque.
Pighius.
Publius Victor.
Phèdre.
Quintilien.
Quattromani.

Salluste.
Suétone.
Silius Italicus.
Stace.
Strabon.
Servius.
Sénèque.
Tacite.
Tibulle.
Thucydide.
Virgile.
Varron.
Velleïus Paterculus.
Valère Max.
Volaterranus.
Victoires et conquêtes des Français.
Vitruve.
Valmont de Bom.
Végèce.
Winkelmann.
Zomare.
Zosime.

TABLE

DES MATIÈRES.

CHAPITRE PREMIER.

CHAPITRE DEUXIÈME.

CHAPITRE TROISIÈME.

CHAPITRE QUATRIÈME.

CHAPITRE CINQUIÈME.

CHAPITRE SIXIÈME.

CHAPITRE SEPTIÈME.

CHAPITRE HUITIÈME.

CHAPITRE NEUVIÈME.

CHAPITRE DIXIÈME.

FIN DE LA TABLE DES MATIÈRES.

www.ingramcontent.com/pod-product-compliance
Lightning Source LLC
LaVergne TN
LVHW020532230826
846091LV00002B/247

* 9 7 8 2 0 1 9 1 5 3 2 3 6 *